FAITES COMME CHEZ VOUS

Ce livre a été publié sur les conseils et sous la direction de

Camille Ancel.

La couverture a été créée par Thomas Daeffler et Charlie Montagut
à partir d'une de leurs photographies, en typo Neue machina,
et la maquette intérieure, en Sitka, par Clara Rizzitelli

Le nouvel Attila
127 avenue Parmentier, 75011 Paris
www.lenouvelattila.fr

Nafissa Tiago

Faites comme chez vous

(Chroniques Airbnb)

Le nouvel Attila

Cher Claude K, je suis heureuse de pouvoir vous remercier ici.

PROLOGUE

Juin 2007. San Francisco ; deux touristes épuisées se tiennent à l'ombre des feuilles d'un arbre solitaire, cherchant désespérément un hôtel dans cette ville qu'elles commencent à haïr. Assises sur leur valise, elles essayent de visualiser un scénario pour cette nuit. Aussi loin que porte leur vue, le seul hôtel qu'elles n'ont pas tenté est au sommet de la colline Twin Peaks. C'est tout au bout de l'avenue inclinée. Pour les deux femmes, c'est l'extrémité du monde. Grimper use déjà leur esprit, sans les décourager cependant. Elles aiment mieux ça plutôt qu'une valise leur serve de lit. Elles n'ont plus 20 ans. L'effort que fait l'une en se relevant lui donne le tournis et la fait rassoir. En se redressant, l'autre se bloque le dos. Des passants regardent sans songer à les assister. Seul le bleu du ciel observe avec pitié.

À quelque distance, un jeune homme vient à elles à larges enjambées, sans manifester aucune émotion, à moins d'un regard en coulisse que les deux touristes ne peuvent discerner. L'inconnu porte des souliers marron en cuir et un costume bleu marine sur une chemise blanche, le tout dans une neutralité recherchée. Discipliné et massif, il apparaît comme un bloc de muscle coiffé en brosse. Quand il sourit, il quitte instantanément cet aspect lourd et devient plus leste. Les deux femmes le regardent, sans réussir à le définir, à dépasser cette apparence de voisin de palier. Il leur demande *« Are you lost ? »*, quand il en a la certitude. Les touristes jouent la lancinante complainte des étrangères perdues, puis expliquent que tous les hôtels sont complets à cause d'une conférence. Elles n'en reviennent pas qu'une aussi grande ville n'ait pas de quoi loger des vacanciers. L'inconnu écoute avec cette attention particulière qui accompagne une prise de conscience, comme si tous les trois s'étaient déjà côtoyés dans un autre espace-temps où les humains dépourvus de préjugés et d'identité, se fréquentent librement.

« We thought this city belonged to everybody... », se plaignent-elles. L'homme sent le regret des joies dont elles sont en train de se priver. Leurs galères ne lui tirent aucune peine ; il en est au contraire, doucement exalté. L'inconnu dit qu'il s'appelle Brian, qu'il peut les accompagner jusqu'à l'hôtel des Twin Peaks.

Lui aussi est complet. Le réceptionniste confirme que d'autres touristes sont disséminés aux quatre coins de la ville sans qu'un toit ne puisse les rassembler. *Des touristes disséminés* ? Un drame planétaire pour le désir d'un dieu malin. Brian avale sa salive à bout d'excitation. Puis vite un sourire, un regard piqué d'étincelles, avec cela, des mots modulés comme une musique :

« No strangers anymore, let me share my home. »

Il n'y a plus qu'à accepter, pensent les deux voyageuses.

« Welcome home ! »

Brian promet que San Francisco n'est pas une ville hostile ; ses 40 collines finiront de devenir un point de repère pour ceux qui la découvrent. Aussi, il suggère qu'elles pourraient rester plusieurs nuits pour vivre comme un Franciscanais.

« Live like a local ! »

Les deux femmes interprètent cette invitation à la lettre. L'apaisement ne les quittera plus, même devant les deux matelas gonflables que les bras de Brian font lever et bomber comme une pâte légère. Il sourit insidieusement et ses dents sont étonnamment blanches. Il vient de trouver la petite histoire de sa grande histoire. Celle qu'il racontera pour séduire le cœur des médias.

Durant ses études, dans l'une des très sélectes écoles qui l'ont formé à devenir une figure de proue du tourisme, Brian analysait toujours les questions liées au voyage. Et voilà qu'il vient d'être confronté de façon romanesque à une autre approche de ce milieu. Il n'avait rencontré jusque-là que des modèles, des concepts et des chiffres. Cette expérience lui révèle une impensée qui dessine encore mieux son destin.

Quelques mois après cette aventure poétique, Brian reçoit une levée de fonds d'un million de dollars pour sa start-up : un site de location pour que les touristes ne se retrouvent plus jamais à la rue. Il se sent divinement accordé au monde et va s'y couler comme dans un king size. Mais qu'il se rappelle bien, tout aura commencé par deux matelas qu'il fallait gonfler.

CHAPITRE 1

Novembre 2009. Aéroport Roissy Charles-de-Gaulle, atterrissage en France après dix-sept mois d'absence. D'un air détaché, je peux dire que je rentre du Niger, du Népal, de la Tanzanie, de Tananarive, et de Karachi. Au fond, j'ai toujours su que je ferais le tour du monde et que cela serait un peu avant mes 26 ans. Pour cela, il m'a suffi de devenir bénévole pour des ONG. J'ai fait un vœu et me suis ligotée avec : augmenter ma vie et celles des autres. C'était l'idée.

Je mets pied à terre et traîne sur le tarmac. Contrairement à tous ces touristes, mes voisins immédiats dans l'avion, je ne sais pas où aller. À peine sortis, ils sont sur un bateau ivre. Ça danse, tangue et chancelle depuis que, du hublot, ils ont vu la tour Eiffel. La neige inattendue de mi-novembre les met de bonne humeur. Ils enveloppent leurs visages dans des écharpes, sourient comme des gargouilles et filent à Notre-Dame. Ça ne se voit pas comme ça, mais je suis une sans-abri. Dehors, je vois les flocons tourbillonner. Ils se posent au sol en prenant le temps. Énorme amas de sucre blanc. J'ai rôdé longtemps dans le terminal 1, quand le froid et le cafard ont commencé à me travailler.

Quelques jours plus tard, je suis reçue au 46 bis, Edgar-Quinet. C'est l'adresse d'une association pour le logement qui assure « un rôle de prévention pour un public fragilisé ». Je me retrouve avec émotion dans cette définition. Incertaine de la situation de l'habitat à Paris, un conseiller se charge de m'en informer. À l'aide d'un camembert en 3D, il me montre les données disponibles sur les logements. Neufs, anciens, locatifs, tous connaissent une dynamique positive, se réjouit-il. « L'ensemble est stable dans la capitale... »

Comme tous les Parisiens, il a débarqué il y a douze ans d'un chef-lieu de taille moyenne au déclin commercial tel que Moulins ou Nevers. Sa nostalgie ira toujours là où il a connu les joies de l'enfance, mais c'est pour Paris qu'il est prêt à plaider ses causes d'adulte. Sous ses yeux, des grands cernes bleuâtres penchés sur des statistiques représentant les courbes du logement. Il s'en rapproche avec une attention pleine de défiance. « L'ensemble est stable dans la capitale sans faire courir aucun risque de crise ou d'exode ! » Remarque insondable qui vient déconcerter la conception que je me faisais d'un conseiller en logement. Ensuite, il se tourne vers moi avec un sourire étudié qui doit aider à ralentir son rythme cardiaque. À la question : « Êtes-vous reconnue comme public prioritaire ? », je remarque la couleur terre cuite de ses dents.

« Je vous rappelle les critères : endettement, mariage forcé, parcours de sortie de prostitution, réinsertion sociale, habitat indigne, logement de transition... »

— C'est ça, logement de transition.

Mon cas est simple : je suis partie loin et longtemps pour revenir sans rien dans ma ville natale. C'est une évidence depuis mon retour : le monde sans toit protecteur n'est pas fait pour moi. « Je sais que ça doit être difficile... » invoque le conseiller sur un ton empathique. « Ce n'est pas le plus dur... », je réponds, de plus en plus soucieuse. Au même moment, le vent lance une rafale de grêle sur les fenêtres qu'on entend trembler. J'espère qu'il va opérer un plan d'attaque et ne pas laisser crever mes espoirs. Il récupère mon dossier, m'imprime une attestation, ma demande est active et enregistrée. « Mademoiselle, il faudra attendre huit mois pour une proposition, peut-être six... » conclut-il. Après ce minichoc, je fais de l'apnée prolongée ; je déroule comme un fil les épisodes de la veille.

Deux jours avant ce rendez-vous, j'avais passé un temps fou à obtenir un numéro d'enregistrement à la préfecture du 15ᵉ. À l'entrée du grand édifice en verre-miroir qui s'ouvre sur le parc André-Citroën, est gravé le nom de son architecte. On y apprend qu'il a construit des palais pour les chefs d'État de Côte d'Ivoire, du Congo, de la Tunisie et de la Jordanie. Une information indispensable pour tous les mal-logés des files d'attente, j'en avais eu l'intuition dès mon arrivée dans les lieux. J'attendais mon numéro d'enregistrement, convaincue qu'on me le donnerait sans le moindre regard sur ma personne. Un fonctionnaire se comporta comme un allié caché : il me communiqua les coordonnées d'un collectif qui défend les gens face à... l'inaction des associations. Sur un coin de mon ticket d'attente, il écrivit l'adresse. Je le remerciai d'un signe de la tête et quittais la rue Leblanc en Vélib. Pour arriver jusque dans le 12ᵉ, je me repérais par des éléments immédiatement perceptibles de Paris : ses parcs. D'abord le Luxembourg, puis le Jardin des Plantes jusqu'à la Seine, le pont d'Austerlitz et l'avenue Ledru-Rollin, numéro 29. J'y consacrerai le reste de cette journée.

Pas surpris par ma venue inopinée, trois militants anti-expulsion m'ont accueillie, prêts à m'abriter et me rassasier quelques heures. Trois quadra maigres, mais larges d'épaules, joues grêlées, fringués comme des ouvriers du Front populaire. Nous avons fait connaissance dans un bureau qui se révéla être aussi une cuisine et un débarras, puis, ils ont étudié mon problème. J'étais invitée à vivre dans un gymnase à Miromesnil avec une vingtaine de familles. Devant ma mine stupéfaite, l'un deux a précisé qu'il y avait aussi des locataires menacés par des bailleurs. « Trente et un jours d'occupation, déjà trois familles relogées », se félicite-t-il. Certaines d'entre elles revenaient pour offrir des duvets neufs à leurs anciens voisins. Parfois, les enfants faisaient des dessins pendant que les parents écrivaient des slogans destinés au président de la République. « En attendant d'être relogés dans un logement vacant… » Le but était de créer un effet de masse pour alerter… la préfecture ! En sortant de là, je ressentis le même vertige qu'un bateau tentant de se redresser pour ne pas chavirer.

Plus j'essaie de faire les choses communément, plus je m'embourbe. De ce rendez-vous, j'espérais les dernières instructions pour signer un bail. Au lieu de ça, je suis assise ici, tenue d'observer ce conseiller obsédé par des statistiques. Ce ne sont pas elles qui vont se casser la gueule. D'un coup, il sent une odeur de café. Très proche. Il regarde à travers la cloison de bois qui sépare son bureau de celui d'à côté. Une silhouette de femme élancée se laisse deviner, tout à coup s'intensifie, et apparaît une grande Antillaise d'une soixantaine d'années coiffée d'une envolée de rubans. Elle tend un gobelet fumant à son collègue en me regardant avec un vague pressentiment de sauvetage. Vu l'épaisseur de la cloison, elle a tout entendu. Les deux chuchotent dans les vapeurs qui s'accrochent à leurs cheveux. Cou contre cou, ils ne se soufflent pas des mots d'amour, mais des mots d'espoir que je me hâte d'entendre. Leurs cous se séparent et ils formulent à voix haute : « Madame Péliard ! Vous allez la contacter de notre part, elle quitte son studio et cherche un locataire… »

La suite bourdonne dans mon cœur, et je ne peux m'empêcher de conclure que c'est sublime.

Où va cette femme en courant, s'interrogent les passants devant ma foulée. Je vais à mes affaires. Rendez-vous impératif, entrevue d'urgence. À travers la pluie, sur les chaussées pavées et glissantes du quartier Montorgueil, madame Péliard m'attend dans un café rue Tiquetonne. Je vais donc emménager dans ce quartier décontracté et chic pour « réparer ma race ».

Dans ce bistrot bondé, les conversations embuent tous les carreaux. Parmi eux, se cache une petite dame de 77 ans. Une cliente de cette tranche d'âge me fait de grands signes d'un seul bras. L'autre est dans un plâtre, maintenu par une écharpe. Elle se lève, porte en avant son bras paralysé et avance comme un mannequin qu'on pousse. Face à moi, elle se présente sous le nom de Jocelyne Péliard et sans attendre, entre dans le vif du sujet. Pas son studio, l'accident. Tout est lié, révèle-t-elle. Elle commence son histoire comme un conte : « Il était une fois, un quartier enchanteur qui s'appelait Montorgueil… qui bichonnait ses habitants dans un climat convivial et raffiné… ça a fini par se savoir qu'il y avait un endroit enchanteur… alors des brigands se sont ramenés pour faire vivre aux habitants, un cauchemar. » Elle termine son histoire et regarde ce quartier qui l'entoure, avec les yeux de la princesse trahie qui n'arrive pas à admettre. Ce qui lui cause tant de tourments, ce sont les terrasses de café qui ne respectent pas le passage pour les piétons. Il y a quelques jours de ça, contrainte de slalomer entre les tables des restaurants qui dépassent du trottoir, elle a glissé, s'est écroulée. Huit points de suture plus tard, elle a écrit aux restaurateurs du quartier. Puis, elle s'est dérangée à la mairie du 2e arrondissement dans l'espoir de rencontrer le maire. Tôt le matin, elle attend l'ouverture de la préfecture avec des dossiers sous un seul bras. Tout ce qu'elle a entrepris pour vivre à nouveau au calme, s'est retourné contre elle en générant d'autres difficultés. Son propriétaire, informé, lui exprimait son soutien par un laconique *désolé* qui résumait bien son état d'esprit depuis son domaine dans l'arrière-pays varois. Madame Péliard a confié ses derniers espoirs à l'association d'Edgar-Quinet. Mais comme toute association, elle a ses limites. « Leurs thématiques, c'est les expulsions, pas les troubles à l'ordre public. »

Au fond, madame Péliard adore son quartier, mais hésite à le quitter. « Tous les trottoirs sont occupés illégalement et la police ne verbalise pas ! Et je ne vous parle pas de l'état des clients ivres en terrasse à 2h43 ! » Ses rancœurs conviennent de plus en plus à ma situation ; j'ai vécu à Delhi puis à Islamabad où il n'y a pas de trottoirs, tout le monde vit avec toutes sortes de nuisances. Petit à petit, je m'y étais accoutumée. Aujourd'hui, les désordres qui ébranlent madame Péliard, me deviendraient familiers. Elle commande une crêpe et se sent mieux. « Bon, venez voir ce pour quoi vous êtes ici ! » Je règle les deux crêpes Suzette et nous redescendons la rue Tiquetonne jusqu'au croisement de la rue Française pour tomber sur la rue Étienne-Marcel.

Ce studio est parfait. Son utilisation est bien pensée à tous les recoins : trompe-l'œil, mezzanine, placard sous l'escalier. Que dire de ses poutres lui donnant un air de longère de Touraine, ravissant. Chagall en toile et Cicéron en bronze habitent aussi l'endroit. La signature du bail remonte à l'époque des francs, 1996 exactement. Le loyer aurait dû évoluer chaque année par le jeu des indices prévu dans le contrat de location, le propriétaire n'en faisait rien. Ce studio est parfait. Jocelyne me sert à boire. Nos conversations renforcent notre rencontre. Ses origines arméniennes, feu son mari André Péliard, leur vie au quotidien. Certains de ses souvenirs se croisent au-dessus de nos têtes, faisant d'imperceptibles étincelles. Elle les raconte avec des expressions si comiques, qu'on devine qu'elle a été drôle toute sa vie. On oublie à quel point les vieux peuvent être drôles. C'est rassurant. Enfin, moi, ça me rassure. Soudain, il est 19 heures. Il faut concrétiser sans attendre. Elle décroche son téléphone et appelle son propriétaire. Il lui faut dix minutes pour lui parler de moi, et dix autres pour se remettre de sa propre décision. Après ça, elle se fait un café très, très, noir.

Toutes mes affaires sont maintenant rassemblées dans ma chambre *side-car* d'un hôtel familial de Villemomble. Un article le mentionnait dans le magazine gratuit de l'aéroport disposé dans les halls d'embarquement : je sus que c'était l'adresse qui allait me libérer des bancs du terminal 1. Voici ce que j'en retenais : une quarantaine d'euros la nuit, direct par le RER C, politique antitabac. Lors de ma première nuit dans la chambre, je constatais avec soulagement, ou abrutissement je ne sais plus, que les rideaux occultaient complètement la lumière. Très important quand on s'enfonce dans le spleen des paysages de nos banlieues.

Mon téléphone sonne en affichant le numéro de madame Péliard. Que j'appelle maintenant par son prénom.

— Nafissa ! Comment va ? C'est Jocelyne, vous vous souvenez... La dame de Montorgueil !

Ce timbre aigu, qu'elle n'exerce jamais d'habitude, porte jusqu'au fond de la pièce. Aussi, je remarque la tournure suspecte de ses paroles : voilà qu'elle se situe entre l'amie lointaine et l'amante oubliée.

— Jocelyne, j'étais chez vous hier.

En effet, elle m'avait fait venir au studio en urgence. Une entreprise de déménagement était passée entre-temps. C'était absolument nickel. Jocelyne avait choisi la formule *luxe*. Cela signifie que les déménageurs maîtrisent tous les styles de meubles : de l'ancien à l'Empire, en passant par le mobilier contemporain. Sa literie était minutieusement emballée dans des housses à usage unique. L'entreprise proposait aussi la formule économique standard et la formule piano. Bref, Jocelyne semblait réussir son déménagement. Pourtant, la vue d'un seul carton la faisait retomber dans une semi-inconscience. Son adrénaline ne la quittait pas. Son départ l'affolait. Son futur studio à Courbevoie la soulageait. Le mélange des deux lui donnait des poussées de tachycardie. Cela m'était pénible à voir, pénible à entendre. Mais cette gêne ne devait pas condamner ma seule chance d'avoir ce studio. Doucement, j'essayais de l'apaiser. Quand j'y arrivais enfin, elle se rappela qu'elle devait raccourcir sa période de préavis pour ne pas payer un double loyer. Évidemment, j'ai accepté et signé.

Au téléphone, je sens qu'une question rembrunit Jocelyne.

— Êtes-vous toujours à Villemomble, Nafissa ?

— Je quitte l'hôtel, j'arrive avec mes affaires.

— Attendez ! Toute cette nuit, j'ai repensé à ma cardiologue... son cabinet est en bas de la rue, je ne veux pas m'éloigner si loin d'elle... s'il m'arrivait un accident plus grave qu'un bras cassé, je n'aurai personne autour de moi.

« Je suis désolée », conclut-t-elle, poursuivant ainsi l'enchaînement de mes galères. On frappe à la porte, il est 11h58. Certainement la femme de chambre. La même et la seule depuis mon arrivée ici. Je l'ai croisée deux fois dans le couloir, qui dépoussiérait des reproductions de Kandinsky aux profondeurs de bleu et de vert sur le mur lépreux couvert de salpêtre. De quoi vous faire passer de la poésie au macabre en un clin d'œil. Elle entre, et en un regard furtif, sait que je ne peux plus partir de cet endroit. Immobiles, nous nous regardons. Unies dans une fatalité commune. J'entends la voix de Jocelyne sortir de mon téléphone tombé sur la moquette. Après hésitation, je le reprends. « Nafissa, ne raccrochez pas, je pense avoir une solution... »

Jocelyne avait donc une *proposition*. Prise de remords, elle avait parlé de moi à quelques connaissances du quartier. Le message fut diffusé par téléphone arabe, et ce matin, je visite un appartement dans Paris, de la façon la moins parisienne qui soit. Sans procédures, sans salaires, sans garants, sans autres candidats. Juste en aparté avec le loueur. Il se situe à la limite de Saint-Ouen, sur une avenue que je ne connais pas. J'essaye de m'en faire une idée, mais l'avenue est plongée dans un brouillard épais. Quelqu'un me dit d'approcher, et d'une poussée tonique, défonce une porte et réenclenche le disjoncteur. Une à une, ampoules et appliques brillent avec force et je découvre une femme vieille et raide. Elle retire sa fourrure clinquante et me salue. Bajoues fardées, yeux zébrés de veines rouges dans un visage à l'ovale irrégulier. Tout autour, des mèches blanches dont on imagine qu'elles supportaient autrefois des bigoudis. Son corps ne doit pas dépasser 45 kilos, elle flotte tristement dans son pantalon en flanelle. Mais dans son regard, subsiste le péché de la ruse. « C'est donc vous qui habiterez mon deux-pièces », dit-elle d'une voix soulagée. J'acquiesce en regardant les lieux. C'est un petit espace sombre, sans terrasse ou balcon filant qui l'auraient rendu agréable. Le sol est dépourvu de sol. Rien que des couches d'isolant et des traces de silicone. Une souris n'y retrouverait pas son trou. Les portes sont abîmées et l'ancien locataire y a écrit des phrases pas très pudiques. Derrière moi, une cheminée a répandu une teinte jaunie sur le mur. Derrière les fenêtres, des regards scrutateurs de l'immeuble d'en face. Au-dessus de moi, une belle hauteur de plafond, avec les restes d'une moulure intégrée. En somme, un appartement qui a mal tourné. Je veux lui redonner une histoire et il va m'en donner une. Sou par sou, je marchande un mois de loyer. La vieille ricane et me serre la main comme on le fait quand on signe une bonne affaire.

Les manches de mes outils ont brûlé la peau de mes mains, mais j'ai sucé mes ampoules en appréciant ce que mes bras avaient mis en place. Car enfin, commençaient à disparaître toute trace du chaos primitif qui avait enveloppé les lieux. *Je viens d'inventer l'art*, me suis-je parfois dit en admirant mes progrès, pliée en deux comme une guenon. Un parquet stratifié et des murs blanc satin enluminent le salon. Dans les autres pièces, l'ambiance est dépouillée, claire, rassurante. Alors la confiance s'est établie en moi. J'étais prête à une dernière folie : monter une bibliothèque avec le reste de mes palettes. Je la dessine sur un plan et dispose méthodiquement équerre, crayon, mètre, papier abrasif, pied-de-biche. Je tourbillonne autour des outils ; un dynamisme Lego anime mon esprit. Huit jours dans les travaux ont fait de moi une technicienne, pas calée, mais avertie. Je démantèle les palettes, je les décape, les scie de façon inégale afin que les étagères portent aussi bien mes grands atlas que mes petits livres de poche. Superposer les lattes est si facile que je m'autorise quelques acrobaties en osant fixer des modules à l'extrémité des autres modules. En variant les différences de hauteur, je sais à l'avance quel ouvrage habillera cette étagère par sa couverture esthétique. Une fois l'assemblage terminé, je recule de quelques mètres en frictionnant mes mains de joie, pour constater que je viens de construire un arbre à chat.

Hier soir, j'ai demandé la permission à ma propriétaire d'adopter un chien. Elle y a consenti sans réflexion. J'étais parfaitement heureuse et parfaitement perdue en regardant les sites de la SPA qui, savamment, juxtaposent apitoiement, responsabilité et magie. Ce matin, je roule sur une régionale déserte du Finistère jusqu'au refuge de Gourin. Je ne pense plus qu'avec le sourire à ce beagle croisé teckel de 9 ans. Au téléphone, le bénévole a émis un doute quand j'ai indiqué avoir un petit deux-pièces. Puis il a admis qu'un chien de cet âge perd ses pointes de vitesse et immanquablement, ralentit son allure.

Gourin serpente entre les montagnes comme pour fuir le bord de mer. De chaque côté de la nationale, les champs s'étendent, déserts et sombres sous les heures d'hiver. Le soleil apparaît, déjà il décline. Dans cette lumière blafarde, un faisceau enveloppe le panneau du refuge. De 70 kilomètres à l'heure, je passe à 30, puis je dirige la 206 de location dans l'allée de gravier. En contrebas, un corps de ferme au milieu d'un domaine d'au moins 60 hectares. Chats, chiens, équidés, et même troupeau de daims dans leur enclos. Je me gare devant la porte d'entrée où un encart publicitaire à l'effigie d'un chaton annonce : « Avant, je vivais sans câlins. » Un homme sort de la maison, me fait de grands signes. « Nafissa de Paris ! » devine-t-il. Je reconnais la voix du bénévole. Nous marchons un long moment au milieu des pensionnaires avant qu'il me présente Oslo, un petit bâtard allongé dans un coin. Robe tiquetée à poil ras, oreilles tombantes et regard larmoyant du beagle, corps allongé et court du teckel. Je tends ma main vers son museau qu'il plisse, avant d'humer une odeur qui lui sera bientôt familière. Je lui masse le cou, il en tortille la queue et tremble de tout son corps. La joie écarquille mes yeux. Un animal a beau être vieux, il conserve toujours son énergie pour de l'affection. « Il vous aime déjà », dit le bénévole en remarquant la petite carotte écarlate qui surgit de la robe tiquetée.

Arrivé à l'appartement, Oslo commence son travail d'exploration. Sa respiration s'accélère puis se suspend en découvrant son couffin. Quand plus tard il me suit dans la cuisine, je lui glisse du poulet frais sous les narines qu'il accueille d'un superbe coup de langue. Le repas terminé, je saisis ma chance de recevoir un câlin qu'il s'empresse de me donner.

Mes journées s'écoulent douces, avec mon compagnon qui possède un joyeux instinct de docilité. Ces moments dorés sous ce toit protecteur, je les sais amenés à se raréfier. Je n'en éprouve aucun chagrin : je présage quelque chose de nouveau et d'excitant. Carrément, de grandes choses à venir. Je pense à un emploi prestigieux, que je ferai du mieux que je peux, et si possible mieux que les autres. Cette soudaine conviction qui se cimente à moi, trouve sa source dans l'adolescence, où rien ne m'a plus pesé que la peine d'être sous-estimée.

Et voilà qu'une nuit, j'ai eu une idée. Elle flottait autour de moi sans m'atteindre. J'étais en train de rédiger mon rapport pour me rendre éligible auprès de la direction d'aide humanitaire ; le but était de savoir si mon expérience dans les ONG pouvait m'orienter professionnellement et me spécialiser dans les interventions d'urgence. Mais plus j'écrivais, moins j'arrivais à une conclusion. Je m'attardais en séquences dans ces pays marqués par les luttes locales et la résistance, ces pays qui tournoient et s'engouffrent jour et nuit. Je trouvais un titre à mon rapport : *La Valse des continents*. Chaque pays me prenait par la taille et nous nous poursuivions l'un l'autre. Pas de chorégraphie, juste des temps de digestion et de suspension. Mon rapport prenait la tournure d'un film. Elle était là l'idée. Claire et forte à présent. J'allais enfin renouer avec l'écriture et devenir scénariste.

D'emblée, j'aime ce métier, même si les producteurs ne me signent pas encore. TV, cinéma, théâtre, je les drague tous à grande peine. Leurs bouches font sans cesse des promesses fuyantes. Je les rattraperai en deux foulées. Dès que je termine une histoire, je me sens sur un coup fumant.

CHAPITRE 2

Ce matin de janvier 2012, un courrier recommandé s'est invité, comme ça. Ce n'est pas un contrat de producteur. C'est ma propriétaire. Je frissonne et m'installe près de ma cheminée hors d'usage. Accoudée au manteau de marbre, j'ouvre l'enveloppe et lis des chiffres qui m'éclatent à la gueule. La vieille double les charges de sa ruine, que ma sueur et mes soins ont rendue habitable. Et, elle veut mon accord avec l'expression de ses sentiments les meilleurs. C'est fou d'écrire de telles choses et de les croire. Je chiffonne sa missive. J'en fais une boule que je lance au-dessus de ma tête, et je smashe avec ma main. La boule de papier rebondit sur les murs qui me regardent. Je ressens pour eux, une sorte de nostalgie anticipée. *Ainsi, tu vas nous quitter ?* Oui. Puis, je poursuis mes travaux d'écriture comme si personne ne m'avait interrompue ou menacée. Mais la réalité du métier me revient. Aucun propriétaire ni aucune agence ne me signeront de bail avec mon activité de scénariste. À force de lire les dossiers des candidats, ils savent reconnaître avec une certaine aptitude, les différents statuts des intermittents du spectacle. Ainsi, un ingénieur du son ou un chef opérateur exerçant majoritairement dans l'événementiel, se situeront dans la tranche des salaires privilégiés avec un excellent régime d'indemnisation. A contrario, l'auteur débutant, ou confirmé pour celui qui s'attribue du qualificatif, n'a aucun statut. Pas de salaire : des cachets. Pas de chômage, ça va de soi. Je saute de ma chaise pour retrouver la boule de papier. Je déplie la feuille froissée qui se déploie comme une vieille main ridée. Dégoûtée, je signe en contrebas.

Pour payer ces charges, il me faut trouver un autre travail. De ceux qui sont préjudiciables au physique. Je n'y avais pas échappé avec les ONG. Je me revois dans les plantations de Java au paysage agricole parfait et aux conditions naturelles hyper-favorables. Ce fut d'abord stimulant, mais ce travail finit par faire de vous un corps rampant. Des vieillards et des femmes enceintes de 7 mois fauchaient le riz pendant des heures et portaient des sacs d'engrais de 15 kilos aussi naturellement que leur chapeau conique. Moi j'avais soif, chaud, mal au dos, sans oser me reposer tant j'avais honte de mon calvaire. Aujourd'hui, ma crainte du labeur a des sources bien profondes. Mais je crains plus encore de perdre mon appartement.

Quelques heures plus tard, me voilà dans le métro. J'observe une jeune femme grosse dont les cuisses font grincer le strapontin. Je viens de décrocher un mi-temps dans un fast-food. Je sais quels seront les stigmates de la friture que j'avalerai avec une passion débridée. En quittant son siège, la jeune femme libère un magazine *À nous Paris* que je récupère tout chaud et tout froissé de ses deux fesses formidables. À la station suivante, les rayons obliques du soleil illuminent une page du journal et un article danse sous mes yeux : une start-up de Californie met en relation des particuliers désirant recevoir les voyageurs du monde entier. *Le nouveau tourisme participatif*, peut-on lire dans l'encadré. L'article fait plusieurs pages, et rappelle les magazines de mode et de pop culture. Un logo soigné, des portraits d'hommes et de femmes vivant sans ornements mais avec tout le confort nécessaire. Quelques photos illustrent l'article. Mélange entre Benetton et abolition de l'esclavage : une Caribéenne ouvre ses bras à un voyageur palestinien dans son salon new-yorkais. Au-dessus, un slogan à la formule synthétique et heureuse : *Vous faites le monde*. Ou, comment jouer avec l'attirance des pôles opposés. Tout en bas, un argument que je trouve irrésistible : *Rejoignez-nous et gagnez de l'argent*. Cette jeune entreprise s'appelle Airbnb, et est déjà implantée dans certaines grandes villes mondiales. Elle fait ses premiers pas à Paris et cherche des hôtes dans la capitale.

Quand le métro s'arrête dans une brillante manœuvre, les voyageurs et moi le quittons en nous propulsant sur le quai. Je les dépasse tous et cours jusqu'à la pyramide du Louvre.

Sur l'esplanade, je m'enfonce dans l'essaim de touristes qui m'entoure. Immobile, mais balancée par toute la force de leurs clameurs. Il y a de quoi créer une nation avec ces idolâtres qui se tortillent pour la divinité Paris. Une autre valse des continents se danse ici. Je m'échappe un peu et je sens venir des choses. C'est chaud. C'est clair. Il faut faire confiance aux théories des probabilités : 32 millions de voyageurs visitent Paris chaque année, il y en aura bien pour chez moi. Je m'éloigne et je les regarde mieux. Comme si déjà, j'ajoutais des virgules et des points de suspension dans leur Paris.

Les grands sacrifices ne sont rien à côté des petits. Pour recevoir ces touristes, je dois céder ma chambre et dormir sur le clic-clac. Je l'essaye et constate qu'il fait surtout floc-floc. Mon dos va morfler, mon esprit s'interroge. J'examine, démonte et remonte les rouages de cette décision. Je trouve la ligne directe du boss Airbnb. Un jeune Américain, Brian. Virtuellement partout et mêlé au monde. Rapidement, je comprends qu'il est hors d'atteinte. À chaque fois et avec une sincère amitié, on me promet qu'il me recontactera sans tarder. Mais tout cela retombe platement au fil des heures.

Brian est inaccessible, sinon par le chemin de la bourse. Airbnb vient d'y entrer avec une rentabilité déjà historique, malgré sa récente création. D'ailleurs, comment la start-up a-t-elle été lancée ? J'écoute en replay quelques émissions de radio qui commencent à s'intéresser à l'identité de son fondateur. N'ayant que peu de matériau, les journalistes ne font que traduire la légende qu'on leur a racontée. Une histoire de matelas gonflables improvisés dont le lecteur attentif, lui, a eu les détails circonstanciés.

Puisque c'est extravagant de parler au boss, je contacte mes supérieurs directs : les subalternes Airbnb France. Leurs coordonnées sont sur le site officiel, que j'explore avec un sentiment de bien-être capiteux. Quelle savante stratégie ! Tous ces locaux sur la mappemonde céleste, dans un contexte de bienveillance pour leur voyageur. Un surcroît de vie. À quelles fins ? Humanistes, marchandes ? Cinq salariés sont désignés sur le site. « Contactez-nous. » Chacun a son portrait photo où s'exprime un rôle, un caractère, un personnage. La team. Sourire et face de trentenaires installés dans un lounge multifonction prêts à dévoiler les secrets d'une campagne que la France va bientôt découvrir. J'en appelle un au hasard.

— Bonjour, Maxwell d'Airbnb, comment puis-je vous aider ?

— Bonjour…

Je réalise que ma question principale porte sur l'argent.

Gênée de l'aborder aussi vite, j'essaye de l'amener par un paradoxe émouvant :

— Devenir hôtesse pour nous relier les uns aux autres, je le veux !

Silence, puis, sursaut. Lui aussi a lu ce slogan écrit en haut à gauche du site Airbnb.

— Bien sûr !

— Dans ce cas, je serais ravie d'intégrer la communauté.

— Merci ! Où habitez-vous ?

— À Paris.

— Excellent ! C'est la ville qui fera le plus gros chiffre d'affaires.

— Quel genre de rémunération pour les hôtes ?

— Tout dépend du logement, cela va de 8 euros pour une chambre partagée, un peu plus pour une chambre privée, les logements entiers devraient se louer plus cher. Tout ça sans efforts mais avec un peu d'organisation quand même… et vous y ferez de belles rencontres.

— Je suis excitée de commencer.

— Excellent ! Devinez quoi ?

Le job m'amuse déjà.

— Vous êtes parmi les premières hôtesses de Paris !

— Oh…

— Pour vous remercier, nous vous offrons un coupon voyage de 25 dollars.

— Merci bien.

— C'est nous qui vous remercions. Comment puis-je vous envoyer les conditions générales et le formulaire Airbnb ?

J'éprouve le même frisson qu'au départ de mes missions ONG. Celui qu'on ressent lorsqu'on est repris d'un désir passé, dont on s'était défait avec le quotidien. Le frisson s'évanouit lorsque je reçois le contrat. Aussi long qu'un roman court. Certes, j'en ai lu, signé et approuvé quelques-uns, depuis mes contrats de bénévole jusqu'à ceux de scénariste. Mais aucun ne m'a paru aussi obscur. De quoi jeter un froid dans l'âme du futur membre. Plutôt que de lire en entier, je le balaie chapitre par chapitre, comme le code civil.

« Airbnb se réserve le droit à tout moment de radier ses membres en facturant des frais de service en contrepartie des frais de résiliation. »

Pourtant, des millions d'adeptes dans d'autres pays ont déjà signé et vantent ses mérites. Toute l'habileté d'Airbnb est de faire de son entreprise, un média qui va nous domestiquer.

« Les Membres acceptent de coopérer avec Airbnb et de l'aider en toute bonne foi. »

(Je note le M majuscule de Membre. Celui-ci étant considéré comme unique dans les plateformes monothéistes.)

« Si vous estimez qu'un membre avec lequel vous interagissez, a un comportement inapproprié, violent ou sexuellement offensant, vous devez le signaler aux autorités compétentes, Airbnb ne remplace en aucun cas la loi de votre pays. »

Je fais quelques recherches et trouve un article intéressant paru dans un journal du Nevada. Dans cet État, les municipalités ont souhaité qu'Airbnb fasse remplir à ses membres, une fiche individuelle de police dans le cadre du plan antiterroriste. Certains diront que c'est un stratagème pour renifler les délinquants sexuels. Lesquels sont bien plus fréquents que les terroristes. Airbnb a refusé.

Bien plus bas, après une dizaine de pages regorgeant de notions floues et inutiles, je m'arrête au hasard sur une autre clause : « Selon l'article 19.1, les réclamations inférieures à 25 000 dollars ne prévoient aucune disposition par Airbnb. Les parties restent libres de demander réparation devant une cour. »

Je ne comprends qu'à moitié ces exclusions de garantie qui me mettent dans un état d'humeur variable. Avant de m'indifférer. Seul compte à présent, le besoin d'ouvrir ma porte pour payer mes charges. Argument suffisant pour signer mon accord. Je ne sais pas où cela me mènera, mais l'ensemble du potentiel humain qu'il y a à découvrir, est trop attrayant pour ne pas tenter. Certes, ces clauses me paraissent abusives, mais cette activité me laissera pas mal de liberté pour écrire.

À peine inscrite sur Airbnb, Maxwell m'envoie un photographe pour officialiser mon annonce. C'est un malabar qui surgit dans mon entrée trop étroite, l'encombrant de tous côtés. Il dépose sa casquette sur le porte-manteau d'écolier quand il aperçoit Oslo qui s'est naturellement pressé de le saluer. Il sort son matériel rutilant et prend ses marques. Il n'a pas 30 ans, mais son aisance dans le jugement dépasse le pouvoir de mes mots. Dans cette entrée, je n'ai posé qu'un banc en bois comme pièce maîtresse. C'est un peu mon vide-poches. J'y dépose mes clés, la laisse du chien, des tickets de métro et un gros coussin. Rien pour donner de l'envergure à son travail, pense le photographe d'un coup d'œil. Au bout de l'entrée, deux portes. Celle de gauche donne sur le salon-cuisine, celle de droite sur un couloir desservant la salle de bain, les W.-C., et la chambre. Par cet agencement, le touriste accèdera à sa chambre ou à la salle de bain, sans devoir passer par le salon. Je prends la porte de droite, le photographe me précède. Dans ce couloir, aucune déco, excepté un tableau dont l'artiste est une jeune fille de 11 ans travaillant le métal découpé et rencontrée à Port-au-

Prince en 2010. À partir de morceaux de cuivre, elle recréait le salon de coiffure de sa famille avant le tremblement de terre. Face au tableau, le photographe voit un potentiel compatible pour la mise en lumière de mon annonce.

— Bizarre ce procédé... Puis-je toucher ?

— Vous plaisantez ? Cette œuvre est un placement.

Ne saisissant pas l'ironie de ma remarque, il rit sous cape en ouvrant une des trois portes au hasard. C'est la chambre. Je le suis. Bientôt, j'entends un bruit d'articulation qui craque aussi sec que des gressins. Il cherche ses angles et se contorsionne pour rendre son corps malléable comme dans un reportage animalier. Il s'allonge sur le lit, pose son boîtier et le stabilise en direction des taies en percale. J'allais demander le but de ce tête-à-tête, mais d'un geste de la main, il exige le silence. Il s'acclimate avec ma literie. Ils s'observent. Une fois la relation de confiance établie, il déclenche l'appareil.

Dans les toilettes, il regarde le bloc de la cuvette et cherche un visuel design qui répondrait aussi à sa fonction initiale. Finalement, il décide de former une pyramide avec les rouleaux de papier cul.

— Pourquoi faites-vous ça ?

— Je suis en train de donner une personnalité à votre appartement.

Satisfait, il change son objectif et fait un plan macro d'une goutte d'eau suspendue au robinet du lave-main.

Il entre maintenant dans la salle de bain dont je suis assez fière. Je lui ai donné un look contemporain avec ses carreaux blancs, sa baignoire blanche, la faïence blanche et l'ensemble douche noire, tapis noir, peignoir en laine noire, bref, une certaine tonalité. Pour la séance photo, j'ai rempli la baignoire d'eau chaude moussante où flottent mes deux canards. Je décris au photographe l'ancienne tronche de la pièce avant sa rénovation, puis il attend que je me taise pour déclarer très sérieusement : « Cette pièce, c'est le yin et le yang. Vos voyageurs y verront la base du feng shui. » Son objectif joue avec les contrastes chaud-froid, lumière-ombre, haut-bas, canard mâle-canard femelle. Il se retourne pour s'assurer que je suis aussi émue qu'heureuse de le voir à l'œuvre. « C'est top, hein ? » Il ne me demande rien sauf d'acquiescer.

Les trois pièces de droite étant shootées, nous revenons dans l'entrée pour accéder maintenant au côté gauche : le salon. En traversant la porte, on accède à la cuisine ouverte, puis mon bureau, la bibliothèque sur le mur de droite et le clic-clac contre le mur du fond. Puisque cet ensemble sera mon espace et qu'il faut bien le délimiter, j'indique que la séance peut s'arrêter.

— Voyez, ma cuisine est intégrée dans le salon où je vais désormais vivre et dormir. Inutile de montrer des clichés d'une pièce qui ne sera pas accessibles aux voyageurs.

Il examine la pièce, implacable, prépare son objectif et s'affirme un peu plus encore maître des lieux.

— Laissez la cuisine aux voyageurs pour qu'ils puissent prendre leur repas. Sans quoi, vous réduirez vos chances de réservation.

— Je loue une chambre privée, pas un logement entier.

— Vous comptez les empêcher de manger ?

— Y a des restos dans le quartier.

Il amène les paumes de ses mains à son visage en y glissant un soupir.

— Vous intégrez Airbnb, sans même connaître son étymologie...

— Je suis un peu paysanne, je maîtrise pas ces sciences.

— Je parlais d'étymologie populaire... Dans Airbnb, il y a *Air* et b de *Bed* signifiant matelas à air. N, raccourci de & annonce le b de *Breakfast*. Air Bed & Breakfast.

J'assimile l'explication et la répète avec la même volupté des accents, avant de repenser à la source de ce conflit : manger. Par une vision d'anticipation, j'imagine des odeurs de bacon frit imposés par des Anglais dès l'aurore. C'est l'heure à laquelle je termine d'écrire mes scénarios, souvent à moitié nue. Ça va pas le faire. Dans une cohabitation, et dans un couple, et dans la vie, ce qui est accordé à l'un, l'autre y renonce. Mes visions incluent aussi des raclettes crémeuses partagées avec des Savoyards.

Je sais : j'indiquerai aux voyageurs des heures d'accès précises à la cuisine. Cet arrangement n'occasionnera aucune brouille avec les voyageurs. J'explique ce compromis au photographe qui ne m'écoute pas. Dans la cuisine, il consacre une attention toute particulière aux citrons verts, comme s'ils étaient légèrement fêlés. Il enclenche son dispositif haute-vitesse, c'est la fonction qui permet de choper un oiseau en plein piqué. Mais ça ne vole pas un citron. C'est très long. Surtout que les agrumes restent figés. Pendant ce temps, je remplis les cases de mon annonce Airbnb. Est-ce que les voyageurs du monde entier viendront ici ? Dans ce coin de Paris pauvre et très religieux ? Quels seront leurs regards et leurs modes d'appropriation temporaire de ce quartier ?

Installée depuis un moment, j'ai fini par savoir qui y vit. Le camembert du conseiller l'avait bien énoncé. Ici, 32 000 logements sociaux sont déclarés. Une moyenne de six Africains pour un Français. En retour, comment réagira cette population traditionnelle, quand une touriste en minishort émoustillée au vin blanc, squattera les rebords des trottoirs ? Je zappe ces débats intérieurs. Pour m'aider, je regarde encore les portraits et duos du site Airbnb. Chacun revendique pour un autre, la possibilité d'étaler librement son humanité. Il me paraît difficile de transposer cette combinaison harmonieuse dans mon quartier qui n'a rien d'harmonieux. Enfin, je peux me tromper.

Puis il y a cet appartement aussi. Aussi convenable qu'un logis de garde-chasse. Or, ceux présentés sur le site Airbnb semblent avoir été décorés par d'habiles architectes, avec une incessante variété dans ses motifs. La mienne est plus ou moins linéaire, avec ça et là, des accidents bizarres.

— C'est fini, je vous transfère tout ça.

Avenant, le photographe me montre les clichés. C'est incroyable ! Ce type a donné à mon modeste deux-pièces orienté nord, une allure de loft art déco si spacieux, si lumineux, qu'il fait de moi une nana friquée et méprisante qui n'aurait finalement plus besoin du collaboratif…

— Ça vous plaît ?

— Grave.

— À bientôt pour une autre annonce, et merci d'avoir rejoint la communauté Airbnb !

Rapidement, s'annonce l'inconnu : un couple de Croates. Mes pronostics avaient échoué. J'imaginais pour ma toute première fois, un Américain ou deux étudiantes chinoises. La Croate s'appelle Ana. Elle étudie à Berlin et souhaite faire une surprise à son petit ami Lucius, boulanger à Zagreb. La chambre terminée, j'y dépose une corbeille de fruits.

Le couple sonne à la porte. Ils arborent une coupe de cheveux guindée qu'ils ont dû façonner avec des ciseaux et de la colle. Je les accueille pendant qu'Ana essaye de trouver une logique à ses émotions.

— *Paris is a dream, it's my dream !!! I can't believe I'm in Paris...*

Ça me rappelle une citation de Jules Renard, *Ajoutez deux lettres à Paris, c'est le Paradis*. J'amène son compagnon jusque dans la chambre et je remarque qu'il devient nerveux. Il slalome de long en large dans la pièce, s'excite en gestes éperdus autour du bureau. Et apparaît soudain, un objet que je ne reconnais pas d'emblée, à cause de son caractère trop cérémonieux. C'est un étui à bague. Assis sur mon bureau dans la claire lumière de midi, il ouvre discrètement l'écrin et me fait un clin d'œil. Une demande en mariage chez moi, dans mes draps, mais pas pour moi : c'est officiel, je suis hôtesse.

Mon calendrier se remplit. Des Américains, des Espagnols, des Chinois, des Suisses, beaucoup d'Allemands, des Italiens, beaucoup d'Indiens, un peu de Mexicains et jamais de Finlandais. Pour une majorité, le même mobile : *The Parisian dream. « Amazing, incredible, fabulous. »* Les superlatifs ne leur manquent jamais. Parfois, quelques-uns soulignent un détail. Un détail raisonné comme des étrangers, formulé comme des passionnés : *« Thank you to host us, Nafissa, you were so wonderful ! »* Intimidée par cette grandeur qui ne me correspondait pas, je répondais le plus vrai possible : *« I'm not, Paris can be wonderful. »* À cette réponse, ils manifestaient leur désaccord avec une surprenante théorie : *« People like you make things wonderful. »*

Je n'y croyais toujours pas, pourtant, j'avais comme eux, un peu de ciel dans les yeux. C'est là, le premier triomphe depuis l'avènement du collaboratif.

CHAPITRE 3

Voilà cent vingt jours de relations sans réticence ni limite avec toute la planète. Des relations d'une nuit ou d'une semaine, qui s'enchaînent avec des inconnus excités et toujours satisfaits. Douce consolation de mes relations personnelles.

Parmi les voyageurs, je distingue trois catégories.

La plus marginale : le Blaise Cendrars version allégée. Tantôt en éveil, tantôt musard. Convaincu d'être le seul à comprendre Paris. À la respecter. À la mériter en comparaison aux autres touristes, qui donnent à cette ville une gratification immédiate, mais éphémère. Lui, s'y voit en exil le restant de sa vie. À peine amarré, le poète voyageur s'embarque pour vous, mais surtout pour lui, dans un ouvrage littéraire retraçant son sillage d'homme libre : « Mon blog de voyage.com ». Les *coups de cœur* remplacent les coups au cœur, les *coups de gueule* remplacent les coups dans la gueule.

La catégorie médiane : le touriste qui veut fuir les touristes.

La plus représentée : l'excursionniste. Facile à satisfaire et soucieux d'en avoir pour son argent. Il garnit son estomac de saucisson, son sac à main de tours Eiffel miniatures clignotantes, et le jour de son départ, improvise sa valise en minicave de boisson festive. *We dit it !* Il a fait l'ascension des 422 marches de Notre-Dame, l'itinéraire du village de Montmartre et ainsi de suite, dans un enchaînement programmé au joug de ce qu'il y a à voir. Toujours comblé. Pourquoi crever la toile du décor quand on s'y fond ?

Submergée de bonne humeur, je partage avec mon directeur d'écriture des idées pour un projet d'animation qui sera diffusé l'automne prochain. Dans les faits, chacun est le binôme de l'autre bien qu'il soit mon supérieur et qu'il lui revienne d'analyser mes idées pour en tirer le meilleur parti. Ce projet est un dessin animé franco-coréen dont le héros, Lino, est un jeune génie de la robotique. Nous cogitons sur ses nouvelles inventions, qui doivent être plus sophistiquées que celles des épisodes précédents. Les 11 scénaristes réunis n'étant pas aussi brillants que Lino, nous, créateurs, sommes contraints de relire tout Asimov tous azimuts. Ses nombreuses nouvelles sur les robots ont fait surgir quelques idées de pitch. La production sait ces agissements sur lesquels elle décide de se taire, dans l'assurance enthousiaste que la tranche d'âge des 7-9 ans ne l'accusera jamais de plagiat. Je rassemble dans mon esprit, l'histoire d'un nouveau robot qui deviendra médium suite à un vice de conception. Il faudrait la coucher aussitôt sur papier, cela ne se peut : Airbnb m'informe qu'un Anglais est en route pour chez moi. Mon deux-pièces est devenu un pays labouré par les invasions ; comme toute invasion, elle engendre des terreurs paniques ; je plante mon directeur d'écriture, cavale jusqu'à l'appartement, nettoie la chambre, aspire la cuisine, astique la baignoire. Pour la petite touche, je transforme un bouquet de fleurs fanées en pot-pourri. *Pot-pourri* : nom peu engageant, mais plein d'avantages. Comme cet Anglais. Il se nomme Shipomondonley, mais sa photo de profil laisse apparaître des pétales de rose en guise de lèvres, des yeux d'un même bleu que la fleur bourrache, et une masse de cheveux bouton-d'or.

Ding-dong, c'est mon pot-pourri. J'ouvre et j'encaisse mon choc sans ciller. Ce qu'il faudrait là maintenant, c'est refermer ma porte, à double tour, puis retourner écrire mes pitchs. Sauf que l'Anglais est maintenant à un souffle de moi. C'est un punk-SDF qui siffle son fond de bouteille. Drogué au premier degré. Le visage mince, allongé et pâle comme un quart de lune. Emmitouflé sous des couches de vêtements du printemps, de l'automne et de l'hiver passé. Dans sa main droite, une chaîne en métal tenant un mastiff dont l'oreille gauche estropiée respire le souvenir d'une blessure violente. Dans la gueule, un morceau de carton que je devine comme une pancarte pour faire la manche. Son maître zigzague vers moi avec deux yeux jaunes dilatés de tarsier :

– *French girls !*

Oslo fonce sur le mastiff pour lui renifler l'anus. À son tour, le mastiff lui renifle l'anus. Alors ça lui donne des idées à l'Anglais. Il tient d'abord à m'embrasser, puis m'attire vers lui jusqu'à l'étouffement. Son haleine me pique les narines, mais il reste vrillé autour de mes fesses comme un crotale. Rudement, je le repousse pendant qu'il se tord de rire, ne devinant rien de la crise d'urticaire qui se développe en moi.

Je lui barre le passage. Mais il se faufile habilement, tout chargé qu'il est. « H.M.A.Y.4.N.T.K.N !! », scande l'Anglais, en élevant sa bouteille en verre au-dessus de mon front. Ça m'emplit de terreur. Il redescend son bras et répète ces lettres, avec un mélange de confiance et de menace. Ces lettres, je les ai lues et acceptées il y a moins d'une heure : c'est le code de sa réservation Airbnb.

Tel un sésame qui donne et autorise la liberté d'entrer et de circuler librement chez les gens. Il titube jusque dans la chambre, s'écroule sur le lit en tressaillant de la tête au pied. Est-il possible que ces derniers mois passés avec d'aimables voyageurs soient annihilés en quelques minutes par un seul ?

Je souhaite immédiatement annuler. Cette procédure ne me sauvera pas puisque « l'invité » est déjà installé. Pour en avoir le cœur net, je contacte Airbnb. Grande surprise. Un changement évident a eu lieu depuis mon dernier échange avec la plateforme. En ligne, c'est tout autre chose que la team des débuts. Celle qui autrefois courrait décrocher le téléphone, avenante et habile à vous conquérir. Aujourd'hui, c'est un serveur vocal qui me dirige.

« Si vous connaissez le service que vous souhaitez obtenir, dites-le : par exemple, pour une réservation, dites *réservation*. C'est à vous. »

Sans aucun embarras dans mon élocution, je prononce :

— Urgence Clochard.

— ... ? Je n'ai pas compris l'objet de votre demande. À nouveau, pour gérer une réservation, dites *réservation*. C'est à vous.

— Réservation.

— Vous avez dit « réservation ». Pour confirmer, tapez 1. Pour revenir au menu principal, tapez étoile.

Huit minutes pour parler à un humain. Le suspense est intenable, mais j'essaye de garder mon sang-froid. Enfin, un assistant vigilant de mon inscription à Airbnb, me demande toutes sortes de formalités pour contrôler mon identité. Adresse postale, date de naissance, code confidentiel envoyé sur mon téléphone dont il ignore pourtant le numéro, nom de famille, prénom, numéro de téléphone à nouveau, adresse mail, et enfin, les trois derniers chiffres de mon RIB. Puisque je ne les connais pas, mais que lui, les a sous les yeux, il m'aide à les trouver :

— 142... ?

— Non, presque.

— 3206 !

— Non, c'est votre IBAN.

— 152..., 242..., 143,..., 141... ?

Le calcul des combinaisons n'étant pas une aptitude de son travail, il laisse tomber. Je l'entends taper sur son clavier, respirer, soupirer, poser le combiné, interroger un collègue, reprendre le combiné et expirer. Après le nœud et le développement de cette trame, le dénouement :

— C'est la réservation HMAY4NTKN pour la nuit du 23 au 24 avril.

J'applaudis bien fort. En réalité, je bats mes mains les unes contre les autres dans un état d'excitation engendré par le stress.

— Dites-moi monsieur, personne ne vérifie les identités des voyageurs Airbnb ?

— Y a-t-il un problème ?

— L'Anglais est suspect. Sûrement camé, et accompagné d'un chien.

— Laissez-moi vérifier... sa photo est un fake, vous ne l'avez pas remarqué ?

Je m'agace de cette remarque intempestive. La photo d'un profil ne détermine pas le contour d'un voyageur. Combien de Dark Vador ou de Joker, ais-je déjà reçu ici ? Bien que ce soit inutile à présent, je retourne voir le profil de l'Anglais. Mes yeux soudainement amusés, constatent que la jolie photo postée est un portrait de Matthew McConaughey.

— Nafissa, c'est aux hôtes d'activer l'option qui filtre les voyageurs avec identité vérifiée.

J'étais à peu près sûre qu'il détournerait l'imputation vers la plaignante. Mon visage quitte son air amusé et reprend une mine consternée :

— Et son mastiff, sans muselière, chez moi... ?

— Restez en ligne s'il vous plaît.

Camé, suspect, muselière. Avec un tel champ lexical, le type me met en pause. Comme si je bavardais de personnages fictifs dans mon deux-pièces imaginaire. Il revient sur le tapis.

— J'ai vérifié : vous n'avez pas stipulé dans votre annonce l'interdiction de recevoir des animaux domestiques, ni d'assistance, ou de soutien émotionnel.

Une personne comme moi qui affectionne tous les animaux, ne se décontenance pas devant tous ces labels. Mais de toute évidence, il faudra clarifier mon annonce.

— Votre voyageur ne vous a pas annoncé la présence de son chien ?

— Ni qu'il était un zonard, et je réalise que j'ai perdu le sens de l'improvisation.

— Je suis désolé. Cependant, vous devez savoir que les voyageurs n'ont pas l'obligation de vous informer de leur animal d'assistance, même si nous les incitons à le faire.

— Son chien n'est pas un animal d'assistance.

— Si votre voyageur souffre de délires comme vous le mentionnez, son animal peut alors l'aider en prévenant ses comportements destructeurs.

— Vous m'ôtez toute inquiétude.

— Si le chien est incontrôlable ou représente une menace, alors, vous pouvez exiger son départ.

— Je préfèrerais qu'ils partent tous les deux. Puis-je annuler cette réservation ?

— Pour cela, nous devons contacter Shipomondeley, le rembourser ou lui trouver un autre logement en urgence. Pensez-vous qu'il soit possible de régler ceci avec lui ?

J'avance vers la chambre pour surveiller l'Anglais. Son mastiff m'a flairé et se dresse hardiment sur ses deux pattes arrière. 90 kilos, facile. Bien que la race ne soit pas dangereuse, son aspect massif me dissuade. Je retourne dans le salon et m'y enferme dans un état de crispation avancée. Je me souviens d'une phrase du contrat Airbnb, lue avec négligence :

« Si vous décidez d'utiliser le site, vous le faites à vos propres risques. »

Je reprends un peu d'aplomb pour terminer ces enchères. J'indique à l'assistant que je vais gérer l'Anglais moi-même, en souhaitant qu'Airbnb clarifie ses procédures de sécurité.

— Je remonte l'information chère Nafissa. Afin de nous aider à nous améliorer, voulez-vous répondre à une enquête de satisfaction ?

Une heure plus tard, je ne me suis toujours pas adaptée à la situation. Je fixe la chambre, les yeux perdus dans la contemplation de mon impuissance. À 15 euros la nuit, on peut dire que les gains perçus ne sont pas proportionnels aux risques encourus. Dans ma période ONG, j'ai dû supporter des situations aussi fâcheuses. Pour quitter le terminal de bus à Katmandou, il me fallait traverser un dédale d'allées obscures. À toute heure, j'y croisais un groupe de punks à chien. C'était une présence intimidante, même en plein jour. Lorsqu'ils gisaient de tout le long de leurs corps raidis, ils obstruaient le passage. La seule solution était de les enjamber. Parfois, un Népalais jurait après eux comme un païen. Puis, soucieux de se faire comprendre, criait : « *Go home !* » Venus de pays dominants où les passeports permettent de s'installer partout et facilement, ils se retrouvaient vite happés par les incessantes innovations des drogues de synthèse. La plupart étaient britanniques, australiens, parfois russes. Peu importe. En faisant la manche sous le visage des locaux, il n'y avait plus aucune distinction de pays. Il arrivait que certains locaux leur jettent une pièce en détournant la tête. En revanche, jamais ne se lisait la moindre commisération sur le visage des touristes. Ces observations se répétaient sur une grande partie de l'Asie du Sud-Est, où pour une très modique somme, le camé passablement ravagé, s'offrira une nuit dans une guest house passablement agréable.

Désormais, ces nuits bon marché ne seront plus l'apanage des pays émergents. Par ses affiches publicitaires, Airbnb recouvre les murs de l'Europe avec la promesse d'y dormir au rabais. N'importe quel gueux pourra venir à Paris, Zurich ou Londres. À cela, on ajoute un accès aérien incroyablement simplifié par les nouvelles compagnies low cost dans les aéroports parisiens. Lesquels sont, même l'Américain l'a compris, le carrefour des grandes villes européennes. Au XVIIe siècle, les aristocrates envoyaient leurs enfants pour un voyage d'une année ou deux, à la découverte de l'Europe. L'objectif : apprendre par l'expérience personnelle et non plus par l'autorité. En découvrant les lieux forts de l'Europe, le jeune adulte complétait sa culture et se constituait un réseau pour parfaire son éducation mondaine. Des pérégrinations de ville en ville, dont Paris et Rome étaient les destinations ultimes. Le voyageur du XXIe siècle ne cherche plus à bouleverser sa vision du départ. Aujourd'hui, un film, une application, un youtubeur, se chargent de lui révéler les meilleurs morceaux de l'Europe classique, avant même qu'il monte dans l'avion. Arrivé à destination, il obéira à une certaine logique de dépaysement et parcourra l'Europe en neuf jours.

J'ai les nerfs à cran. L'Anglais m'obsède. Auparavant, il m'est déjà arrivé de redouter quelques touristes. De très jeunes ou de très vieux, surexcités par Paris comme des enfants le soir de Noël, et qui en oubliaient d'éteindre le gaz ou de fermer la porte d'entrée. Mes faiblesses d'hôtesse trop placide ne leur avaient pas échappé. Cette fois, c'est quelque chose de moins défini que je crains. La présence immédiate qu'un ami m'apporterait, serait d'un grand secours. Mais tous sont en dehors de Paris pour ce week-end de Pâques. Plus accessible, il y a mes voisins. Au moins trois sont chez eux. « Salut, j'ai ramené un camé anglais dans ma chambre et j'ai peur. Tu peux rester avec moi jusqu'à demain ? » Impensable. Impensable aussi, partir d'ici et laisser le punk sans un minimum de surveillance. Il devrait y avoir un moyen de le chasser de mon esprit et de me permettre une distraction. J'allume la radio et mets France Culture. Le programme est charmant, il dissipera mon anxiété. Série musicale, spécial Charles Trenet. J'apprends qu'il n'aimait pas « La Mer », qu'il trouvait trop solennel. À l'époque, on lui réclamait plutôt du swing. La chanson a généré plus de droits que « Les Feuilles mortes ». 70 millions d'exemplaires à sa mort. La journaliste, que je devine jeune et bien née à son élocution, raconte dans une anecdote qui semble être un fait historique dans le programme paisible de son existence, comment elle a sauvé in extremis un 78-tours de « La Mer ». Après ça, Charles chante la chanson en japonais. C'est laid. Déjà en français, les paroles sont un flot d'ennui, mais en nippon... De quoi faire disparaitre sa « Mer » dans une chasse d'eau. J'éteins la radio. Aucune manœuvre ne me débarrassera de l'Anglais, sa présence ne disparaît pas. Je demeure assise, repensant mes attentes d'hôtesse. J'aimais l'idée que l'arrivée du voyageur produise une sensation chez moi. Tel un oracle prophétique, une chaleur humide m'envahit. De la vapeur d'eau chaude pareille à celles des hammams passe sous ma porte. Je sors du salon, et les vapeurs d'eau m'entraînent jusqu'à la salle de bain. La porte est entrouverte, la pièce est opaque et embuée. Mais en regardant attentivement, je vois l'Anglais flotter dans la baignoire. Sa peau meurtrie de traces trahit un quotidien tumultueux. Tout autour de lui, ses vêtements flottent aussi, et leur couleur dégorge à la surface de l'eau. Son mastiff pose ses deux pattes sur le rebord en grognant d'envie de passer par-dessus. Sa queue se balance d'impatience : un essuie-glace à grande vitesse. Il est repoussé par son maître, qui néanmoins, ne manque pas de prévenance en lui faisant respirer le gel douche à l'abricot lacté : *« Then it's your turn sweetie ! »* L'animal n'a plus qu'à prendre patience. Quand le punk repère les éponges de mer, les cristaux de bains et les perles d'huile à la vanille des îles, il s'entoure de toutes ces voluptés de la pièce des plaisirs.

Grâce à Airbnb, même dans la dureté de la vie, le faste est abordable à Paris.

Mon absence de règles présente des avantages indéniables pour le voyageur. Je repense aux grandes idées de l'économie de partage. J'y découvre une autre facette : le voyageur ramène la crasse, l'hôtesse la nettoie. Continuer dans ce sens, c'est aller à d'autres loteries perdantes. Sans attendre, je vais sur mon annonce et stipule de nouvelles règles. Au maximum, j'essaye de me soustraire au tolérantisme d'Airbnb. Je les lis, et relis. Elles sont enregistrées et officielles. Avec elles, moins de risques de subir les mécomptes du hasard. Hélas, elles ne seront validées que pour la prochaine réservation. L'Anglais a encore treize heures devant lui pour abuser de ses droits d'usufruit. La confrontation à laquelle je me suis livrée avec lui dans l'entrée, ne me donne aucune illusion sur la suite. Déguerpir : « Abandonner un lieu en se sauvant, souvent par malaise. » Cette idée qui m'a chargée de crainte il y a peu, entraîne aussitôt l'assentiment de mon esprit. Les risques, il y en a peu. Rien ne peut être abîmé ou volé dans cet appartement car je n'ai pas eu l'occasion de le garnir. L'issue la plus défavorable serait que l'Anglais retourne la cuisine pour se ravitailler. J'aurai toujours la consolation de ne pas le voir faire.

J'appelle Jocelyne. Forte de sa générosité et de son bras gauche retrouvé, elle me concocte déjà un civet de chevreuil. Puis elle me prépare son matelas d'appoint et un plaid pour Oslo. Chez elle, je raconterai le punk à chien dans ma baignoire, et devant les éclats de rire de Jocelyne, je ne pourrai que pardonner.

À peine partie, mes yeux et mon esprit se sont échoués ailleurs. Arrivée à la station Étienne-Marcel, je me suis fondue dans la foule. J'ai flâné chez un disquaire, examinant les classiques français jusqu'à la lettre T. En cherchant, je passais mes doigts en petits cercles dans mes cheveux, puis j'appuyais avec le bout des doigts sur mes tempes. Cette caresse a effacé l'amertume du jour et j'ai voulu réécouter « La Mer ». Tout bien considéré, c'était chiant. En arrivant au milieu de la rue Montorgueil, des punks à un seul chien faisaient la manche devant le Franprix. J'ai donné une pièce, et coupé ma pomme pour la femelle boxer qui les accompagnait. Dans un saut de joie, elle l'a avalée.

Je cogne le carreau de la fenêtre de Jocelyne. Les rideaux se séparent, son sourire se dévoile et elle paraît dans son antre. Est-ce que sa cardiologue fut son seul prétexte pour rester ici ? N'importe qui aurait du mal à quitter cet îlot que Jocelyne rêve inviolable.

À 22 heures, nous finissons de dîner et il est trop tôt pour dormir. Pourtant, malgré les bruits du quartier (Jocelyne ne dort que les fenêtres ouvertes) le sommeil vient. Il m'emporte en peu de temps. Simple réponse au stress. Quelques heures plus tard, je me réveille. L'Anglais me pesait. Je le soupçonnais en train de réunir tous les camés du Franprix et les ramener chez moi pour une orgie sacrée de coupes d'or et de seringues pleines. Dans la chambre, la femelle boxer en attente de fécondation, investissait les draps brodés de lin rose pour compenser l'absence d'attractivité du mastiff.

Le lendemain matin, Brian est de retour sur la couverture du *Wall Street Journal*. Il est valorisé à 7 milliards d'euros. Autant que la chaîne Hyatt qui a quarante-quatre ans d'ancienneté. Je lis son interview en entier. Il ne parle pas une seule fois d'économie et esquive les questions sur le sujet. Rebelote, Brian prône son idée du partage en même temps que son idée de l'hyperconnectivité de nos sociétés, donc de leur solitude. *Airbnb propose aux gens de revenir au réel et au don de soi*. Il faut reconnaître que le principe de la start-up a des bienfaits qui ne m'ont pas échappé. Mais qu'est-ce que le réel pour les hôtes ? Je plie le journal et sors du métro.

Je suis de retour chez moi. L'Anglais est reparti en laissant derrière lui une odeur forte d'étable sur les oreillers et le lit.

Le couffin d'Oslo est recouvert d'un jet d'urine territoriale, ses jouets mâchés et détruits avec la vigueur d'un molosse. Je résiste sciemment à ces tracas d'ordre matériel. Je sais qu'autre chose m'attend.

Dans la salle de bain, les poils pubiens et roux mêlés aux poils bringés du chien, flottent dans une mare d'eau verte stagnante qui déborde de ma baignoire. Tandis que je regarde ma main droite gantée de latex, la haine monte en moi. J'imagine Brian à mes côtés. Lui aussi, consterné. Mais ce genre d'image ne reste pas dans le cerveau des grands fondateurs. Ils la transforment avec leur vision d'utopiste. Brian y verra le tableau d'un homme détendu dans une eau camaïeu à dominante verte avec quelques pointes de jaune, pour une fête des sens rendue possible grâce au personnage de la soubrette en arrière-plan. Ce type est un impressionniste qui s'ignore.

Enfin, je rédige mes règles. Explicites, non négociables, énoncées d'une voix claire mais ferme, que les touristes approuvent : « *It's quite normal, it's your home !* » Dans un sens, cette discipline et cet encadrement les rassurent. Non pas que le touriste a les mêmes besoins que l'enfant, mais ceux qui expérimentent Airbnb avec suspicion, se tranquillisent de quelques règles. Très vite, je note qu'il faut les adapter et les exprimer en fonction du pays. Fraternellement, amicalement, virilement, poignée de main, sourires. Ce qui revient à modifier ma personnalité pour y ajouter ou ôter quelques traits, à l'égard du voyageur.

Le Français n'arrive à se concentrer que sur un petit nombre de règles courtes et adaptées. Visite prompte, de préférence. Mais si son entrée dans les lieux lui suggère une entrevue impersonnelle ou anonyme, il se sentira négligé. La petite astuce : lui adresser une ou deux questions profondes entre l'usage des pièces communes, et le calme après 23 heures : « Si l'argent n'importait pas, tu changerais quoi dans ta vie ? »

Le Chinois ne parlant pas anglais ou très peu, il ne faut pas hésiter à dire « Stop ! », sur un ton fâché avec un froncement de sourcil. Le Chinois est tout à fait en mesure de traiter la négation. Il ne s'en offusquera pas et s'arrêtera net de cracher dans le lavabo.

L'Indien ayant une disposition naturelle à faire fi des règles chez autrui, inutile d'en appliquer.

L'Allemand est d'un tempérament assez attentif. Dans l'intérêt réciproque, il accueille toutes les règles sans chercher à négocier ou feindre de les oublier. Même après plusieurs jours de cohabitation donnant l'impression d'une colocation, l'Allemand maintiendra une relation distante et restera sur son quant-à-soi.

L'Américain, d'entrée, me *hug* avec une vitalité enflammée (quoique un peu factice) qui déconcerte mon plan des règles. Après ça, je les radote maladroitement. Mais l'Américain étant d'une nature encourageante et positive, il écoute, acquiesce, puis présente sa conception des règles. Plus élargies, plus modernes. Il les termine de quelques effets pour magnifier son propos : *« The 3 Cs : Clear, Consequent, Consistent. »* À réciter, *with a smile*, dès qu'un voyageur franchit la porte d'entrée. Cela me ravit de voir mes efforts coordonnés avec la coopération d'un si grand pays, et j'observe l'Américain s'installer dans ma chambre, sans jamais, au grand jamais, retirer ses baskets sales du lit.

À la moindre explication d'une règle, l'Espagnol crie à la cruelle restriction. Pour compenser ce qu'il amalgame à du despotisme, il se donnera carte blanche lui-même. Frénétiquement, il usera du sèche-cheveux, du four, de la plaque de cuisson et du fer à repasser, comme autant d'éléments indispensables à un séjour réussi.

Ce mercredi matin, j'attends Shidem et Mila. Deux amies originaires du Bélarus. Impossible de me représenter à l'avance le comportement de citoyens dont je situe mal le pays sur une carte. Bélarus. Par son suffixe, j'imagine qu'il se situe aux portes de la Russie. Les moyens d'information qui sont à ma portée sont ceux d'Internet. Trop accessible. Ma curiosité d'hôtesse m'incite à d'autres méthodes. Sur le dernier rayon de ma bibliothèque, il y a un atlas ancien aux reliures artisanales. Je tourne les pages avec la curiosité qu'inspire un tel manuel. Dans l'index des matières, je ne trouve rien à Bélarus. Mais en feuilletant les pages de l'Empire russe, je découvre le royaume de Polotsk. Dessiné sur une gravure datant du Xe siècle, tracé à la main puis colorisé à l'encre. En marge de la carte, les éléments de la légende indiquent des moulins et des églises pour se repérer dans la principauté. Des hachures en demi-teinte délimitent des forêts de pins et les rivières, d'autres en relief bornent les territoires avoisinants. Au verso de la page, une autre carte calquée sur celle du recto. Celle-ci est datée du début du XXe siècle, et a pour titre : « République démocratique de la Ruthénie blanche. » Les limites sont figurées par un trait qui quadrille et découpe la carte. Comme pour la légitimer dans un monde qui s'emboîte. Bordée à l'est par la Russie, au sud par l'Ukraine, à l'ouest par la Pologne. C'est donc de là, que Shidem et Mila vont voler jusqu'ici, promises à Paris pour une seule nuit.

La première semble avoir mon âge. Un regard suave, des bras hésitants autour d'une poitrine affirmée et des lèvres dont le sourire forme un arrondi. Elle me salue en cherchant la meilleure entrée en matière, et sa voix est douce comme une brise nocturne. La deuxième pourrait être sa mère si elle n'était pas aussi décharnée dans ses vêtements d'étudiante. À peine entrée, je la sens lointaine. Presque désincarnée. Petite, menue, coupe au carré argenté, odeur de cendrier dans la bouche. Elle rôde dans le couloir, cherche à me saluer avec une inspiration désespérée. Finalement, elle essaye de sourire et y arrive presque. Shidem parcourt gaiement mon appartement pendant que Mila attend dans l'ombre du couloir en caressant Oslo.

Je les convoque pour les règles de la maison. « *Rules...* ? » s'interrogent-elles en cœur. Sans répondre, je m'engage dans la cuisine. Elles me talonnent en chuchotant des messes basses. Avec précision, mon index montre le robinet à gaz. « Robinet ouvert à droite, robinet fermé à gauche. » Il y a cinq jours, j'expliquais ceci à un couple d'Américains, et alors, je me sentais en pleine forme. Comme un P.-D.G. qui allait augmenter sa productivité par une astuce simple et sans contrainte. Devant ces deux femmes, je ne donne pas des règles, j'imite quelqu'un qui en donne. Peut-être à cause du rictus moqueur qui déforme leur bouche.

Je poursuis ma visite. Dans la salle de bain, j'explique que la baignoire devra être rincée des poils et cheveux, mais gagnée par une irritation croissante, je m'interromps. Le visage de Shidem prend une expression d'hilarité. N'en pouvant plus, elle éclate de rire. Ça prend même l'impassible Mila, qui en secoue ses seins ballotant. C'est si direct et imprévu, que j'en reste baba. Shidem le remarque et se reprend. Elle toussote, me dit dans un anglais assuré :

— *Sorry, it's not you.*

— *What's so funny ?!*

Je prends un faux air sévère, mais c'est en femme aguerrie qu'elle me répond.

— *Our rules were different in jail.*

Je ne suis pas sûre d'avoir bien entendu le dernier mot et je fais répéter Shidem. « Oui, nous sortons de prison. » Des mois d'humiliation, rajoute Mila pour me tenter plus. Ça m'a ratiboisée. Mila le voit, et décide de me raconter, les bras croisés, comme pour comprimer son souvenir. Au Bélarus, un président éternel au nom de Loukachenko enferme son peuple si celui-ci gueule trop après les victoires truquées. Arrêtées pour conspiration et hooliganisme, Shidem et elle sont envoyées à la prison de Minsk. Ses mots précèdent aussitôt le réconfort de ne plus y être, et ses sombres pensées au comble de la rage, sont arrêtées par un brusque coup de coude de Shidem. Shidem brandit le guide touristique de Paris qui produit son effet sur Mila. La pauvre en avait oublié son ambitieux week-end. Elles remplissent une bouteille d'eau, règlent l'appareil photo, prennent un parapluie, et cherchent leurs entrées pour le Louvre. Avant de dépasser la porte, elles remarquent un menu détail collé au mur : *Please remove your shoes*. Elles me regardent poliment et se disposent à repartir.

— *Your rules are perfect for us !*

Sur Airbnb, une suite d'excellents commentaires est une approbation qui rythme votre réputation. Cette fois, les nationalités n'ont rien à voir avec le fait d'être accablé ou acclamé. Ce sont très souvent les circonstances d'un séjour qui fixeront la note d'un commentaire. L'hôte peut soit en prendre pour son grade, soit prendre du grade.

Mardi dernier, Skyler, cinquantaine juvénilement vêtue, Californienne, est venue chez moi pour conclure des affaires aux puces de Saint-Ouen. Elle s'est fait arracher sa montre sous mes yeux. Ni une, ni deux, mais treize secondes. C'est mon temps moyen pour un 100 mètres. Pickpocket attrapé, montre restituée. *Ohhh, many thanks, Nafissa, many thanks !* Son effusion de tendresse n'a cessé qu'à son départ. Ensuite, elle a rédigé un commentaire, ou plutôt, un condensé d'éloges qu'elle s'est donné la peine de traduire dans toutes les langues.

Mes exploits sont à présent diffusés auprès des voyageurs Airbnb dans le but d'influencer les plus sceptiques. *Nafissa the extraordinary*. Skyler m'a vendu au triple de ma valeur réelle. Condamnée à satisfaire éternellement, je fais donc une déclaration publique. Dans le langage Airbnb, cela signifie répondre à un commentaire. « Merci Skyler, mais tes fleurs se sont fanées dans l'heure. » Quel ravissement d'écrire des métaphores en l'air !

C'est en effet trop tard. Convaincu par ces spéculations, un couple d'Israéliens réserve la chambre. Déjà émoustillés, Hagui et Anat mettent une photo de la tour Eiffel sur leur profil. Actuellement à Amsterdam, ils souhaitent venir à Paris au meilleur prix. Ils ne parlent pas français, baragouinent en anglais. Je ne peux plus démentir de si belles théories, mais en pratique, que dois-je faire ? Flixbus Amsterdam-Paris ! Compagnie d'autocar low-cost, ponctualité, sièges confortables, deux bagages gratuits, arrêt Porte de Saint-Ouen. Bref, parfait. J'envoie aussitôt un message aux Israéliens avec toutes ces informations dans l'espoir qu'ils réservent aussitôt deux tickets de bus. Quelques minutes après, ils me répondent :

Aujourd'hui à 9h04
« No bus »

Je vérifie l'actualité. Aucune grève ne vient d'éclater à Amsterdam. Du côté de Flixbus, le service fonctionne parfaitement.

3 mai à 9h11
« Hello Hagui and Anat,
Bus is ok. »

3 mai à 9h17
« No. Flight. »

3 mai à 9h19
« Bus = cheap »

3 mai à 9h21
« NO ! FLIGHT ! »

3 mai à 10h27
«Please, no ? »

3 mai à 10h49
«I pay = you dou »

J'irai pisser dans vos pompes. En attendant, j'essaye de ne pas l'oublier, une hôtesse est, dans son genre, un archétype de bonne conduite. Je respire et propose un vol Amsterdam-Paris avec la compagnie Air France. Ils me répondent ceci :

3 mai à 18h45
« Dear »

Dear quoi ? Ils ont dû envoyer ce message incomplet par erreur. J'attends la suite.

Deux jours après, toujours rien. Leur arrivée est prévue pour demain, j'ignore s'ils ont booké ce vol. Je les relance en envoyant à nouveau le lien des billets.

5 mai à 18h41
« Hagui and Anat,
Flights Paris, OK ? »

Aujourd'hui à 18h46
« dear »

Aujourd'hui à 18h59
« ?? »

Aujourd'hui à 19h03
« DEAR ! »

Aujourd'hui à 19h06
« Dear Hagui and Anat,
Do you mean : expensive ? »
Aujourd'hui à 19h15
« Yes, dear ! »

Plus la bourse d'un voyageur est petite, plus grande est sa proportion à emmerder le monde. *Anyway. Where is Ryan ?*

Ryan is in Ryanair ! Je leur trouve un vol à 19 euros sur la compagnie la moins chère d'Europe. Je préremplis le formulaire de leur nom et prénom pour qu'ils n'aient plus qu'à hocher la tête et payer. Ils répondent rapidement :

Aujourd'hui à 19h37
« ok »

Maintenant, il faut expliquer et détailler l'itinéraire de l'aéroport de Beauvais jusqu'ici. Un schéma trop complexe les emmènerait au bord de la déroute. J'ai une idée. Par une suite de photos rétro qui ont un effet magique chez les touristes, je répartis les étapes à suivre. Photos des horaires des navettes, photos des lignes et arrêts de métro, photos des correspondances et même des sorties. Montage et mise en image. Ce qui m'amène inconsciemment à la réalisation d'un roman-photo. J'y vais à fond. J'insère des bulles de paroles dans une aliénation assumée : *Hellooo, I am the metro 1, the yellow one !* Dans la dernière case, je mets une photo de mon immeuble et le fais parler : *It's me, home sweet home !* Je soigne l'ordre des cases, peaufine la dynamique de ma planche, et comblée, j'expédie tout à Hagui et Anat.

Aujourd'hui à 21h48
« NO NO !! EIFFEL TOWER ! »

En chacun des hôtes, il y a un insulteur à l'état latent. Il ne peut pas le réveiller, même à l'occasion pour un cas complexe... Un réflexe, bien loin de sa volonté, cristallise l'hôte : la peur du mauvais commentaire.

Puisque les images ne marchent pas, il faudra me déplacer pour récupérer mes Israéliens quelque part. Je donne rendez-vous au pied d'un des logos les plus célèbres de la planète, sur l'avenue la plus célèbre de la planète. Je traduis tout ça en hébreu, en me demandant pourquoi je ne l'ai pas fait plus tôt.

Aujourd'hui à 23h53
« רדסב »
Ce message signifie « Très bien ».

Le lendemain à 16 heures, je suis comme convenu pieds et poings liés par mes bonnes idées : au McDo des Champs-Élysées. Je ne vois aucun couple d'Israéliens avec des valises. Mais depuis Airbnb, je me trompe facilement sur l'apparence des gens que je me représente avec toutes sortes d'illusions. À 16h20, j'envoie un message. Je reçois une réponse dix minutes plus tard. « Nous sommes là. Il n'y a pas de McDonald's. » Ne cherchant plus aucune logique chez eux, je leur demande d'interpeller un passant, Français de préférence, qui m'appellera de leur portable pour me dire où ils sont. Une fois le message envoyé, je me rappelle qu'il n'y a pas de Français sur cette avenue. Plus embêtant, je crains qu'un pickpocket ne vole leur téléphone. Heureusement, je reçois un autre message : « Là où nous sommes, il n'y a personne ». Samedi après-midi aux Champs-Elysées est toujours vide, c'est bien connu.Ils ont dû prendre une mauvaise sortie et tomber dans une rue parallèle où il y a peu de mouvements. Je joue ma dernière carte : « Envoyez-moi une photo de vous, à l'endroit exact ou vous êtes, j'arrive ! » Enfin, je reçois la photo qui achèvera cette expédition.

Je découvre deux individus habillés en amish au pied d'un Boeing 737. Seuls, sur une piste de l'aéroport de Beauvais.

En ouvrant votre porte à l'inconnu, vous déballez un nouveau cadeau. Il y a autant de possibilités que d'êtres humains sur terre. Mettre ce fantasme en pratique, c'est mon scénario, celui qui confirme le quotidien que j'ai toujours voulu avoir en assumant une personnalité gaie dans ce qu'elle a de plus changeant. Parfois, j'en sors épuisée et vaccinée pour un temps. Mais aussi loin que je me souvienne, la notion d'inconnu est chez moi, porteuse d'une curiosité liée aux plaisirs d'une certaine insécurité. Une question revient souvent quand j'en viens à expliquer être hôtesse Airbnb : *Tu n'as pas peur d'ouvrir ta porte à n'importe qui ?* 90 % des gens m'ont posé cette question. Ils ont tendance à oublier que 90 % de la population ne présente aucun élément perturbant.

Pourquoi Nadeem, un ingénieur indien basé au Luxembourg, se balade-t-il en slip dans l'appartement devant mon visage dégoûté ? Je l'interpelle directement.

— *Can you get dressed please ?*

Les traits calmes et détendus, m'invitant à retrouver moi-même le visage lisse et confiant qui l'a accueilli il y a moins d'une heure, Nadeem me frôle et se dirige vers la salle de bain. M'exhibant au passage, tous ses bourrelets amoncelés. Par eux, ma réflexion s'approfondit ; ce touriste s'est-il déshabillé pour aller se laver, ou est-ce mon statut de femme occidentale qui est le prétexte de ce spectacle ?

Je retourne à mes travaux d'écriture en prenant un air absorbé, pour ne pas avoir l'impression de penser à ce qui m'occupe réellement. Mais je finis par écouter attentivement les bruits de la salle de bain. Malgré la distance de l'entrée et du couloir, ils me parviennent distinctement aux oreilles. Je pose mon stylo sur le bureau en soupirant si longuement qu'Oslo se redresse de sa somnolence.

La flasque enveloppe de Nadeem m'ayant donné quelques réflexes, j'avais refermé la porte du couloir. Elle est maintenant grande ouverte. Voilà pourquoi les bruits me parvenaient aussi bien. Je remarque que celle de la salle de bain l'est aussi. J'avance et vois Nadeem assis tout nu sur le rebord de la baignoire, qui m'attend souriant. Par chance, ses cuisses charnues se croisent, drapant ainsi ses parties intimes. Ahurie, je ne peux m'empêcher de regarder en leur direction. Pendant une seconde, on doit former l'image d'un couple mal assorti qui tente sans succès de doper sa sexualité. Son numéro en slip était bel et bien une mise en bouche préludant à une exhibition programmée. Histoire de rappeler qui est la cheffe ici, j'ordonne : *« Close this door ! »* Dans cette rage, un gémissement monte à la gorge de Nadeem qui écarte ses cuisses, et cette fois, son membre se gonfle comme une auréole. Je claque si fort la porte que les murs du couloir répercutent ma force. Ils décrochent le tableau de Port-au-Prince qui s'écroule au sol avec tous ses éléments miroitants ; mini-fauteuils, mini-bacs, mini-sèche-cheveux. Sans eux, il est dépouillé. Ma colère éperonne ma volonté qui se transforme en toquade. En regardant tous ces petits bouts de cuivre, je pense : *Dispose les plus pointus juste devant la sortie de la salle de bain, ça lui fera les pieds*. Après les avoir tous agencés en vue d'une profonde incision, une extrême jouissance m'envahit. En quittant le couloir, j'ai négligé une paire de mini-ciseaux. Ils pénètrent ma chair et me font saigner la plante du pied droit. Des perles se forment et tombent à chaque seconde sur le parquet. Je me dis : *Pense mieux cette fois*. Le désinfectant est dans la salle de bain, comme les pansements, comme le détergent anti-sang, comme Nadeem. Pour être franche, je ne rougis pas d'y retourner. Femme estropiée, courage grand. Si ce n'est qu'en faisant demi-tour tête baissée, mon orteil gauche rencontre le mini-sèche-cheveux, et que le mélange rage-douleur-vertige produit son effet. Mes cris sont d'autant plus âpres que Nadeem doit s'en attribuer l'origine. Mais c'est quoi cet imbroglio au juste ? Il est où le collaboratif ? Il est où le duo voyageur-hôte qui s'entrelace sur les pubs Airbnb ? Je resserre mes lèvres, boîte jusqu'à la cuisine et applique du gel hydroalcoolique sur mes deux pieds, après avoir aspiré le sang avec un sopalin ultra-absorbant.

Selon les clauses de son contrat, Airbnb me conseillerait d'appeler « les autorités compétentes ». Ramener la police ici est selon moi, le dernier recours aux situations sans issue. Or, il n'y a que sur les panneaux routiers qu'il n'y a pas d'issues, en vrai, on peut toujours en inventer une. Tout ceci est ma responsabilité. Quelques amis pourraient me tirer d'affaire, mais je vois déjà leurs bouches trahir de futures remarques dont je n'ai absolument pas envie de me sentir l'otage.

En soirée, quelque chose me dit que la flambée d'audace de Nadeem n'est pas retombée. Je le sais à présent enfermé dans sa chambre, et je m'interroge : ce type, est-ce un inoffensif exhibitionniste, comme ceux que l'opinion publique s'amuse d'imaginer en trench et lunettes noires, ou un véritable agresseur sexuel qui risque de glisser vers la délinquance ? Une rapide transition me ramène à un cours de self defence auquel j'ai assisté, je le jure, à la Défense. C'était une démo sous la grande arche où il y avait foule ce jour-là. L'instructeur, ancien parachutiste et gradé de tous les arts martiaux, cherchait en fouillant dans le public un volontaire pour jouer les agresseurs. Quand il repéra un jeune oriental au visage arrogant et ravi d'offrir ses services, l'instructeur fit venir une démonstratrice au joli visage de 26 ans tout au plus. (La même qu'on observe sur les vidéos de Leroy-Merlin posant admirablement du carrelage.) Chaque prise qu'effectuait ce modèle blond réservait une surprise au faux agresseur. À un moment, elle lui fait avaler sa pomme d'Adam. Pourquoi me remémorer ce cours ? Aucune de ses pratiques n'est adaptée au profil de Nadeem et rien n'établit sa dangerosité. Je pense ça plusieurs fois d'affilée, comme une incantation au principe d'un constat fragile, mais auquel je crois.

J'ouvre un livre pour m'endormir. Je le referme vite, d'autres images s'immiscent dans mon esprit. Lors de certains voyages, et plus particulièrement dans certaines stations de métro parisiennes, je me suis retrouvée perdue dans une foule noire de monde. Des hommes se faufilaient trop près de moi et se tripotaient les glandes de manière machinale. Ces incidents m'ont mise à l'épreuve, j'ai appris à les surmonter sans qu'il y ait de conséquences. Sauf une fois dans les ruelles d'Islamabad ; un type me poursuivait la braguette enflée. À la vue de deux policiers, je me suis jetée sur eux et ai dénoncé mon harceleur qui tenta de prendre la fuite. Quand les deux hommes en uniforme l'ont rattrapé, ils l'ont rossé à coups de matraques devant mes yeux horrifiés. J'ai supplié d'arrêter ce lynchage car je n'en tirais aucun plaisir ; chaque fois que l'homme criait de douleur, ses deux yeux, auparavant d'oiseaux de proie, ressemblaient à deux oiseaux humides regardant désespérément le ciel.

En pleine nuit, j'entends la porte de la chambre. Je tends l'oreille. Nadeem veut peut-être aller aux toilettes. Non, ses pas le ramènent devant le salon. J'entends le plancher de l'entrée craquer.

— *Go away, I'm sleeping.*

Pas Nadeem. Il a flairé une chose trop attirante pour être négligée. Il sait qu'aucun cri de mâle ne fera écho à celui de la femelle. Je sors du clic-clac et pense à glisser mes pieds dans mes chaussons pour ne pas réveiller mes blessures. En regardant la porte, j'aperçois Nadeem en peignoir qui vient de pénétrer calmement dans le salon. Les lumières de l'immeuble d'en face étirent son ombre et lui donnent une drôle de silhouette. On dirait un portemanteau sur pied, avec chapeau et châle qui lui donnent l'air d'un épouvantail. Pas terrible son avatar. Vishnou, au moins, a des lions. Au comble de ce prélude, il y a pire : Nadeem ouvre son peignoir, dévoilant l'ampleur de ses appas, et interprète ce qu'il convient de nommer la gigue du pénis. Je regarde sans pouvoir l'interrompre, avec un rire incrédule — voire bon enfant — tandis que dans l'esprit de Nadeem, un éclat de conscience est en train de ruiner son numéro, et avec lui, c'est toute son intention d'effrayer qui vient de s'anéantir. Vite, il referme son peignoir, conscient que la seule issue pour lui est celle du flop. Il effectue un vif saut vers la porte du salon, et en moins de cinq secondes, est bouclé dans la chambre.

Plus envie de dormir à l'addition de ces émotions. Pour autant, je sens l'inconfort à voir cette nuit s'attarder. Confusément, j'aimerais la finir avec quelqu'un, sans que cette personne attende que mon corps devienne désir. J'imagine la scène, sans comprendre si c'est pour briser ce contexte, ou un désir aussi intense qu'inattendu. Je décolle dans ce fantasme jusqu'à ce qu'un bruit sourd me fasse redescendre. La porte de l'entrée s'est ouverte puis refermée dans un claquement. Je m'y rends et observe à travers le judas. Dans la lentille, l'effet loupe sur Nadeem est terrible : en cherchant la lumière, les yeux fixant un point au plafond, il paraît immensément vague, à la fois proche et loin comme sorti d'un tableau de Hopper. Quand il trouve l'interrupteur, il remet sa cravate sans faire le nœud, rentre sa chemise dans son pantalon, et à cause de son embonpoint, s'assoit pour lacer ses chaussures.

Je retourne au salon. Sur mon ordinateur, je rends des comptes à Airbnb en un clic. Message standard : « Vous venez de signaler cet utilisateur. Désormais, Nadeem ne pourra plus entrer en contact avec vous. » Quand mon cerveau me le permet à nouveau, je comprends : si j'avais fait ce signalement trois minutes plus tôt, cette technologie-magie aurait fait disparaitre Nadeem de l'appartement... et à distance. Par ce procédé, Airbnb devance le réel et suggère l'illusion d'un geste magique pour ses hôtes. *Belong Anywhere.*

CHAPITRE 4

Airbnb regarde maintenant vers l'Asie pour réitérer son succès et attirer d'autres membres. Les médias assistent, muets d'étonnement, à cette ascension. Brian est bouillant. Il prend toute initiative qui favorisera son expansion. Convaincu que partout où l'entreprise se trouve, elle procure du confort. Un P.-D.G. comme lui ne peut se soustraire à cette logique : l'Asie et sa population infinie sont un potentiel pour Airbnb. La Chine et l'Inde, principalement, suscitent son intérêt. Terrains meubles et friables, je donne peu de temps à la start-up pour s'y implanter. En attendant, lorsque les voyageurs de ces pays viennent en Europe, Brian et son halo de gloire veillent à ce qu'ils se rallient à Airbnb. Même les pratiques les plus anciennes ne le seront plus : à chaque pas que Brian fait vers un bus de Chinois, le bus se disloque, le groupe vole en éclats et se disperse en voyageurs couple ou solo.

Depuis, j'en accueille encore plus qu'avant. Mais avec beaucoup d'entre eux, *Accueillir*, verbe affectif chargé de sourires, se résume à *Cueillir*. En cause, des codes sociaux aux antipodes des nôtres, et des mises à jour de la plateforme qui n'aident pas. Nouvellement, le système de réservation à option instantanée. Un voyageur peut donc effectuer sa transaction en ligne, sans entrer en contact avec l'hôte qui sera obligé d'accepter. Un peu comme à l'hôtel. Le Chinois et l'Indien utilisent très souvent cette option. En conséquence, ils ne prennent pas le temps de se présenter. C'est pourtant ce qui a été adopté par le reste du monde : « Bonjour, je m'appelle Untel et je viens de Barataria. J'aime bien votre chambre, et je suis heureux qu'elle soit disponible pour demain... Voulez-vous bien me recevoir ? Cordialement, Untel. »

Parfois, dans un phrasé étonnant pour le style à la fois altier et trivial, l'Indien communique : *« How long from CDG ? »*

Le succès est une série de hasards heureux. Même ceux qui n'en n'ont pas, savent. Brian, lui, sait. Il reçoit l'aide de précieux collaborateurs n'ayant pas conscience du soutien qu'ils apportent au jeune fondateur. Des milliers de citoyens asiatiques (Japon, Macao, Corée du Sud, Hongkong, Singapour, Inde, Qatar, et non pas Bhoutan, Birmanie, Cambodge, Afghanistan, Yémen, Bangladesh, peuple des Sentinelles) ont un privilège particulier. La France a opté pour une politique très douce qui leur délivre des visas en quarante-huit heures. On la comprend. Ce sont des visiteurs qui nous observent d'un œil inerte, mais qui dépensent et flambent de manière folle et décomplexée. Un mélange idéal pour l'économie d'un pays. Ce délai de visa ultracourt est une aubaine pour Airbnb qui verra ses transactions atteindre le cap de Bonne-Espérance.

Félicitations ! C'est avec cette formule qu'Airbnb vous annonce l'arrivée de futurs voyageurs. « Vous avez une nouvelle réservation confirmée ! Kishor et Sumit arrivent aujourd'hui ! » Là, je sais que la formule est trompeuse. Recevoir des Indiens n'est pas toujours un évènement heureux. Quand ils vous choisissent, ce n'est pas parce que vous avez des qualités, c'est qu'ils n'ont aucune alternative.

Lorsque les Indiens voyagent, ils ont besoin de médire des habitants du pays. Il n'y a que ça pour les mettre à l'aise. Et ils aiment ça, être à l'aise. Lorsqu'ils vivent chez moi, il faut vaincre les incompréhensions réciproques tout en préservant leurs habitudes et laisser une part à l'action spontanée de leurs usages. Et ils les aiment, leurs usages. *Vous êtes ici comme chez vous*. Pour certains voyageurs, ce slogan Airbnb n'est pas qu'une publicité ; il est le fond de leur pensée.

Ce couple va venir pour trois nuits. Rien ne presse, mais je m'impatiente. Pour une raison aussi simple qu'inattendue. Kishor et Sumit viennent de Kalkaji, un faubourg au sud de Delhi où j'ai vécu en 2009. Les ONG m'ont envoyée deux fois dans ces bidonvilles. Au bout de la sixième semaine, la mission a déclenché en moi des fièvres de chien errant et un effondrement de mes défenses immunitaires que j'ai pu compenser par : le néant. Heureux, le Stendhal qui éprouva délires et fièvre devant des œuvres d'art florentines. Kalkaji, ce n'est pas un lien affectif, ce n'est pas un lien de parenté, pas tout à fait un lien d'amitié. C'est un nœud que j'ai souvent cherché à desserrer.

Cette impatience me donne quelques illusions, et une idée me poursuit : aurais-je déjà vu Kishor et Sumit ? Parfois, j'observais longtemps comme une fleur tournée vers le soleil, ce peuple persuadé de sa réincarnation. J'étais récompensée par d'incroyables scènes de vie. Ou alors, eux, m'ont-ils aperçue ? Lorsqu'une jeune étrangère seule vit plusieurs semaines dans une petite commune où aucun autre étranger ne passe, les gens retiennent son visage. Ils finissent par remarquer sa présence du matin, ses carences du soir. Kishor et Sumit ont peut-être été de ceux-là. Je raconterai comment mes collègues et moi avons sorti des jeunes enfants des déchetteries, et sans effort apparent la réconciliation dont je rêve avec ce pays se réalisera. Si ce couple vient jusqu'ici, c'est que tous les êtres n'obéissent pas seulement à la volonté du hasard. Airbnb aurait-elle le pouvoir de matérialiser nos désirs inavoués ?

Sur le palier, un désordre de cancre risque de contrarier l'immeuble. Des valises cognent les portes de l'ascenseur, des cris indiens résonnent dans les couloirs. Ce sont eux. Puis, on frappe sauvagement à coups redoublés à la porte. Pour la première fois, j'ouvre à l'inconnu comme si j'allais le reconnaître. Kishor et sa femme Sumit se tiennent devant moi. Avec flegme. La quarantaine, chevelure huilée, sourcils broussailleux, le regard insistant, la ruse du Sioux. Je leur fais signe d'entrer, et déjà, ils ne me regardent plus. S'ils n'avaient pas ce bagage étiqueté de Roissy, je jurerais qu'ils viennent d'une autre planète et que la nôtre est une cible.

Ils me remercient des deux limonades offertes avec une politesse qui n'a pas servi depuis longtemps, et tandis qu'ils me suivent jusque dans la chambre, trois mots anglais s'échappent de leur langue indéchiffrable.

— *No husband here ?*

Je me retourne, saisie par une question entendue plusieurs fois. Toujours par des hommes rasés de près à la chemise blanche impeccable, qui se pointent parfumés et dont les intentions sont très claires. Je luttais avec humour en y mettant un point final. Là, c'est différent. Comme si la question avait emprunté un mauvais détour à l'issue fatale. C'est Kishor qui interroge, mais c'est Sumit qui répond à ma place. Dans un murmure. Un murmure qui les fait sourire étrangement, et qui me donne l'idée confuse de dire :

— *I speak hindi.*

Stupéfaits de ce bobard, nous restons silencieux tous les trois. La vérité, c'est que l'hindi est une langue assez difficile qu'on peut entendre plusieurs jours sans pouvoir énoncer correctement son alphabet. De même, l'ordre de placement des mots est déroutant puisque le verbe est précédé par son complément d'objet. Au lieu de dire : *Nafissa a menti à ses invités*, on formulera en hindi : *Nafissa ses invités a menti*. Voilà la vérité dont mon mensonge a besoin. Je me concentre pour la leur traduire en anglais, mais ils m'ont déjà oubliée.

Un peu plus tard, ils sont dans la chambre, moi dans le salon. Je devrais les laisser, c'est ce qu'ils souhaitent. Airbnb n'est pas une source d'échange pour eux, ils veulent juste un lit bon marché. Néanmoins, je me vois mal parler de Kalkaji avec des Genevois.

Je les invite dans le salon à découvrir mon album. À la page numéro 2, j'emmenais les enfants de Kalkaji faire du toboggan sur le pied en bronze d'Hanuman. À la page 4, on dégustait une glace en attendant le bus 534, sur la place Nehru. Je pose mes clichés sous leurs regards, en proie à un certain rapprochement. Las. Leur indifférence me paralyse autant qu'ils s'exaspèrent. Leur chevelure ébène massée dans l'huile de jasmin, à la brillance insolente, voilà une heure, suinte goutte à goutte dans un gras jaunâtre qui s'incruste sur le dossier de mon clic-clac. C'est limite. Avec violence, Kishor me retire l'album des mains comme s'il tirait une chasse d'eau et martèle :

— *Toulle Eiffelle ?! Touuu Leyfeul ?!!*

Certaine que je n'ai pas compris, Sumit le relaie en articulant chaque syllabe avec une émotion bouillante :

— *Hey-ffeul ta-wair ? Aile-fail taoueur ??!*

Toujours Elle. Quand le fer éclipse la chair, on appelle ça du tourisme. Explications du métro, de ses correspondances, de son dernier passage, et ils sont partis pour Elle.

Le soir dans l'ascenseur de l'immeuble, dix individus et une poussette s'emmêlent. C'est étouffant, mais ça n'est rien qu'une manière d'être ensemble. Il y a Kishor, Sumit, ma voisine Sarah, son mari Ahmed, leurs cinq enfants dont deux jumeaux, et moi-même qui me charge de les présenter. En somme, un acte banal si les Indiens ne souriaient pas mystiquement en joignant leurs mains pour saluer Sarah. Ils s'inclinent vers elle avec une raideur empressée et des regards d'amour trop audacieux pour la simple mère de famille qu'elle est. Puis Kishor et Sumit lancent des invocations. Sans rire, ils célèbrent les cinq enfants, à la manière des couples qui souhaitent la même chose un jour. Sauf que dans cet ascenseur, je le jure, on peut facilement imaginer un sein sortir du décolleté de Sumit dont le lait est celui du village, pas stressé, pas exclusif, et tout chaud pour le petit dernier âgé de 7 mois qui sursaute de peur quand l'ascenseur s'arrête pour ouvrir ses portes. Alors Kishor et Sumit reculent en saluant encore Sarah avec crainte et distinction : elle est leur déesse de la fertilité, ça va de soi. Puis ils se déchaussent quand j'ouvre la porte, et, toujours forcés de m'ignorer, se hissent devant moi en valsant.

Il ne se passe rien entre ces individus et moi. Attendre des affinités, puis les voir échouer ? J'abandonne l'idée de retrouver un peu de Kalkaji. Ses rues poudreuses, ses rues saturées. Il fait noir à présent. Aucune étoile ne se montre où que ce soit. C'est bien moche tout ça. Comme un refrain, je me répète « Kalkaji est ma poussière pour toujours », puis je m'endors.

Mes yeux me piquent et me grattent. J'entends par la chambre, le chant d'une prière dans une petite enceinte. L'horloge affiche 6h55 du matin. Je suis brouillée. Depuis mon oreiller, je peux voir la cuisine. J'y entends des bruits de chaises qu'on déplace, des voix, des ustensiles qui claquent, des bruits de casseroles qu'on utilise comme des tambours. En soi, tout ce qui fait penser à un mariage de quartier. Je me lève fébrilement, à moitié nue et les yeux qui brûlent. Je prends la couverture et me drape avec. J'avance de quelques pas et trouve Sumit qui découpe calmement oignons et gingembre sur mon plateau en pâte à sel. Souvenir de maternelle, 1988. Sur les plaques de cuisson, deux casseroles en ébullition soulèvent les couvercles. Kishor, dans son pyjama blanc, observe la scène en mastiquant ses racines de bétel.

— *I'm sleeping !*

— *... ?*

Le couple me regarde. Superbement imperturbable. Leur divinité a dû mettre du lait de coco dans leurs veines.

— *Not allowed to cook when I'm sleeping !*

Kishor s'éloigne, et je remarque ses pieds trempés laissant des tas d'empreintes qui ne disparaissent pas. À présent dans la salle de bain, il racle furieusement sa gorge devant le miroir en retirant les dernières traces rouges de ses dents. De son côté, Sumit me sourit et expose ses blanches dents pendant qu'elle déverse sa sauce dans mes pichets.

— Bonnejoul !

Elle me sert une part, je reconnais le rava, son piment vert et ses lentilles. Ce geste a beau être calculé, il me calme un peu. D'autant que je pensais sérieusement à tout envoyer valdinguer. « *No thanks* », dis-je froidement. Et puis, comme une évidence, c'est venu. Une petite vacherie qui me semble soudain réalisable, et qui me vient du fond de ma colère : *« I'm so happy you leave tomorrow... »* Sumit serre ses lèvres et hoche sa tête en signe de regret. Quelle actrice. Je retourne à mon clic-clac pour essayer de me rendormir. En bonne cuisinière, Sumit prend la peine de tout nettoyer dans un tam-tam assourdissant.

Le lendemain, je suis trop occupée pour compter les heures jusqu'à leur départ. Je termine un projet de programme court pour M6 ; un concept de dictons revisités. Fortement concentrée sur ma note d'intention qui devra aiguiser l'intérêt du jury, j'exclus toute vie autour de moi. Mais mon téléphone sonne et je suis surprise de l'émetteur.

— Bonjour Nafissa, c'est Love d'Airbnb. Je ne vous dérange pas ?

— Un peu. C'est votre vrai prénom, Love ?

— Je vous contacte car il semble que vos voyageurs Kishor et Sumit aient quelques soucis pour communiquer avec vous.

Dans le couloir j'entends des pas saccadés.

— Restez en ligne Love.

J'ouvre la porte du salon. Les silhouettes de Kishor et Sumit sont là, à moins d'un mètre. Au lieu de s'éclairer, ils se présentent à moi sous la pénombre, jouant à me procurer un sursaut de frayeur. J'appuie sur l'interrupteur et les aperçois enfin.

— *Use light please !*

C'est clair, ils sont à l'origine de cette plainte. À présent que leur engrenage se met en branle, je les soupçonne de vouloir faire bonne figure auprès d'Airbnb. J'en ai la confirmation avec cette riposte de Sumit : elle se rapproche de mon téléphone, et parle fort à l'encontre de Love.

— *Your rules say : turn off !*

Après ça, elle pointe son doigt sur le post-it : *Switch off the light*. À d'autres voyageurs, j'expliquerai qu'il faut éteindre les lumières, après avoir quitté la pièce. Là, je suis face à des professionnels qui cherchent à tromper. Il est évident que cette conversation procédant par fourberie, prend une allure de bataille.

— Love, quel est le problème ?

— Vos invités vous ont adressé une requête hier... Vous n'avez pas répondu.

— Mes invités, comme vous dites, évitent ma présence mais me rappellent toujours la leur.

— Je suis désolée. Mais un litige est ouvert : plus vite nous le résoudrons, plus vite il sera clos.

Mon sang se retourne. Litige ? Du latin *litis*, le « procès » ? Une panique irraisonnée me fait dire des choses irraisonnées :

— Quand la cour rendra-t-elle son verdict ?

C'est sans compter la valeur des fondements du droit américain.

— L'hôte doit coopérer dans les heures suivant l'ouverture du litige. C'est une exigence de politique stricte au titre de notre garantie voyageur.

Je dévisage Kishor et Sumit sans leur inspirer le moindre malaise. En Inde, le cricket et le hockey sont des sports nationaux, mais le culot et l'aplomb sont des activités hautement vénérées dans le cœur des Indiens... Des forces susceptibles d'en faire une grande puissance. Le couple se rapproche de moi et pointe ses doigts vers mon bonsaï. Sous le pot, je remarque une feuille pliée en deux qui dépasse. Je la déplie. Trois noms de restaurants sont inscrits. Tous indiens et du quartier. Une instruction en rouge m'est adressée en fin de page. Je dois entourer celui qui a meilleure réputation. Je finis par m'exécuter et souligne le restaurant qui accorde le plus de sérieux à ses plats. Ensuite, je rends la feuille à Kishor et Sumit sous leurs œillades que je saisis fort bien. Ils m'ont réduite à ça, un baromètre à chapati.

— Allo, Love ? C'est réglé.

— Excellent ! Pour des raisons de procédure, un email récapitulatif de la clôture immédiate du litige vous sera envoyé.

Bien que cette dernière phrase soit celle d'un script, Love est ravie d'en finir aussi vite. Elle me dit qu'elle aimerait faire quelque chose pour moi. Que je ne devrais pas hésiter. En principe, je pourrais lui détailler de manière directe la ligne de conduite de beaucoup d'Indiens venus ici. Et puis, une autre idée me vient. Simple, efficace. Désactiver l'option instantanée. Facile de prévoir les conséquences d'un telle décision : une baisse importante de mes réservations. Sur le plan financier, c'est un suicide. Sur le plan humain, c'est perdre toute spontanéité. Dommage. Le charme d'une plateforme comme Airbnb, c'est justement ce hasard qui nous retient de l'absence de toute préférence.

La reprise de mon projet d'écriture m'apporte un peu d'apaisement. Je parviens même à trouver la concentration suffisante pour le terminer. Quand Kishor et Sumit quittent l'appartement dans une débandade finale, je me console qu'ils soient les derniers. Pour en être assuré, il faudra de la prudence, les chiffres des Indiens sont redoutables : une réservation sur trois provient d'eux. Même en supprimant la réservation instantanée, il y aura des demandes. Quand le moment sera venu, je trouverai avec quels arguments les refuser.

CHAPITRE 5

Pendant que je nettoie, vide les poubelles, aspire le parquet et change les draps, je cherche la chute du héros de mon scénario. Mais il ne veut pas en finir. M'en veut-t-il de ne pas lui offrir une étoffe légère, imprimée sur les écrans des éphémères chaînes câblées ? Il semble déborder, qui rit hystériquement comme s'il était en vie et aimait ça. Rit-il de me voir incapable d'extraire la moindre idée entre ces tâches domestiques destinées à satisfaire un touriste ? Je me sens vague, aussi vague que la beauté du métier d'écrivain. J'ouvre grand la fenêtre pour y voir l'intensité du ciel. Je guette des lambeaux de bleu, j'ai vue sur deux bâtiments des années cinquante qui me bouchent toute perspective. Ici, pas de vent, pas de bruit, pas d'oiseaux. C'est à peine si le soleil passe. Au milieu, une minuscule cour intérieure, tondue deux fois par an. Il me suffit de tendre le bras par la fenêtre pour être dans l'immeuble d'en face. En haut à gauche, hurle en délire le couple Monsieur et Madame Haine Éternelle. Les bras tendus, de haut en bas, chacun smashe de la vaisselle au sol dans le camp opposé. Comme d'habitude. Impassible, leur petit garçon reste au bord de la fenêtre comme un linge étendu qui s'égoutte. Je n'arrive jamais à rompre le silence que l'on garde tous les deux en s'observant. Ce matin, je lui fais un geste de la main en laissant tout paraître de ma gêne. Le petit promène ses prunelles hagardes sur moi et tire le voilage de la fenêtre, ne me livrant plus qu'un interstice de son foyer. Pourtant, il y a plus regrettable dans mon quartier. Brusquement, les façades des immeubles ressemblent à un tas de débris informes dans lesquels vivent des gens, dont moi. Je décide de quitter cet endroit en franchissant quelques arrondissements.

Dans cette avenue du 7e arrondissement où je viens d'arriver, plane le silence d'une sieste de village grec à toute heure. Je fais le tour du quartier en examinant les façades sculptées des immeubles. Les habitants sont souvent élégants. Leurs vêtements chers s'ajustent à leur démarche tranquille. Quelque chose me dit que les changements à venir pourraient leur faire perdre leurs privilèges d'habitants du quartier. Quand je regarde de près les perspectives d'Airbnb, ce que je découvre est assez effrayant. Autant d'hypothèses que de conférences de Brian pour les confirmer. Dans ce quartier et dans les rues avoisinantes, la start-up veut occuper un maximum de terrain en vue de siphonner chaque logement qui s'y trouve. Le touriste n'aura qu'à tendre le bras par la fenêtre pour saluer le touriste d'en face. Mais alors, combien seront-ils et combien seront à moi ?

À peine revenue, j'allume mon ordinateur et constate une centaine d'annonces qui s'offrent d'elle-même à l'étude. Il est évident qu'Airbnb accélère la libre concurrence. Tout le monde peut s'inscrire sans condition requise. Aucune autorité, même arbitraire pour filtrer cette horde éparse composée d'un noyau assidu d'hôtes. Chacun, investi, accablé ou distant, essaye d'être le plus conforme à ce qui a été stipulé dans l'annonce. J'examine ces profils.

Dans une banlieue proche de Paris, il y a Irène qui vit dans sa jolie maison meulière. Par prudence ou discrétion, elle affiche une photo de pantoufle sur son profil. Elle loue la chambre de son fils quand elle n'en a pas la garde. Une chambre bleue avec lit superposé et globe lumineux, uniquement pour voyageurs masculins. Équipements proposés : douche à l'eau de pluie assainie, WiFi du KFC et petit-déjeuner. Photos 6 et 7, Irène rassemble ses paniers pour ramasser des figues et des bleuets aux *Vergers du plaisir*. Pour ses invités, elle fait des confitures avec 85 % de fruits cuits à point qu'elle étale sur ses miches préalablement dorées. Son relevé de notes fait d'elle une « super host » recommandée à 100 %. Elle répond personnellement à chaque remerciement par des remerciements de cérémonie. Et oui... Obtenir le grade de super host est plus difficile que d'intégrer l'ENA. Il faut, honorer chaque convive par ses vertus, saisir des moments avec eux qui permettront des témoignages d'amitié, tout consentir comme un soumis magnanime. Irène n'a pas dû être épargnée par les attitudes trop exotiques de certains voyageurs, mais elle a su dominer ses sentiments pour saluer son devoir d'hôtesse. Chapeau. C'est une rivale que je ne peux supplanter.

Au centre de Paris, Aissa et son jumeau Yacine se décrivent comme deux entrepreneurs d'une start-up de cryptomonnaie. Leur studio, radieux d'argent récent, est stratégiquement situé entre gare du Nord et gare de l'Est, ce qui permet l'offensive des nombreux voyageurs en transit. Rapidement, l'atout de cette annonce sort de la manche des jumeaux : une serrure numérique connectée. Sur les photos 1, 2, 3 de mon annonce, il y a la chambre et la salle de bain. Sur les photos 1, 2, 3 de cette annonce, il y a cette serrure entourée d'une coque en aluminium et piles au lithium. Sur la photo 4, un smartphone est orienté face à elle, et des ondes se propagent car la serrure a détecté et reconnu le voyageur. Celui-ci n'aura plus qu'à cliquer sur la touche *déverrouiller* de son téléphone, pour pénétrer les lieux et poser sa valise. Quand la plupart des hôtes doivent identifier à tâtons les visages qui se présentent devant leurs portes, cette serrure ne fait intervenir aucun raisonnement. Aucune discrimination. Le studio accueillerait Satan si la Serrure lui envoyait. Tout en bas, je lis le règlement intérieur très bref : le voyageur doit vérifier que son smartphone est compatible avec le Bluetooth et l'application de la serrure. Le calendrier du studio est complet jusqu'à l'année prochaine. Sans que jamais, Yanis et Aissa n'aient serré une main dans leurs mains. Je me sens reniée dans ma chair d'hôtesse, que la concurrence avantage ces esprits-là, plutôt que moi qui suis arrivée plus tôt qu'eux, mais trop tard.

Quelque part entre les Champs-Élysées et l'avenue Montaigne, ce couple et ses quatre enfants se compriment pour se contenir dans la photo du profil. Le couple commence son annonce par une question rhétorique afin de suggérer aux voyageurs une réponse évidente : *Vous désirez un duplex pas cher dans le Triangle d'or ?* Dans d'autres langues aussi : *You want the Golden Triangle ? ¿ Hola que tal, Triangle d'or ?* Pour faire envie : la suite parentale avec baignoire à pattes de lion, la terrasse rooftop en mode jardin secret, hamacs colorés dans les combles aménagés. Et une dernière photo que je dois regarder par deux fois : le cuisinier inclus dans la prestation. Tous éclatent de rire. Le prix de la nuitée est raisonnable pour le quartier. En contrepartie, ils exigent des frais de ménage de 165 euros et une durée minimum de sept nuits. Mais où va cette famille durant sept nuits ? Et ces jeunes enfants trimbalés avec l'obligation de quitter leur chambre chérie, qu'il faudra prêter sans broncher... Chaque réservation doit ressembler à un déménagement chez eux. Vu la superficie et l'emplacement royal du bien, ce couple pourrait se contenter du strict minimum en cachant les objets de valeurs, à commencer par leurs tableaux de maître. Ont-ils une confiance spontanée en la valeur morale des invités qu'après tout, ils ne connaissent pas ? Puis en jetant un œil sur les commentaires de leurs voyageurs, je me rends compte qu'ils sont tous des copies conformes triées par une sélection méthodique. Origine, beauté, âge, langage soutenu, blondeur des cheveux. Pourtant, ce commentaire datant d'hier va tout bouleverser : des Californiens se sont plaints d'avoir attrapé la grippe H1N1. La cause ? Des draps inchangés. Le compte sera bloqué, et les transactions à venir, suspendues.

À présent sur les nombreux biens atypiques d'Airbnb, une annonce m'interpelle. C'est un portrait d'homme en pied, grandeur nature, posture de souverain et jambes écartées. « Dormez dans mon hôtel particulier de l'île Saint-Louis. » Dormir dans son hôtel particulier de l'île Saint-Louis...? En quoi cette racoleuse à blason est-elle indispensable au bon fonctionnement du collaboratif ?! Pire, Monsieur-le-monument-historique se la joue subtil. Le type a réussi à simplifier tout en élevant sa demeure, une fusion délicate entre le basique et le sublime. Il n'a pas des commentaires, il a des hommages.

Il faut que je relativise : processus logique de la classe d'en bas. Oui, certains ont des hôtels particuliers, d'autres n'ont même pas de murs. C'est ainsi. Quasiment tous mes touristes sont satisfaits de leur séjour, c'est un fait que j'observe depuis des mois à présent. Et sinon, qui sont-ils pour que mon environnement leur déplaise ?

Nous sommes le 21 juin, ce qui pourrait porter un arrêt brutal au déroulement de mon activité. Vous ne soupçonnez pas encore le rapport entre mon quartier et le début de l'été ? Au pied de mon immeuble, commence alors une période insoutenable : la guerre des mortiers. Des jeunes en bandes organisées balancent des explosifs sur des bandes rivales, ou bien au hasard, en attendant que la police devienne leur nouvelle cible. En toute impunité. Longue période d'insomnie qui atteint son zénith le 14 juillet. Mon avenue devient une *no go zone* plongée dans le noir. Pour ceux qui vivent ailleurs, imaginez : il fait nuit noire, la sonnerie de votre réveil est prévue dans quelques heures, mais des détonations de 150 décibels explosent sous votre fenêtre. Sans les gerbes d'étincelle, sans les jets de cascades. Après ça, ces jeunes s'adonnent à la course-poursuite avec la police, ce qui procure à leur esprit l'équivalent d'une ivresse cérébrale.

Aujourd'hui, après une longue réflexion, je me décide pour la première fois à les rencontrer. Je les connais comme on connaît les chats. Souvent, nous nous regardions au coin d'une rue, et sans me prévenir, ils cessaient ce bref échange que je croyais partagé. J'habite dans un petit immeuble de trois étages, entouré du nord au sud et de l'est à l'ouest par les HLM. Ces jeunes sont tous issus de souche africaine et de famille modeste, comme moi. Ce qui pourrait introduire une certaine camaraderie. Me voilà face à une mêlée de cinq adolescents, occupés à s'occuper. Je m'insère le plus naturellement possible. Cela provoque des regards d'inconfort. Mais j'essaye d'avoir leur attention, de comprendre leur point de vue. Je dois trouver cet équilibre fragile, et lorsque nous l'atteindrons, peut-être, le charme opèrera.

Mais c'est très territorial un ado de mon quartier ! Pas à la manière du chat, plutôt comme le gélada : ça dévoile les crocs si vous vous approchez trop près, même s'il n'y a aucune femelle à monter dans la meute. Leur modus operandi consiste à délimiter leur territoire par des mollards et des cadavres de kebabs qui les entourent telle une ligne infranchissable. Mon espoir de faire arrêter les explosions me semble bien mince. Ils finissent de me blairer, puis le cerveau de la bande, démasqué grâce au Messi argentin qu'il porte imprimé sur son tout petit torse, délie sa langue.

— Si on t'attaque, ton chien, il va t'défendre ?

— Il est vieux et ne pèse que cinq kilos. Vous savez les sanctions si on vous rattrape... ?

— On emmerde les sanctions et on emmerde Sarko.

— Sarkozy n'est plus président depuis le mois de mai.

Le gamin me lance un regard d'une ignorance si touchante, que j'en perds toute animosité.

— Dis Wallah madame ?

— Je suis formelle.

D'un coup, ça braille dans la bande. « Elle a raison, maintenant c'est Hollande le boss... Ahh ouais sur le Coran de la Mecque c'est François Hollande ! » Des hurlements de rire secouent leurs petits nez. L'atmosphère change, et confusément, j'en profite pour rire moi aussi, suivie de près par la sensation, assez curieuse, de faire partie de leur bande.

— Avouez les gars, pour n'pas connaître le président de son pays, faut être un débile profond...

Tout en me livrant à cette remarque, une peur me saisit. Leurs visages me vrillent de haine, un tremblement les agite. Brusquement, Messi s'approche de moi :

— Vas-y dégage ! Sinon au nom d'Allah, le mortier il va péter dans ton salon.

Dans ma sagesse, je ne les tabasse pas. Mais en marchant d'un pas furieux entre ces allées de briques, d'alcooliques qui cherchent à se marier, de dealers qui vous taquinent jusqu'à l'agacement, je sais à quel point mon attachement à ce quartier doit prendre fin. Je regarde de l'autre côté du chemin de fer et je me mets à rire. De mépris et de déception. Car à quelques rues d'ici, existe un autre quartier d'une autre réalité sociale. Un secteur du 18ᵉ que les voyageurs Airbnb apprécient beaucoup. Avec bonheur possible, stratégie résidentielle, décors urbains, galeries d'art, commerces exigeants qui rythment la vie des trottoirs, et arbres solides sur lesquels on s'appuie pour bavarder, car ici, la rue se fait décor.

Appuyée contre ma fenêtre, j'écoute les troufions écraser l'avenue sous les bombes. Si seulement ils savaient comme une scénariste doit souffrir en silence pour travailler. Si seulement ils savaient qu'ils mettent en ruine ma carrière d'hôtesse. Dans la chambre, j'entends les claquements d'un stylo bic torturé contre le bureau. C'est mon voyageur coréen qui défoule son insomnie. Il a payé pour subir un concert d'explosifs sous sa fenêtre. Ensuite, il indiquera peut-être dans son commentaire que la nuit venue, les habitants de mon quartier se transforment en soudards ne sachant plus qui exploser. Plus aucun voyageur ne se risquera à réserver. Enfin, mon compte sera clôturé par manque d'activité et de visibilité. Donc, disette alimentaire, sans déconner. Ça n'est pas possible. J'ai des projets ! Des projets romantiques d'un auteur envers ses histoires. Bim, un mortier vient de mettre en pièces un vélo rose saumon accroché à une grille. Ça les fait danser en rond les troufions. Les laisser rythmer votre sommeil, c'est inévitablement entrer dans une zone de haine et de crispation dont beaucoup de mes voisins se sentent accablés.

9h30 du matin. Je monte au deuxième étage voir Justine et son colocataire Hugo. Après avoir débriefé l'horrible nuit passée, nous réalisons que nos tourments sont plus profonds encore. Ils viennent de notre impuissance à les empêcher. Hugo, directeur d'un centre de loisirs à Saint-Mandé, a pensé qu'il était de son rôle de s'investir pour ces gamins ; une semaine auparavant, il a offert des places de cinéma et prêté sept des dix skate boards qu'il collectionne. Jamais, il ne les reverra, jamais il n'a vu les gamins s'éclater dessus. Y a-t-il une demande accrue en pièces d'occasion au Mali et au Sénégal, dans lesquels se développe un marché du skate reconditionné ? Face à moi, Hugo tient encore quelques déclarations de principe, sans admettre son découragement de citoyen. Quant à Justine, raidie de colère, elle fait le deuil de son vélo tout neuf. Jusque-là, nous n'avons tenté qu'une diplomatie trop socialiste. Nous comprenons que le seul moyen d'être écoutés et reçus par les services administratifs, est de créer une amicale des locataires. Les deux colocs me confient la conduite des opérations ; je m'autoproclame présidente tandis que Justine s'octroie le statut de vice-présidente. Au troisième étage, Ahmed et Sarah nous écoutent sans être atteints par cette gloire embryonnaire : ils m'apprennent qu'en gérant une amicale, il faut établir des comptes-rendus des mises aux normes de l'immeuble, son amélioration thermique, des calendriers prévisionnels avec ses phases d'étude et de consultation, et dans l'idéal, avoir l'obtention de la certification CERQUAL. Tout ce chinois me rend encore plus audacieuse.

Réda, quadra comptable vivant au dernier étage est nommé trésorier. Quelques heures plus tard, je m'enregistre à la préfecture, suivie de mon escorte. Un chèque de 30 euros officialise notre projet. Puis dans l'heure, j'écris au maire du 18e pour que l'amicale soit reçue par le commissaire divisionnaire.

Très réactifs, lui et ses coéquipiers reçoivent l'amicale et quelques commerçants de l'avenue. Dans la salle de réunion, la voix basse et grave du chef retentit sur les murs. J'observe son torse râblé qui lui donne un air solide. Il parle beaucoup, il semble être le gardien de certaines vérités qui en sait gros sur les quartiers compliqués. Même s'il vit au Vésinet.

Nous apprenons que des équipes de la BAC se rendent déjà dans des collèges du 10ᵉ, 18ᵉ et 19ᵉ arrondissement pour faire de la prévention. Mais aussi Saint-Ouen, Aubervilliers, Pantin, Saint-Denis. Un des policiers nous présente deux affiches, dont une dévoile un gros plan d'une main arrachée. Elle appartient à un adolescent au visage aussi obscur que ses yeux. L'autre, un visage entièrement brûlé. On imagine un portrait de Dubuffet sur un ciel embrasé. Nous mettons un certain temps à les quitter des yeux. La seule femme policière ici présente, se sert de ces images pour un faux cours d'anatomie. Ce qui déclenche quelques rires chez ses collègues. De notre côté, la plaisanterie est moins remarquée.

— Comme vous le voyez, ces jeunes ne savent pas toujours manipuler ces explosifs instables.

Tandis que je regarde l'os sortir du membre sanguinolent, une voisine s'adresse à l'assemblée :

— Bien fait pour eux !

Elle a un bref sourire de jouissance. Parmi nous, d'autres hésitent à avoir le même. De mon côté, je me suis toujours montrée sceptique face aux préventions. D'un côté, la volonté collective de vouloir tout cadrer, de l'autre, quelques prépubères en échec scolaire, familial, social, *mais* avec toute leur virilité de petit gars qui veulent tenir grand ouvert leur espace de liberté. Inconciliable. Il me faut donc dépasser ce discours, sans quoi, cette réunion ne me procurera pas la satisfaction que j'en espère.

— Comment se fait-il que des jeunes arrivent à vous filer entre les doigts ?

— Il y a eu 37 arrestations l'été dernier, je vous assure qu'ils ne font pas les malins quand ils se retrouvent devant le juge.

— Mais ils sont vite relâchés et ils recommencent.

— On fait ce qu'on peut, on ne peut pas mettre un policier derrière chaque individu.

Je demande s'il est possible de rencontrer les parents de ces individus. Le chef répond que c'est impossible. « Pourquoi ? » « Vous ne voudriez pas savoir. » « Au contraire, j'aime les confessions. » « Pas celle-là. » Quand il repose son verre d'eau sur la table, je lève vers lui mon visage curieux et je remarque la couleur de ses deux yeux. Si opaque qu'il est impossible de lire à travers. Je n'insiste pas. Mais je dégaine ma fiche rouge, comme une allumette qu'on enflamme.

— Il faut arrêter le commerce de ces mortiers ! Puisque c'est illégal, frappez à la source et arrêtez ces commerçants !

— Ces jeunes savent contourner les lois, que croyez-vous ! Ils se fournissent sur Internet et utilisent des codes, comme les dealers. Nous ne pouvons pas mettre un policier derrière chaque écran de ces individus.

— Donc, ils se font livrer à domicile leurs explosifs comme des sushis ?

Des marques de buée se sont formées sur l'unique et minuscule fenêtre de la grande salle. Deux des policiers écrivent coude à coude des notes à rallonge, en majeure partie illisibles. Pourquoi ces notes ne sont-elles pas partagées ? Nous commençons à deviner chez eux une sorte d'alliance nécessaire alors que nous sommes incapables de contenir notre scepticisme. « Vous continuez à croire que nous ne faisons rien ? » lance un des policiers. Nous, nous lâchons : « Xanax », « mes enfants ont peur », « neuf ans que ça dure ! »

Le chef reste en contemplation silencieuse. Mais soudain, ses yeux se plissent de victoire et je remarque une immobilité vivante qui frémit en lui, trop pressé de placer la phrase qu'il attendait depuis le début de l'entrevue :

— Rassurez-vous messieurs-dames, rassurez-vous… Il y a cinq jours de ça, une vente de 198 kilogrammes de mortier a été démantelée à 500 mètres d'ici…

Il s'est à présent levé pour se positionner devant le mince rayon de lumière.

— … car nos collègues du Web ont deviné le mot de passe Pikachu.

L'amicale des locataires se regarde du coin de l'œil, et se pose la même question : cette police du Web, est-ce un cyber-investigateur avec quelques compétences de hacking, ou bien un profiler dont la licence en psychologie l'a amené un bon matin à déceler l'esprit de son ennemi en pensant : P.I.K.A.C.H.U ? Nous ne le saurons jamais.

Il paraît que la malchance est plus docile qu'on ne le pense. Et dès lors, elle n'est plus malchance. Vraiment ? Nous sommes le 13 juillet et sur mon compte Airbnb, je viens d'avoir une réservation de deux Japonaises, Mika et Aiko. Ce sont bien des citoyennes d'un des pays les plus obséquieux de la planète qui atterrissent chez moi en ces jours de guerre civile. Je fais preuve de courtoisie et vais chercher mes touristes à l'aéroport, comme on le fit pour moi à Tokyo. Je les reconnais facilement, et bien qu'elles aient appris par cœur mon prénom, elles le prononcent mi à l'arabe, mi à la japonaise.

— Nè-fu-za !

La bizarrerie ne s'arrête pas là. Mika apprend le français :

— Tu as de beaux yeux, tu sais.

— Merci, bienvenue en France.

Dans le RER, les filles s'installent en plaçant leurs nombreuses valises dans une disposition que les secousses du train n'ont pas rompue. Ensuite, je reçois un présent emballé dans un papier or et ficelé. Heureuse, je dénoue les petites ficelles et découvre du kit-kat au thé vert. Je feins d'être ravie. Naturellement, après cette bouchée au matcha, j'ai envie de parler du Japon. Ses curieuses anecdotes, ses infimes détails jamais vus ailleurs... Sources d'agréables bavardages avec des natives du pays. Sous leurs encouragements, je raconte ce voyage en réalisant qu'elles sont mes premières invitées japonaises. Et peut-être, les premières Japonaises à bouder le quartier de l'Opéra, pour dormir dans la périphérie nord de Paris.

C'est une douce et calme journée d'été. Celle trop rare, où vous et d'autres individus vivrez ensemble des heures qui auront la plénitude d'un tableau parfait. Dans ses impasses, Paris devient encore plus attrayante. Cela met immédiatement mes voyageuses dans l'ambiance. Les salons de thé sentent les vapeurs de tisane et les serveurs s'emploient à déposer des saint-honoré, des galettes tropéziennes aux fraises, des ispahan saveur litchi. Les filles regardent ces entremets, et progressivement, ils envahissent leurs figures. Un court instant, elles envisagent d'acheter une part, mais se reprennent. Au Japon, surtout dans les grandes villes, j'ai souvent constaté qu'une femme mange par les yeux. Lentement, Aiko et Mika savourent le Paris-Brest depuis leur rétine et prononcent leur verdict : *Oishii*, que Mika me traduit par « très bon ». Flaubert eut plusieurs indigestions à l'arsenic après avoir décrit l'empoisonnement de madame Bovary, tant il imagina le sien, jusque dans son âme.

Ahh, ces retours de Paris dans un autre Paris ! Station La Fourche, 18 heures. La rame du métro est pleine. La junkie familière débarque et nous fait savoir que ses S. O. S. entreront en compétition avec ceux d'un demandeur d'emploi d'ici deux stations. Je propose aux filles de s'asseoir dès qu'un siège se libère. Aiko hésite, un jeune garçon squelettique se jette dessus. Il écrase sa roulée, la jette sur le quai au moment où les portes se referment, puis plante ses yeux sur son minishort. Gênée, Aiko se détourne et fait semblant de contempler le plan de ligne 13. Sur le point d'atteindre ma station, je deviens nerveuse.

Plus on s'approche de mon immeuble, plus je devine les loups gratter aux portes. Des jeunes du quartier sont dispersés sur les toits des immeubles, d'autres, cagoulés et fiévreux des prémisses d'une bataille, forment un barrage sur l'avenue. Arrivées au pied de mon immeuble, je vois quelque chose de pas banal : quatre fourgons de CRS sont garés juste devant le portail, deux l'un à côté de l'autre, et deux autres en face du trottoir. Des CRS sont plantés là, avec leur bouclier anti-émeute, leur casque et leur matraque. À la même hauteur qu'eux, des habitants du quartier surpris et choqués, mais qui mesurent l'extravagance de la situation. Je cherche le chef Pikachu mais il faudrait soulever tous les uniformes pour cela. Les CRS nous ordonnent de faire un détour. Mika et Aiko se tiennent les mains avec pour recommandation de ne pas se lâcher. Voilà une première bouteille de verre lancée vers les CRS, donc un cri d'effroi des Japonaises qui me regardent dans l'attente d'une réponse. Mais quelle réponse ? J'ai voulu tout ça. Elles se dressent face à moi de toute la hauteur de leur mètre cinquante, et Mika me demande :

— Danger ici ?

Elles tressaillent. À présent, mes invités ne sont plus les individus de la douce soirée d'été. Elles sont des témoins gênants qui pourraient faire une mauvaise publicité de mon annonce et de la France. J'ai entendu parler du syndrome de Paris qui touchait surtout les Japonais. Un trouble lié au choc culturel, une déception qui engendre une dépression. Mais ce n'était à mes yeux qu'un phénomène marginal inventé par les chefs de service psychiatrique qui s'ennuyaient à Sainte-Anne. J'avais tort et je sens leur angoisse qui m'angoisse. Réfléchis.

C'est alors que la scène irréelle qui se produit sous nos yeux, est la réponse. Je l'ai. Et je la tiens si fort que je peux prolonger l'inquiétude qui se lit sur leurs yeux. « Pourquoi guerre Paris ? », insiste Mika.

Je les prends par les épaules, me rapprochant d'elles.

— Mais pas du tout, on réalise un film sur Mai 68 !

Peu de temps après, les sirènes des polices hurlantes scandaient les détonations de mortiers. Les Japonaises ne devinèrent rien des affrontements de mon quartier qu'elles mirent sur le compte des nuisances du tournage. Prudente, j'ai pris des mesures en écartant tous les risques possibles.

Ainsi, j'ai proposé une sortie pour ce 14 Juillet : observer le feu d'artifice au stade de Saint-Ouen. Nous prîmes le bus 54 et arrivâmes à 19 heures pétantes pour le pique-nique citoyen. Avant cela, dix minutes nous restaient pendant lesquelles il a fallu improviser ce repas. Non loin de la station, chez un épicier juif, nous avons acheté un tallith blanc rayé de noir et un tas d'anchois. En cadeau, l'épicier nous a offert trois parts de riz au lait. Arrivées sur la pelouse du stade, assises à la turque sur le tallith blanc rayé, nous avons tout partagé. Une heure après, l'orchestre arriva. Je n'aurais su dire s'il était traditionnel, philharmonique, symphonique. Amateur, certainement. Des ateliers participatifs pour la création de bijoux, étaient disposés au pied des tribunes du stade. Au milieu de la foule, les singulières figures de Mika et d'Aiko faisaient retourner des visages perplexes. Vers minuit, le feu d'artifice fut lancé. Des jets d'argent à pointe rouge, des cœurs rouges et blancs et des flammes de Bengale. Je n'aurais pas voulu être ailleurs ce soir-là qu'avec elles.

Ce matin, voici cinq jours que les Japonaises sont reparties. En traduisant leur long commentaire posté sur mon profil, le souffle me manque. Avec la précision qu'elles mettaient à toute chose, Aiko et Mika ont décrit la soirée du 14 juillet avec les mêmes mots que je viens d'employer. C'est à peine si je tente de m'en remettre que mon téléphone sonne. L'indicatif 415 est celui de San Francisco, siège d'Airbnb.

— Je suis Yolanda, cheffe du département Lifestyle pour Airbnb. Pourrais-je m'entretenir en français avec vous ... j'adore votre langue !

Sa voix engage tout son corps, sa respiration résonne en moi. Extase.

— Nafissa, je vous dérange peut-être ?

Il y a, dans ce balancement entre charme et autorité, un accent musical grec et une prononciation californienne. Ça m'a l'air sérieux, il y a le mot Life. « Que puis-je faire pour vous ? », dis-je en adoptant une voix grave. D'emblée, Yolanda s'engage dans un mini-exposé visant à retracer son CV. Avant d'intégrer Airbnb, elle fut responsable d'affaires publiques chez Google, elle a rejoint ensuite le cabinet en conseil et stratégie Big Four and company, avant ça, a étudié à Stanford University. Et aujourd'hui, elle me contacte car sa ligne de carrière semble coïncider à point nommé avec la mienne.

— À l'avenir, j'aimerais développer un secteur très prometteur...

— Y aurait-il un rapport avec moi, Yolanda ?

« La corrélation est évidente, vous *faites* Airbnb ! », me dit-elle d'un ton sans réplique. Elle poursuit, et au bout du fil, je la devine dans une disposition mentale atteignant la foi religieuse. « En lisant votre dernier commentaire, j'ai eu une intuition qui m'avertit d'un merveilleux potentiel. » Je m'en tiens au silence, puisque je ne saisis pas son intuition.

— Seriez-vous prête à retenter l'expérience sous nos observations ?

Plusieurs secondes s'écoulent quand Yolanda réalise que je ne réponds pas.

— Êtes-vous là... Nafissa ?

Oui, proche de l'hypnose.

— J'apprécie notre conversation sans pleinement la comprendre, Yolanda.

Elle rit de bon cœur, pour me prouver qu'il n'y a rien de compliqué.

— Voyez-vous, la start-up réfléchit à créer les « Expériences Airbnb », ce seraient des activités locales proposées par des hôtes de votre qualité.

— Comme la soirée au stade avec les Japonaises ?

— Cette tranche de vie que vous leur avez fait vivre nous inspire pour déployer ce concept. Vous savez, j'ai une vision...

Elle s'arrête. Comme si elle entendait une voix l'appeler. Cette démarche directe et sophistiquée a de quoi dérouter. Chez Airbnb, les employés jouent invariablement leur rôle de porte-parole, de bon traducteur mécanique, et voilà qu'une supérieure semble frappée d'une lumière et me choisit pour recevoir ses confidences.

— ... une vision où chaque être humain se sentirait libre partout dans le monde ! Et pour cela, Airbnb doit satisfaire les envies de tous dans un prisme humain.

C'est maintenant beaucoup plus clair ! Je ne le sais que trop bien, le hasard peut admirablement apparenter des inconnus différents en apparence. Des souvenirs reviennent et glissent en moi. Je me les remémore sans effort et avec plaisir. Mais Yolanda m'interrompt au milieu de ces images pour laisser place à sa stratégie instinctive.

— Prochainement, nous espérons passer maîtres dans les séjours expérienciels. Vos revenus seraient doublés grâce à votre savoir dans des catégories très variées : culinaires, artistiques, historiques, sportives... que sais-je encore !

À nouveau, elle rit sans réticence. Un vrai rire de confiance pour me murmurer que derrière chaque hôte Airbnb, se cache un guide émérite.

— Nous avons besoin d'hôtesses riches en couleurs comme vous. Dites-moi, sur quel thème pensez-vous être talentueuse et pertinente ?

L'air de rien, je commence à me laisser influencer par ses mots qui se logent pile-poil dans ma vanité.

Quelques jours plus tard, je ne me trouve aucune qualité dominante. Je possède bien quelques penchants qui pourraient divertir, et c'est tout. Après avoir déroulé ses arguments, Yolanda était pleine d'idées très précises : « Tout le monde adore le *french style*, que diriez-vous de confectionner des bérets aux touristes ? » Ou encore, « Et si vous racontiez l'histoire des *Misérables* en mandarin et déguisée en Javert ? » En effet, sa notion d'expérience est infinie. Dans l'idéal, enfin le sien, mon annonce devrait prendre un nouveau ton accrocheur. Tour à tour amusante, typique et exclusive, pour que le voyageur partage mon univers, en plus de dormir chez moi. Elle doit étudier ce nouveau marché extensible. Par conséquent, et en qualité de *collaboratrice indispensable* comme elle venait de me baptiser, j'ai promis de l'aider.

Yolanda ne considérait pas ma promesse comme ferme. Régulièrement, elle m'écrivait des messages « à lire dans son intégralité ». Souvent, le ton était celui d'une note de service. « Je vous informe que je serai absente du bureau les deux prochains jours. En attendant, je vous remercie de votre précieuse collaboration qu'il me tarde de découvrir. » Plus tard, voyant que je ne répondais toujours pas, Yolanda décida d'employer un ton plus amical, jouant avec ces expressions idiomatiques qui ramènent aux terres où se sont constituées les plus vieilles sociétés humaines : « En Grèce, on dit *Avec une pierre, deux oiseaux*... Y. »

Petit à petit, l'impression désagréable d'être surveillée par la start-up à son propre profit, me fige. Surtout, aurai-je envie de marchander des instants du quotidien ? À mon tour, j'écris à Yolanda. « Chère partenaire, indépendamment de votre vision qui n'est que célébration, vous comptez sur mon appui pour la réaliser, mais je vous le retire. Vous êtes inspirante, mais il ne faut pas déteindre sur ma vie. » Seulement voilà, la facilité avec laquelle un clavier fait diminuer et disparaître des mots... J'efface tout, par crainte que ces phrases qui traduisent ma pensée me soient un jour nuisibles.

Pliée devant les aspérités de Yolanda, je transforme mon annonce pour le voyageur Airbnb. J'y fais paraître de nouvelles phrases. De la prose ! Légèrement rimée, chaque suite de syllabes est une invitation. Aussitôt écrite, je me navre en songeant à toutes les chances qu'elle aura d'être moquée par la communauté. Pourtant, je ne devrais pas avoir honte d'essayer : ce n'est qu'une simple tentative de séduction. Le problème, c'est que l'esprit Lifestyle parle en moi.

Qui de mieux pour me soumettre à ce test, qu'un New-Yorkais se disant *« Single man making a living as a carpenter, but also a musician and actor. »* De la polyvalence pour maintenir sa vie : un tel profil se prêtera à tous les jeux.

Il s'appelle Mason et se réjouit d'être à Paris. Une fois qu'il est installé, je lui sers un verre de Panaché qu'il avale d'une seule goulée. En observant sa carrure considérable mais décontractée, ses cheveux noirs ramassés en queue de cheval et son pantalon pratique de bûcheron, je pense être en présence d'un bon complice. Comme il ne me parle pas de ma prose, je démarre :

— *Mason, have you read my prose ?*

— *No.*

J'enchaîne d'un ton éloquent :

— *Would you like to stay with me ?*

Mason hésite un moment, très perplexe. Dans un sens, il se protège avec cet instinct de méfiance que l'on trouve chez le touriste assailli par le local. Finalement, il relève ses manches, relève son menton pour me répondre, mais un long rot sort de sa bouche, entraînant des restes de Panaché qu'il essuie de sa manche. Il bredouille quelques excuses, puis demande distinctement :

— *And do what ?*

Incapable d'inventer une *expérience* sur le champ, je tente en réponse un léger rire que j'imagine amical, mais qui est totalement douteux pour Mason. En mauvaise posture, j'insiste encore : *« Something different ! »*

Mon voyageur préfère garder le silence. Enfin presque, il renifle suspicieusement son verre de panaché comme un cocker. Après, il me regarde sans réellement parvenir à me définir, et dans mes efforts pour paraître le plus normal possible, je m'approche de son torse et retire une bouloche de sa chemise à carreaux. Mason reste cloué un moment, avant de se lever en déroulant son corps de gaillard.

— *I have friends from New York who live just accross the street... I'm going to visit them !*

Des expats new-yorkais dans les HLM de mon quartier ? J'ai envie de rire pour de vrai cette fois. La seconde d'après, beaucoup moins en voyant Mason prendre sa valise et la direction de la sortie. Je tombe sur le clic-clac, prostrée de longues secondes à réaliser le quiproquo qui me laisse toute embarrassée. Comment Mason a-t-il pu penser ça de moi ? S'il était resté, j'aurais tout expliqué. Cela aurait dissipé ce malentendu qui va m'étrangler toute la semaine. Puis rapidement, ma honte se convertit en affront : Comment ce type aurait-il pu refuser mes avances ?! Ce qu'il aurait dû prendre pour un généreux cadeau, l'a fait fuir... ? Lui, ce bourrin qui vient de m'éructer à la gueule !?

Sans hésitation, j'emboîte le pas de Mason. Ses berlues ne me donnent pas d'autre choix que d'éclaircir la vérité. Je me poudre les joues, enfile une robe, mes talons noirs, sors de l'immeuble pour le rattraper. Le corps comme une locomotive, lancée sur la piste que je viens de me créer. Tout autour de moi, je scrute les rues et les recoins. Aucune silhouette de deux mètres en vue pour laquelle j'accélèrerais volontiers ma course à l'honneur. En tournant à droite en direction du métro, je tombe nez à nez sur une poignée de jeunes du quartier. En pleine conversation sur les filles. Au coup d'œil, je dirais adolescents cuvée 1997-98. Trop vieille pour comprendre certaines expressions, je capte néanmoins qu'ils se donnent la permission de congédier une fille sous réserve de physique : « La meuf, elle a une gueule de poney et elle a cru que je voulais la pécho steuplai ! » Après quoi, ils hennissent de dégoût. C'est ainsi qu'un prépubère raisonne, et je ne diffère pas d'eux.

Après ça, je renonce à me confronter à Mason. Le blanc de l'œil rouge, la pointe des talons usés, la frange emmêlée et tombante sur mes naseaux humides de sueur, je reviens à l'appartement.

Deux jours plus tard, Yolanda m'appelle et je lui décris le déroulement de cet essai. (Je tais le malentendu qui s'est glissé entre Mason et moi, craignant que cela rallonge sa liste d'expériences.) Comme attendu, rien n'inquiète les prémices de son projet. Pas même les petites déconvenues que cela réserve. Si Yolanda m'encourage encore, c'est qu'elle discerne parfaitement les éléments de sa réussite à venir. « J'ai récemment aidé une jeune hôtesse de Reno à valider son brevet d'aviation. Bientôt, elle survolera le Nevada en hélicoptère avec ses voyageurs ! »

Stupide d'agitation, j'applaudis pour évacuer ma gêne. Ça exalte Yolanda jusqu'à l'affoler comme l'aiguille d'une boussole.

— Qu'il sera merveilleux pour elle de survoler glorieusement les fleuves et les forêts de son enfance, vous ne trouvez pas, Nafissa ?

— J'ignorais que c'est ce genre d'expériences qu'il convient de mettre en place...

— Ohh, bien-sûr ! Tant que l'évasion est au rendez-vous.

— On est très loin des activités locales !

— Reno n'est pas Paris. Rassurez-vous, une balade à vélo dans vos quartiers insolites suffira au plaisir des touristes...

J'écoute la suite poliment. Comme si je ne m'apercevais pas que ces expériences aident Yolanda à répartir la valeur approximative des hôtes. Pourtant, l'idée d'abandonner n'effleure pas mon esprit : en définitive, ce défi me maintiendra dans cette période calme de travail scénaristique.

Il est presque 17 heures quand je raccroche avec Yolanda. En vitesse, je mets au propre la chambre pour la venue d'un couple suisse, les Humbert. Bien qu'il faille éviter de juger les gens selon nos goûts, je sens que cette rencontre n'aboutira à rien. Pas besoin d'une analyse détaillée. Un bref regard sur leur récente photo de mariage suffit.

On sonne à la porte. C'est madame Humbert qui entre la première. Sa poignée de main furtive et son sourire pincé trahissent une contrariété qui n'est pas un coup du sort.

— Votre quartier est... très loin de la Seine !

— Je trouve aussi. On déménage ?!

Elle regarde son mari sans dissimuler les reproches qui mettront en péril leur nuit d'amour. Ainsi, c'est lui qui a réservé sans la consulter. Le pauvre tire les deux valises jusqu'à la chambre avec la contenance gênée du type qui a mal administré son affaire. La déception continue quand madame Humbert traverse l'appartement. Sur chaque meuble et bibelot, elle braque sa curiosité. Instantanément, tout lui déplaît. Est-ce leur voyage de noces ? Je n'ose pas demander, mais je dirais que oui ; les cheveux de madame ont encore la proéminence de la coiffure de mariage.

D'habitude, les nouveaux mariés se targuent ouvertement de l'être. Je l'ai fréquemment relevé avec des Américains du Midwest (pour une raison qui m'est inconnue). À peine arrivés, ils brandissent leur alliance sous mes yeux, complètement soumis à l'influence de leur cœur agité. Peu leur importe quels murs abriteront leur lune de miel, ils seront immanquablement réduits au rôle de mur.

De son côté, on ne peut plus dire que la Suissesse se languit de célébrer son union. Parodiant un air las sur son visage, elle joue la désespérée au bord du lit. Son mari ne dit pas un mot. Si le ton montait, sûrement que l'avantage lui échapperait. En faisant profil bas, voici ce dont il se préserve : « C'est comme ça que tu m'aimes, Humbert ? En m'emmenant au tiers monde de Paris ?! »

Cette muette querelle tombe comme une pluie opportune. Pour les en sortir, il faut l'assistance d'une tierce personne. C'est là que j'interviens avec la balade à vélo ! Cette fois, j'entame ce projet d'expériences en ne manquant pas de mentionner qu'il est l'idée d'une supérieure Airbnb. Fièrement, j'énonce le statut de Yolanda d'une manière directe et simplifiée : « Cette femme est juste *Lifestyle.* » L'expression produit son effet sur le couple. Ensuite, je plaide pour mon quartier : « Je connais ces trésors cachés que l'on pourrait découvrir ensemble. » Les époux finissent de m'écouter, sans tout à fait comprendre la finalité de mes intentions.

— Mais... nous avons déjà programmé nos visites.

— C'est justement ce que je vous propose, Paris autrement. Si vous le voulez, je serai votre guide à vélo.

Un instant, le désir personnel parle en moi plus fort que le devoir dont je suis tenue de m'acquitter. Et l'instant qui suit, je me convaincs par de jolis arguments appuyés d'un tas d'images que ce couple pourrait venir avec moi. Leurs regards feignent un sourire :

— Avez-vous déjà expérimenté cette balade auparavant, est-ce officiel, le service est-il payant, et surtout, quelles sont les assurances en cas de préjudice corporel ?

— ... !

— Ne faites pas l'étonnée, nous ne savons même pas qui vous êtes.

Mes yeux font la navette entre Madame et Monsieur. J'essaie d'accueillir ces exagérations avec calme. Tout de même, ils avaient le choix de répondre mieux que ça. Sans plus d'énergie, je m'obstine une dernière fois devant ce refus inéluctable.

— Ce n'est qu'une balade avec moi, sans risques.

— Soit, mais nous ne renoncerons pas à Versailles pour vous.

Je ne prends pas la mouche. Je suis la mouche. Insecte gênant et couvert de chiures qu'on écarte d'un geste de la main. Ce deuxième échec ne me laisse plus aucun doute sur la possibilité de devenir un jour guide. Dans la conversation que je prévois avec Yolanda, mes explications sont claires et brèves : je me limiterai à la joie modérée de faire le ménage, et à celle plus vive d'ouvrir ma porte.

Mais Yolanda est un autre genre de mouche : la mouche tsé-

tsé. Elle vous travaille au corps et vous relance jusqu'à l'épuisement. Bien entendu, ses armes sont celles d'une ex-étudiante de Stanford, programmée pour briller dans les industries qui règnent sur le monde. En verve dès le saut du lit, Yolanda a la science des mots et sait appréhender son public.

— D'ici quelques années, on parlera d'Airbnb autant par ses expériences que ses locations. Laissez-moi vous insuffler ce désir d'écrire une autre page de notre histoire.

— C'est ce que j'ai fait, j'ai développé en moi ce qui vous ressemble, mais ça n'a pas marché.

— Je vous aiderai à trouver le bon candidat pour une belle harmonie. J'ai réfléchi. Étudier le profil du voyageur me permettra de conjecturer si l'expérience pourrait se produire ou non. Vous comprenez ?

— Pas beaucoup.

— Toutes les probabilités ne sont pas des certitudes. Par exemple, les voyageuses asiatiques seules à Paris sont des cas favorables. Si vous êtes d'accord, à la prochaine réservation, je vous envoie 1, qui signifie une probabilité forte, ou 0 qui signifie une probabilité nulle.

— C'est très élémentaire.

— Notre société a commencé sur des mécanismes élémentaires qui se sont complexifiés.

Elle rit et j'entends à nouveau les sonorités mates de la Grèce.

— À titre d'encouragement, Airbnb aimerait vous accorder une gratification de 110 dollars.

Ce mot ne m'inspire rien d'autre que de la méfiance. Néanmoins, je me demande aussitôt en quels plaisirs vais je transformer ce bakchich. « Vous m'avez suffisamment stimulée, ce n'est pas nécessaire », dis-je dans une simagrée d'éducation.

— C'est un moyen de promouvoir ce projet d'expérience. Votre participation pourrait avoir un effet déterminant pour son succès.

Sa remarque me rappelle aussitôt un article lu sur Internet. Une mère américaine accepta de se tatouer le logo d'un casino sur son front pour quelques milliers de dollars. Elle voulait un meilleur avenir pour son fils, et le casino, une publicité permanente.

Neuf semaines plus tard, sept voyageurs ont réservé chez moi. Tous des probabilités 0. Pourtant, deux d'entre eux m'ont accompagnée dans les coulisses de mon quotidien, s'immergeant naturellement dans mon univers. Yolanda n'a pas pressenti ces affinités. C'est à n'y rien comprendre. Cette femme à l'origine du projet à qui j'ai attribué des facultés mystiques par l'effet lumineux de sa voix, aurait dû être l'initiatrice de ces harmonies. J'ai eu tort. L'acuité de Yolanda est purement intellectuelle. Derrière son écran, elle applique toutes ses connaissances accumulées depuis l'université et roule des prévisions dans son crâne et sa galaxie des probabilités avec une volupté malicieuse. Ce jeudi d'octobre, Yolanda agite son chiffon blanc au balcon : probabilité 1 ! C'est le signal d'une scène délirante : en état d'alerte, j'agis tel un pompier interrompu par le bruit de l'alarme. Enfin, pas exactement. De tout son corps, le pompier obéit par acquit de conscience à un rituel bien huilé. Il se prépare en une minute, rassemble ses esprits en moins de temps encore, glisse le long du fireslider, saute dans le camion déjà garé devant le porche et fonce jusqu'au lieu de l'accident pour transporter les blessés aux urgences hospitalières. Trêve de comparaison. Bien que mon signal se déclenche aussi par mon corps, c'est chez moi un réflexe de chien dressé.

Sans attendre, je dois poursuivre l'effort de Yolanda qui, en amont, a disposé ce voyageur en vue d'une *expérience*. J'appelle mon collectif de vélos solidaire :

— Bonjour, préparez-moi deux vélos solides pour un parcours dans Paris s'il vous plaît.

— Excellente initiative ! Vous pouvez valoriser votre engagement citoyen avec des vélos recyclés !

— Qu'il sera merveilleux de pédaler écologiquement dans le Paris de mon enfance ! Sur le retour, je trottine en faisant rouler à ma droite et à ma gauche, deux anciens vélos customisés par une bénévole qui les a récupérés dans le canal Saint-Denis. Je garde les deux bras bien tendus afin de maintenir l'équilibre.

En attachant les deux vélos sur mon palier, me revient le réflexe de regarder le profil du voyageur. Yolanda a tant tenu à gérer mes dernières réservations, que je ne prends plus la peine de les découvrir moi-même. C'est une Coréenne. Misère. Le guidon sera plus haut qu'elle. Dare-dare, je retourne au collectif et demande un vélo pour enfant. « On n'a pas ça, mais on a ça... » Au bout de la rangée, un modèle de ville pliant avec ses roues 12 pouces aux couleurs de l'enseigne Fleury Michon. Le type de l'atelier réparation m'apprend que huit ans en arrière, l'entreprise d'agroalimentaire a organisé une opération marketing pour être certaine que ses collaborateurs se souviennent de leur marque.

Son vrai prénom est Jin Yeon, mais elle estime que Sophie est aussi son prénom légitime puisqu'il est écrit officiellement sur le calendrier français le jour de sa naissance. Teint nacré et front bombé, Sophie a des allures de Schtroumpfette quand elle minaude dans ses collants bleus.

Dans la chambre, Jin Yeon s'installe sur le lit, indifférente aux histoires qui se jouent ici depuis un moment. Elle sort de sa valise un casque de vélo satin neuf au même look que les casques de baseball américain, des gants de vélo neufs en lézard rouge vif, un pancho de pluie Burberry, un phare de vélo dernière technologie pensé pour la circulation de nuit et délivrant un incroyable faisceau de lumière. Dans cette valise, tout le PIB de mon quartier. Sophie essaie tout. Dans chaque vêtement et avec chaque accessoire, elle se regarde dans le miroir sur pied. Consciente d'être au sommet de l'échelle de ses valeurs matérielles et physiques. Les voyageurs coréens ont cette spécificité exclusive : ils ne conçoivent l'arrivée chez l'hôte, que sous la forme d'un défilé d'amour-propre. Il me brûle de voir Jin-Sophie accordée à son vélo Fleury Michon.

Elle sort aussi d'une pochette, le trajet depuis Séoul jusqu'ici sur une feuille imprimée et colorée. Ça commence par un petit avion tout rond qui quitte la Corée et survole les mers jusqu'en France. De cet avion, sort un piéton homme qui monte dans un petit train jusqu'à Paris, ensuite, le piéton attend sur un quai la correspondance en évitant de regarder autour de lui, et enfin, le piéton avance dans la rue et suit des traces de pas dans l'espoir d'approcher un gros point vert où est écrit : *Nafissa's home*. Elle lorgne dessus, et d'un coup, la fatigue l'assomme. Jin-Sophie branche sa veilleuse bébé lapin et s'allonge sur le lit en s'y tordant en toutes sortes de formes étranges.

Le lendemain, en fin de matinée, les sirènes de Paris se mettent à hurler et la sortent des draps qu'elle quitte avec regret.

— Hey...

Elle se tortille pour dire bonjour.

— Hey, Jin-Sophie !

Je suis dans ma tenue de vélo : sac à dos, bouteille d'eau, visière fluo. Dans le couloir, le vélo Fleury Michon posé de façon faussement négligée. Je m'approche du guidon et presse le klaxon en forme de poire pour la saluer. Fière de mon intermède que j'attends depuis sa longue sieste, je regarde Jin-Sophie en frétillant. Elle lève vers moi un regard qui cille de ses faux cils XXL, et retourne aussitôt sans sa chambre qu'elle ferme à double tour. Là, elle reste une éternité de deux jours, deux nuits et sept heures sans être réapparue un seul instant. Du jamais-vu. Je rappelle le collectif de vélo pour prolonger la location. Dehors, les marronniers ont changé de couleur.

Aujourd'hui, Paris n'a toujours pas glissé son souffle à Jin-Sophie. Dans la salle de bain, la poudre de son fond de teint est disséminée sur le lavabo, sa brosse est pleine de cheveux, ses flacons de parfum à moitié vides. Je toque à sa porte et l'appelle d'une voix toute blanche. Rien. Je sens s'élever en moi un certain voyeurisme. C'est une bizarrerie qui fait ma joie. Je me mets à quatre pattes en me dévissant le cou. Les pieds de Jin-Sophie se tortillent devant le miroir, avec des mouvements exagérés de rat d'opéra. Je remonte mes yeux jusqu'au trou de serrure. Je la vois maintenant entière face au miroir, dans un manège de coquetterie en pédalant sur un vélo imaginaire. Elle s'approche de la porte, je recule rapidement. J'entends le verrou se refermer. Je retourne dans le salon jusqu'au lendemain sans rien entendre de la chambre. Pas même une conversation téléphonique qui exprimerait une angoisse ou un chagrin arrivé subitement. Rien qui présage que l'isolement de Jin-Sophie ne persistera pas. Il est temps pour moi de ramener les deux vélos.

La quatrième nuit, je me réveille brusquement en me demandant si elle respire encore. J'avance vers sa geôle, attentive au moindre souffle derrière sa porte entrebâillée. J'entends ses mouvements et même la pluie tomber. Sur le seuil de sa chambre, je dépose deux bouteilles d'eau et une soupe de chou frisé. Cette conduite ne me paraît pas intrusive, mais Jin-Sophie en reçoit une impression différente : elle referme sa porte d'une façon rapide et brusque. On retrouve ces mêmes manœuvres chez les huitres. Ce mouvement me fait remonter à la surface puis sortir de chez moi.

Dans mon quartier, l'automne est bien réel. Le ciel est gris plomb et ses nuages chargés se déversent sur les toitures en zinc. Les parapluies en cette saison semblent s'être passé le mot pour un rassemblement collectif dans Paris. Certains resteront ouverts aussi longtemps que Jin-Sophie est enfermée. Pourtant, hier, elle s'est dirigée vers la sortie avec son parapluie télescopique et son Panasonic. Sur le point d'enfiler ses escarpins blancs Roger Vivier, elle a fait demi-tour pour se rendre aux toilettes d'un pas cotonneux. Elle en est ressortie longtemps après, et a précipité son ombre derrière sa chambre.

J'écris à Yolanda et lui demande de m'envoyer l'historique des messages qu'elle a échangés avec Jin-Sophie avant son départ. Je ne dis pas pourquoi. Malgré le décalage horaire avec San Fransisco, Yolanda m'envoie ces courriels dans l'heure qui suit, sans me demander pourquoi. De ces correspondances, je lis l'entente établie au sujet d'une « balade à vélo pour une plongée totale dans l'univers de l'hôte », et quelques aimables banalités sans trouver le moindre symptôme sur le comportement actuel de Jin-Sophie. Un seul mot revient à chacun des messages : Paris, Paris, Paris.

Paris dont le cinéma parle et les parfums aussi. Paris qu'elle semblait déterminée à rencontrer, avant d'y arriver.

C'est l'heure du retour. Dans les mains de Jin-Sophie, le même itinéraire avec le piéton homme en sens inverse. Son blush lui inonde les pommettes, son teint est frais. Malgré ça, j'ai l'impression qu'elle a passé six nuits sur une planche à fakir. Elle enfile son trench XXS et traverse la porte d'entrée en formulant dans un anglais très mauvais, sa gratitude pour l'avoir accueillie. Sa bouche esquisse un sourire, puis elle s'en va en refermant elle-même la porte.

Ce n'était pas dans un élan d'enthousiasme que le jour d'après, je téléphonais à Yolanda. Je racontais Jin-Sophie, la voix embrumée par son souvenir. Je n'ai pas été en mesure de terminer mon histoire car Yolanda ne la ressentit pas comme j'aurais voulu qu'elle le fasse. À ce désintérêt soudain, il y avait une réponse cruelle, mais simple : la femme *Lifestyle* était passée à autre chose. Elle pouvait se priver de mes services. Son projet d'expériences allait prendre une dimension commerciale, esthétique et politique, quand la mienne donnait à peine les mesures du genre humain. Dans une boîte comme Airbnb, une telle antinomie n'est pas accordable. Brian était évidemment au courant du projet de Yolanda et lui-même parlerait bientôt de ces expériences dans ses conférences, officialisant ainsi le tournant que prendrait sa start-up en s'associant avec de grandes entreprises internationales. « C'est une étape nécessaire », m'objectait Yolanda. Par ces quelques mots, je sentais qu'elle se livrerait encore à de grandes méditations sur le monde. Son projet serait, après le bouleversement des locations, et à la même échelle, un deuxième coup de maître pour transformer une start-up collaborative en révolution sociale. « Vous serez invitée à la soirée de lancement à Paris, évidemment ! » Cependant, elle refusait de perdre pied dans cette grandeur et n'oubliait pas l'origine première de son ambition. « Je vais rencontrer un couple dont le métier est en voie de disparition, ce sont les derniers fileurs de verre… les Chinois et les Américains sont passionnés par ce fleuron de l'artisanat français ! » Son sentiment était clair : Airbnb allait sauver une espèce vouée à vivre des années pénibles. « C'était ma vision, rappelez-vous », finit-elle, en gardant cette plénitude dans la voix dont elle a fait sa signature. J'ai tourné vers Yolanda un regard aussi ravi que possible, avant de réaliser qu'elle n'avait jamais été en face de moi.

CHAPITRE 6

En pleines courses de Noël, je reçois une demande de réservation : *« I want to stay in your room tonight and tomorrow. »* me demande Gagan. Originaire de Bangalore.

Mon intention de ne plus héberger de voyageurs indiens a expiré aussitôt après sa délibération. Peut-être aurait-il fallu la prendre sous une forme moins émotionnelle. Dans la pratique, son exécution était difficile à appliquer. Et les contraintes financières ont eu raison de moi. Parfois, je néglige leurs requêtes en faisant fi des rentrées d'argent que j'espérais la veille. Je lisais, j'ignorais. Ça ne me soulageait pas. Au contraire, je tirais une certaine confusion de ce que j'ai fini par nommer le *syndrome tandoori*.

Quoi qu'il en soit, cette manœuvre n'aurait pas pu être efficace. Lorsque les hôtes n'acceptent pas les demandes de touristes, ces derniers reçoivent le soutien d'une unité américaine : l'assistance Airbnb. À coup de messages automatiques et inquisiteurs, elle rattrape l'hôte pour qu'il rétablisse la situation : « Vous n'avez toujours pas répondu à la demande de Untel. Vous avez vingt-quatre heures pour maintenir votre taux de réponse et ne pas perdre votre place en haut de la liste. » Coincée. J'avais beau me contraindre à accueillir ces nombreux voyageurs indiens, c'était plus fort que moi, je soupirais avant l'effort en ouvrant ma porte. Le dernier en date, un garçon de 19 ans, n'a pas compris dans quel type de logement il s'est retrouvé. Malgré l'agencement des différentes pièces séparées, qui constitue l'espace d'un appartement, il s'est cru dans un dortoir mixte. Un matin, peu avant 8 heures, il est entré dans le salon, s'est approché du clic-clac et a pincé ma cheville par-dessus la couverture. La raison ? Il n'avait pas de brosse à dents.

Dans cet essaim de touristes, certains d'entre eux ont fait exception : ceux qui ont vécu en Europe. Employés comme informaticien à Amsterdam ou en Belgique, ils y étaient installés le temps de leur contrat. Dans ce cas de figure, l'Indien devient plus souple, plus attentif. Son expérience sociale acquise par le contact avec des étrangers, lui a donné des manières qui déjouent les siennes. Je retrouvais alors, en leur présence, des qualités fabuleuses que j'avais pu apprécier là-bas. Je les regardais comme faits d'une autre essence que la mienne et pour quelques heures, parfois toute une nuit, cette dissemblance créait une sympathie charmante, profonde. Certes, mon lavabo recevait toujours des mollards projetés du fond de la gorge, mais ils rinçaient après.

En conclusion, presque tous les voyageurs indiens qui réservent ma chambre visitent l'Europe pour la première fois. Lorsqu'ils traversent ma porte, c'est avec une valise alourdie par leur univers habituel : l'Inde.

Cet après-midi de décembre, le froid fouette mon sang et ravive mon esprit sur le boulevard Haussmann. Un sentiment de liberté me revient, mais je ne sais pas exactement quoi en faire. Je marche à petits pas en quittant les grands magasins, remplie de nouveaux objets pour mon appartement. Sur les quais du métro, je m'engouffre dans un wagon chauffé de la ligne 7. Un deuxième message plus impatient de Gagan s'affiche sur mon portable. Sur le point de concéder à sa demande, une sensation légère, comme une sorte d'ivresse, fait vaciller mon esprit. Le formalisme guindé que j'allais appliquer dans ma réponse, se dilue progressivement. *My dear Gagan...*

La suite est un frémissement de plaisir que jamais encore, je n'avais exaucé à un tel degré. En abandonnant toute retenue, je déballe à Gagan toutes ces déconvenues amassées par ses compatriotes. Le point culminant est atteint quand je les décris jusque dans leurs fibres sans vraiment m'en apercevoir, enfin, autant qu'une hôtesse désabusée peut ne pas s'en apercevoir. « Allez, valide ! », me dis-je dans un dernier frisson. Dans ces moments, une seconde d'hésitation et tout est joué en ne laissant derrière, que des regrets. Aucun doute qu'après cette réponse, Gagan ira réserver ailleurs.

Arrivée chez moi, je m'apprête à donner à mon appartement l'allure qui lui convient depuis que je l'ai remis en usage. Pour commencer, je déploie mon nouveau tapis aux longues mèches moelleuses devant la cheminée que je repeins de noir mat. Mes murs qui pleuraient de tristesse, s'illuminent de reflets par la présence de miroirs et de cadres aux reflets changeants. Sur mon clic-clac, je lâche un plaid orange en grosse maille qui s'étale si bien qu'on ne distingue plus l'auréole de l'assise. Dans mon nouveau vase en céramique, j'immerge des fleurs qui s'épanchent et débordent comme une frange. Selon le rite immuable de Noël, je décore ensuite mon sapin par des grappes de guirlandes grises et bleues qui clignoteront jusqu'à l'année prochaine. En fin de soirée, lorsque les nouvelles formes de l'appartement sont fixées, j'installe la favorite de ma virée shopping : une chaise en métal de couleur olive. La réplique parfaite du symbole du parc du Luxembourg. Parce que ces chaises font partie du patrimoine parisien autant que Notre-Dame, je me dois de la poser dans la chambre des touristes. Pour eux, j'ai choisi la variante allongée avec accoudoir, et tous, bras tombants, s'affaleront dessus.

Le lendemain matin, je me prépare une soupe de chocolat noir quand des appels insistants m'arrachent à sa cuisson.

— Allo Nafissa, c'est Isabelle !

La voix m'est inconnue.

— Isabelle… Isabelle… On se connaît, Isabelle ?

— Ça risque plus !

— Pardon ?

— Ma mère a un rendez-vous à la clinique Monceau demain, comment fait-elle maintenant qu'elle n'a nulle part où dormir ?

Ça me revient ! Isabelle, de Besançon, aide-soignante, a réservé pour sa mère qui se fait opérer du genou à la clinique Internationale. Elle se reposera une nuit chez moi avant de reprendre son train gare de Lyon.

— Votre mère dormira dans la chambre, comme convenu. Pourquoi êtes-vous nerveuse ?

— Vous venez d'annuler sans explications !

— C'est absurde, pourquoi aurais-je fait ça ?

— Je vous retourne la question !

— Je n'ai rien annulé du tout.

— Mais enfin, c'est écrit ici, aujourd'hui 6h42 : « Votre réservation pour la nuit du 12 au 13 décembre est annulée. »

Je sens l'embarras dans sa voix, mais je suis habituée aux erreurs de manipulation des nouveaux inscrits sur le site.

— Laissez-moi vérifier et je vous rappelle.

— Faites vite, c'est très angoissant !

Je garde la tête froide en lui souhaitant une excellente matinée, puis retourne à ma casserole. Mes carrés de chocolat n'ont pas fondu, ils sont devenus grumeaux. Gâchée, ma soupe. Elle devait être le meilleur moment de ma journée, je vais être obligée d'en trouver un autre.

En attendant, je dois régler l'angoisse d'Isabelle. L'avantage qu'une plateforme puisse être gérée via une application téléphonique, c'est qu'on peut contrôler son activité en un temps record, en l'occurrence, un coup de phalange, mais ce matin, ce coup de phalange suffit à me couper les deux mains. Je pourrais le dire autrement : un petit clic pour un grand choc.

« VOTRE ANNONCE EST DÉFINITIVEMENT SUPPRIMÉE. »

Dans mes courriels, un nouveau mail accroît la somme de mes stupeurs.

« Hi Nafissa,

My name is Candy O and I'm Human Resources Manager at Airbnb. Your account has been blocked because of a message you sent to Gagan. This message goes against our anti-discrimination policy. South-Asians are not inferior to you, in the same way white Americans are not superior to black Americans. The Airbnb community does not tolerate racism in any form. Your words and attitude are shameful. All future reservations have been cancelled. This decision is final.

Kind regards,

Candy »

Je parcours ces phrases, à la fois paralysée et affolée par ces termes. Qu'un tel pamphlet me soit destiné, en m'affichant comme une créature abjecte, mi-ku-klux, mi-klan, c'est inouï ! Est-ce Gagan qui m'a dénoncée ? ou un nouveau dispositif testé par la start-up et qui aurait détecté certains de mes mots ? Lentement, très lentement, c'est-à-dire après plusieurs heures qui ont passé comme un enterrement, je reviens à un état plus calme. Je relis ces charges, et, aussi graves et démesurées qu'elles soient, je les relativise. Je suis juste en train de goûter à l'amertume des valeurs extrêmes américaines.

Il me sera pourtant difficile de réfuter ces accusations. Par mon attitude de défense, je risque soit de les aggraver soit de les affaiblir. J'ai tout intérêt à m'expliquer oralement avec cette Candy O. Mais depuis peu, il est impossible de joindre un responsable Airbnb. Ma seule issue est d'écrire, et pour ce genre d'affaires, je ne crois pas au pouvoir des mots. La chaleur d'une voix qui décèlerait une présence humaine serait préférable, me dis-je en me rappelant avoir été prise en flagrant délit de blackboulage indien.

Si je me défends en avançant des divergences culturelles, c'est foutu. Construire une « ode à la différence », tel est le credo d'Airbnb. Repris fièrement par ses publicitaires, bien à l'abri des credos. Pas le choix, pour me faire réhabiliter, je dois me déclarer coupable. Dans un long message destiné à Candy O, je m'humilie pour mes offenses. Je condamne et confesse mon erreur. J'ai agi comme une femme qui cohabite avec ses désordres et ses vertus, *mercy, mercy Candy (pitié, pitié Candy)* ! De ce pardon, je pourrai me relever. Je pourrai grandir. Je pourrai rétablir ma relation d'amour avec mon prochain, je pourrai tenir longtemps comme ça, en proie aux plus excessives des excuses. Une mascarade, souvent, remue une autre mascarade.

Les journées et les nuits passent sans réponse de Candy O.

Entre-temps, j'ai dû rappeler Isabelle qui devient désolée au récit de mon sort d'hôtesse. Airbnb a remboursé sa nuit et mis à sa disposition d'autres logements. Mécontente, elle a refusé. À la place, elle a loué une chambre d'hôtel pour sa mère et s'est désinscrite du site. En l'écoutant, j'ai eu du mal à ne pas afficher un sourire satisfait.

Ce fut le seul de ces derniers jours. Tout me donne des crispations nerveuses. Le moindre message, le moindre appel, produit une émeute de scénarios dans mon esprit. Après une brève réflexion, écrire à Brian me paraît inutile, voire humiliant. Mais à bout de recours, je m'y emploie. Mon impression se renforce au fil des pages. Elles ont le ton du repentir et de l'impuissance, autrement dit, un ton assommant pour un homme toujours tourné vers un optimisme redoutable.

Lorsqu'après cinq jours, Brian ne m'a donné aucun signe, mais qu'en revanche il est apparu maintes fois à la radio, à la TV et dans les journaux, on peut dire que les choses sont dites. Brian n'a rien lu et dans un sens, ça se comprend Aucun P.-D.G. d'une start-up à l'éthique pluriethnique, n'oserait gracier un de ses membres passés à l'ennemi. Le mot est fort. En fait, je m'épate de cette nouvelle prédisposition à la culpabilité. Le « J'accuse » de Candy O m'aurait-il atteint plus que je ne le pense ? Noyée par cette histoire, il m'arrive parfois d'en émerger. Il se trouve qu'avec d'anciens voyageurs, nous entretenons des conversations autour de nos rencontres, complètement désinhibées par la distance qui nous sépare à présent. En les relisant tous, un par un, je retrouve une certaine lucidité sur mon propre jugement. Je les regroupe tous pour les faire découvrir à Brian. Il n'y a ni indiscrétion, ni thème, ni style. Juste une atmosphère. Ces échanges devraient le laisser confondu d'émerveillement.

Évidemment, je n'ai pas envoyé ce mail à Brian. Dans le fond, je ne l'ai pas sérieusement envisagé. Est-il regrettable de ne jamais transmettre ce qui ne sera pas lu ? Le seul moyen de faire cesser mon angoisse solitaire d'hôtesse virée par Airbnb, c'est de la partager avec Airbnb ! J'appelle le site et explique difficilement mon affaire à un certain Alfaro, dont l'initiation récente à la langue française ne suffit pas à se figurer mon problème, dans son esprit. Mais dès qu'il réalise mon nouveau statut, il se relâche. « Ohhhh, vous i-êtes dés-insclite… » Il est rassuré. L'étape *Gestion de crise* de sa formation de téléconseiller, ne sera pas compromise par une cliente hors piste. Alfaro me transfère je ne sais où, et, après que le serveur vocal m'eut seriné des mélodies pop rock, une voix métallique me demande : « Vous êtes Nafissa ? » Convaincue de m'adresser enfin à un responsable, ma figure s'éclaire. Au lieu de ressasser les motifs de mon expulsion, je préfère me tourner vers l'avenir, aussi incertain soit-il. Dans la dernière publicité d'Airbnb, des hôtes drapés d'émotion inversent le logo en forme de A pour lui donner la forme d'un cœur. Volonté du metteur en scène ou spontanéité, tous agissent avec un zèle exalté au service de leurs invités. Comme eux, j'épouse cette intensité de vie et prends une voix secouée de frissons : « Je veux revenir dans ma communauté ! » Le cœur qui bat, je me rassois et essuie mon front. Le silence au bout du fil a quelque chose de lapidaire. C'est inquiétant, le monde d'Airbnb est fait de tout sauf de silences : « Vous m'avez entendue ? », je finis par demander. L'instant d'après, la voix m'annonce : « L'ordre vient d'en-haut, désolé. » Puis ça raccroche, me laissant seule avec la frustration d'une telle réponse. Hasard, ou opération parfaitement synchronisée ? Un nouvel email est apparu à l'instant sur mon écran de téléphone :

Mise à jour de Candy O, 20 dec 13.11.
« Hi Nafissa,
You will also be unable to create a new account.
All the best. »

Moins d'une semaine après, une surcharge soudaine de travail scénaristique me tombe dessus. Une production d'animation franco-italienne, m'a engagée pour des compétences vantées lors de l'entretien, qu'il m'a fallu acquérir au cours des travaux. Le pitch : Lili, jeune loutre, découvre les secrets de la nature en tâchant de la respecter. La tranche d'âge a beau être celle des 5 à 7 ans, sa mécanique de narration est très complexe. Par exemple, dans le décor 1, Lili doit être répartie en quatre séquences de cinquante-six secondes chacune, et quinze secondes dans un décor secondaire. Pour le décor 2, je dois écrire trois séquences de quarante-huit secondes chacune, et, insérer une séquence caméra de treize secondes, qui révèle l'enjeu du conflit de Lili. *Comment préserver dans mon minuscule terrier, toutes mes semences dont la moitié est en voie de disparition ? Puis-je faire confiance à Ania la belette, cette industrielle de l'agroalimentaire qui m'offre un musée végétal pour les mettre à l'abri ?* Treize secondes, le compte est bon. Ensuite, le petit mammifère semi-aquatique va dépasser sa crise et faire avancer l'action en quatre temps de trente secondes, tous dans le décor final. Je me débats contre ce calibrage entortillé ; une torture pour débarrasser le scénariste de son existence.

Je suis lancée à corps perdu pour Lili, mais cela ne suffit pas à éclipser la décision d'Airbnb, qui me met dans une mélancolie sans fin, sans fond... Plusieurs raisons à cela. Certaines me sont difficiles à définir et aussi, à admettre. Lorsque j'essaie de mettre des mots sur ce que seul mon cœur perçoit, des troubles me brouillent. Les autres raisons s'accordent simplement au métier que j'ai choisi. Elles sont économiques. Entre la signature d'un contrat et la diffusion d'une œuvre à la TV, il peut se passer un an. C'est long, puisque toutes les chaînes quadrillent leur programme à l'avance. Exception faite pour les hommages. Récemment, un épisode coécrit avec une collègue a basculé en deuxième partie de soirée, pour que la première partie puisse être dédiée à Margaret Thatcher. Patiemment, j'ai regardé cet hommage, résistant de mon mieux à l'impatience de découvrir mon épisode. Après la première diffusion d'une œuvre, il faut attendre entre huit et dix mois pour que les droits d'auteur (seul véritable revenu d'un scénariste) soient versés par la SACD. Pendant cet intervalle, je paye mes factures grâce à Airbnb. À présent virée, leur montant risque de m'effrayer. Je m'étais promis de ne plus jamais vivre au défi du lendemain, mais cela, qui y échappe ?

Cet appartement, devenu si agréable, ne me procure plus le bien-être que j'en espérais. Qu'avais-je réellement souhaité par ces mises en scène esthétisées, sinon séduire le voyageur ? Pourquoi ? Mon être, même tout entier, ne suffit-il pas ? Fallait-il donc parer cet endroit pour capter un peu d'envie chez l'invité ? Une chose est sûre, sans le bourdonnement des accents, je n'y vois plus que des murs.

Ma meilleure amie, Céline, est venue me voir, et cette visite clandestine prend le charme d'une virée en mer. Il faut dire que ces derniers jours m'ont éreintée, et qu'après des nuits entières à écrire avec l'efficacité d'un comptable, je ne me couchais qu'à l'aube, avec le besoin de revoir un visage familier, pendant que je perdais toute familiarité avec la vie.

Les yeux constellés, Céline s'avance vers moi et nous nous enlaçons dans une étreinte qui nous surprend toutes les deux. Une étreinte similaire a eu lieu il y a presque trois ans, lorsque je rentrais à Paris. Céline m'enferma alors dans ses bras, comme elle l'a fait ce matin, nos cœurs un peu gonflés et nos joues collées. Ces enlaçades ne sont pas notre langage habituel, est-ce pour cela qu'on en garde si longtemps après, la trace de l'émotion vécue ? Passée cette image idéale des retrouvailles, la virée en mer a pris une tournure de tempête. Cette tempête consiste à accepter des reproches devant lesquels je capitule assez vite. Pendant la période où j'engageais mon temps vers « ces étrangers », j'aurais délaissé Céline ? Plus exactement, j'aurais délaissé « la constance qui m'est due et les sacrements d'une amitié », ce qu'elle me dit sans précaution mais avec éloquence. Très certainement, dans le métro, ou en remontant l'avenue, elle a répété son texte. Céline est comédienne de théâtre, et aux dernières nouvelles, elle essayait d'être pensionnaire à la Comédie-Française. Refusée par l'administrateur général, elle a créé une compagnie. Sa troupe dispose déjà d'un répertoire de quelques pièces représentées dans les école primaires et maternelles. Bien que cela procure une joie attendrie à Céline, elle en veut au jury qui a scellé son sort en la privant d'un statut auquel elle pouvait prétendre. Elle travaille sans relâche, a une manière très classique et en même temps très virtuose de respecter Marivaux et Lagarce. Elle se déplace sur scène avec la maîtrise d'une danseuse, et ça, « c'est Denis qui me l'a dit ! » Denis, c'est Podalydès.

Céline vient de tourner un long métrage expérimental dans un sous-sol du 13e pour une production polonaise, et ce désastre fut complété par un salaire inexistant. D'un léger mouvement de la bouche, qu'elle rectifie en moue divine, elle me fait savoir qu'elle ne parlera plus de ses complications. Il en ira donc des miennes. Facile, les vestiges d'Airbnb planent dans l'appartement. Céline partage mon désarroi, mais elle voit cette exclusion comme la dernière des épreuves. L'épisode Flûte désenchantée de Nadeem l'avait tant choquée qu'elle était venue jusqu'ici pour me dissuader de recevoir des hommes seuls. Elle a beau en être refroidie, Céline se tâte à tester Airbnb en estimant de potentiels revenus. Elle vit dans un studio rue des Pyrénées, qu'elle paie difficilement tous les mois, statut de comédienne intermittente oblige. Mais Céline est d'un naturel méfiant et se croit souvent entourée d'intentions suspectes.

— Si j'étais hôtesse, je refuserais les nouveaux riches de Russie, les nouveaux riches de Chine, et tous les Arabes des pays du Golfe par principe.

— Par quel principe ?

Elle réfléchit, la langue titillée par ses mises en garde express.

— Par principe de précaution !

En tant qu'ex-hôtesse, ayant été relativement au fait des enquêtes touristiques de Paris, une rectification s'impose.

— Aucun de ceux que tu cites ne cherche de location rue des Pyrénées. Ils aiment les Champs-Élysées et l'avenue Montaigne, où la joaillerie et les étalages de luxe les fascinent.

— On s'en moque, c'est une règle élémentaire. Chaque hôte devrait pouvoir trier les voyageurs comme des lentilles, et vice versa.

— L'idée d'Airbnb est de rencontrer ce qu'on ne s'attendait pas à rencontrer : c'est l'axiome fondamental du collaboratif.

— Et te voilà chassée à cause d'un genre dont tu ne voulais plus.

Je regarde ailleurs, car je n'ai rien à répliquer à ça. Peu à peu, une indiscrétion traverse le visage de Céline.

— Qu'as-tu dit exactement à ce Gagan ?

Il y a peu de choses que je n'ai jamais dites à Céline. Confier ses joies et ses petites hontes à une amie sans craindre d'être jugée ou trahie, est une des choses les plus précieuses qu'il soit. Avec le recul, je sais que les mots dits à Gagan ne sont pas assortis à mes opinions profondes. De même, si Candy O avait lu la quasi-totalité des commentaires satisfaits de voyageurs indiens, elle n'aurait pu en faire qu'un constat positif. Bien sûr, elle aurait été loin d'imaginer que beaucoup de ces compliments sont le fruit d'une abnégation et d'une préparation mentale à une incroyable passivité, dans le but, justement, d'arracher ces compliments. Enfermée dans les regrets, je ne pouvais comprendre auparavant que ma réponse à Gagan, était un délire. Un délire qui m'a détachée de mon devoir d'hôtesse. Un coup de chaud, comme pour me donner un frisson, comme la fuite rapide d'un orgasme qu'on ne voit pas venir, parce que d'un coup, j'ai eu envie de m'en libérer. Parce que d'un coup, je n'en pouvais plus d'eux. Céline me couvre toujours de son regard curieux. Mon silence absolu la remplit d'agitation, mais elle réussit à s'abstenir.

— Même si Airbnb est un chapitre qui se termine pour toi, de meilleures choses vont arriver !

Elle dit cela sans fournir d'explications. Sans comprendre que cette brusque exclusion m'a donnée la couleur des regrets. Néanmoins, elle a dû surprendre quelque chose dans mon regard, car elle rajoute son fameux *Crois-moi*, dont je connais bien les intentions. La première fois que Céline m'a dit *Crois-moi*, ce fut lors de notre rencontre au collège. Selon elle, notre réelle première rencontre date de notre petite enfance. Elle aurait eu lieu chez un bijoutier qui utilisa la même aiguille souillée pour nous percer le lobe. À 12 ans, j'étais disposée à croire ce genre d'aveu. À cet âge de passions, mon amitié pour elle en était devenue plus puissante. Aujourd'hui, son *Crois-moi* produit toujours son effet, mais cet effet s'inverse. Il relance tous ces troubles qui ne m'ont laissé aucun repos, et en l'espace d'une seconde, je comprends. Je comprends ce que je soupçonnais déjà : ce n'est pas une passion de substitution que je voue aux inconnus, elle a toujours été liée à ma réalité. L'œil fixe comme un aigle, je regarde mon porte-clés Airbnb et rien ne me retient de l'expliquer à Céline : « Je ne peux pas arrêter de recevoir tous ces gens. »

Céline accueille cet aveu avec un certain étonnement, mais elle réussit à ne pas afficher son avis. Mon excitation d'y croire et de reprendre confiance en moi, semblent lui faire entendre raison. De la même main dont elle détache ses cheveux roux, elle se masse la nuque, perplexe. « Mais, on t'a virée à coups de pompe, non ? » Oui. Pour que mon projet se reforme, il faut lui dresser des plans. Il devra s'organiser avec la configuration réelle de ses chances. Des chances, il lui en reste peu. Toutes mes tentatives auprès de responsables d'Airbnb n'ont eu aucune portée. Mais, si elles arrivaient à eux autrement que par moi... par des dizaines et des centaines d'autres membres de la communauté ? « Lancer un message sur les réseaux sociaux, pour entraîner une viralité, qu'en penses-tu Céline ? » D'habitude, quand Céline entend le mot réseaux sociaux, la discussion fait place aux diatribes. Au mieux, à une expression de dédain. Mais depuis le printemps arabe, elle s'est mise à penser qu'utiliser les réseaux pouvait permettre des protestations légitimes. Pendant longtemps, elle m'a parlé d'un dénommé Moncef, qui avait pris des risques pour organiser des mobilisations au Caire. Céline et lui s'étaient rapprochés. Quand j'en demandais plus sur cette relation, dont je n'arrivais pas à définir la nature, elle m'a supplié de mieux lire dans ses yeux. C'était ça, comme souvent avec Céline, je n'avais qu'à déchiffrer les sentiments secrets derrière ses paupières, qu'elle plissait un peu pour l'occasion. Après un éclat de rire, j'ai laissé tomber ces toquades d'actrice. Céline s'était réjouie de mon impuissance à capter ce qu'elle avait subtilement tenté de me faire comprendre.

Après un court silence où elle semblait ailleurs, elle approuve mon idée. Elle me confie qu'elle utilise les réseaux pour promouvoir certaines de ses pièces. « Tu peux diffuser un message à la communauté Airbnb... il faut bien choisir tes mots, une bonne communication repose sur les mêmes fonctionnements qu'un virus. » Je découvre qu'en dehors des planches, Céline consacre un temps considérable à choisir, mettre en forme, publier des éléments de ses pièces. Pour donner un peu de souffle entre ses photos baroques et somptueuses de costumes, elle poste des photos d'Agnès Varda, de Claude Rich jeune, et d'elle, assise en terrasse d'une brasserie devant un journal grand ouvert et très froissé. En titre de cette photo couleur sépia : « Rituel matinal avant d'aller répéter. » A priori, il n'y a rien à répondre à ça, mais si, il y a pléthore de commentaires. Dont la nécessité demeure douteuse. *Canon, Waouh, Magnifique actrice, Paix à toi, Superbe, Quelle beauté...* Sur 46 commentaires, des colliers d'adjectifs s'enflent et déferlent, sans que la rumeur ni l'écho de ses pièces, n'enflent ni ne déferlent.

C'est un groupe de choc, un vrai commando qui cherche à se faire passer pour des managers : les pontes Airbnb. Entraînés et organisés pour servir la start-up, ils colonisent les réseaux sociaux. En tête de raid, Brian. Chaque minute, une macédoine de citoyens lui affirme son adhésion. En intégrant Airbnb, ils ont l'intuition d'une société différente, parfaite — celle de Brian. Brian qui orchestre comme personne l'hymne au collaboratif. Sur ces vidéos, il paraît réellement ce qu'il doit symboliser : un homme offert à ses membres qui a ce petit truc en plus qui manque à d'autres P.-D.G. : le sens du peuple. Devant cette ostentation, Céline s'exclame : « Réécris à Brian, il peut te faire revenir ! » Ça a failli m'entraîner. Mais je la modère, je la connais la baudruche : en public, Brian joue toujours son pipeau. Et encore, le pipeau est un instrument discret. Ici, Brian joue du saxo.

Les deux subalternes de Brian, néanmoins dirigeants et aussi riches, ne cachent rien de leurs intentions avouées. Sans limites, ils utilisent leurs comptes pour de la publicité. Si intense qu'elle se rapproche de la propagande. Ces minutes d'observation sur les réseaux sociaux, viennent de semer la discorde dans mon esprit. Cette idée me semble finalement hasardeuse, mais pire, voilà qu'elle est en train de s'anéantir par le souvenir ressurgissant d'une vieille connaissance. Candy O ! Avec un débordement d'aberration, de passion, et d'administration, Candy avait très bien énoncé les motifs de mon expulsion et démêlé les raisons qui l'ont produite. Si elle a vent d'une telle requête sur Internet, bim ! elle exhumera publiquement ce que j'ai écrit à Gagan. Comment l'éliminer de mon plan ?

En fait, Candy n'en sortira pas. Son spectre vient de se glisser dans mon esprit, et compte maintenant y siéger. Pourquoi ?

à cause d'une règle Airbnb que j'avais oubliée : seul l'agent qui a ouvert le litige d'un membre peut gérer son dossier. J'avais dévoré des journées entières d'appels, de mails, et de toutes sortes de SOS qui n'avaient jamais abouti. Cela signifie tout reprendre à zéro, et la recontacter. C'est certain, je suis à l'aube d'une étape irrémissible de mon existence.

Je regarde Céline à demi-assoupie sous mon plaid orange, le cerveau percé par les nœuds de cette histoire. Mais sa présence est juste ce qu'il faut. Installée devant mon ordinateur, dans un nouveau mail à Candy O, je me contente d'excuses en rejetant tout superlatif, incompatible avec ma démarche.

« Chère Candy, une minute d'égarement m'a fait écrire des choses que je ne pensais pas. Sous cette méprise, il y a une vraie amabilité dont je suis issue, au-delà de mon éducation. Au lieu d'une exclusion, est-ce qu'un avertissement n'aurait pas été suffisant ? Être hôtesse me manque. Bien à vous, Nafissa. »

Après ce message, j'allais réveiller doucement Céline, et le reste de cette journée passa comme un éclair. J'habillais Oslo de sa minidoudoune en polaire, puis nous sortîmes peu avant 13 heures. Notre promenade était glacée, mais par le plus beau des soleils. Il fallait ce jour-là, avoir le cœur accroché pour vouloir faire le tour de Paris à – 3°C. Nous l'avions toutes les deux. Nous avions tant à nous promettre. Aucune folie, juste un week-end loin d'ici. Puis soudain, il a fait nuit dans Paris. Soudain, la nuit est tombée sur Paris. C'est ce qui se passe quand on profite d'une personne qu'on adore, et que soudain, nos yeux quittent son visage. Les néons et les réverbères s'illuminent comme des lucioles écarlates. Près d'Odéon, nous nous sommes installées sur une terrasse chauffée. À notre droite, cinq touristes paralysés de froid revenaient doucement à la vie grâce aux bols de vin chaud. Paris a toujours fait des miracles. Est-ce que la Californie allait en faire pour moi ?

Voilà presque quarante-huit heures que j'ai écrit à Candy. Je fixe la faible lumière des guirlandes qui apparaît et disparaît sur les branches du sapin. Il est 18h42 à Paris, 10h42 en Californie, quand un nouveau mail apparaît sur mon écran. C'est Candy.

« Hi Nafissa,

Thanks for your email.

Saying negative things about a person because of their ethnic origin is discrimination. This is covered in the following section of our anti-discrimination policy. Read more here : ... »

Obéissante, je clique sur le lien. La page qui s'ouvre dit la même chose que Candy, mais sous la forme d'une thèse, avec index et sommaire. Je reprends ensuite la lecture du mail jusqu'à sa conclusion :

« ... nobody likes to be generalized based on stereotypes. I'm sure you wouldn't like it either, I can tell by looking at your host profile. Am I wrong ? Do you understand what I'm trying to say ?

Kind regards,

Candy »

Je n'y croyais plus. Je n'y avais même pas songé une demi-minute, alors là, quel pied ! Quel début prometteur ! Candy me pense capable de réflexion, mieux, capable de réviser mes actes. Ce qu'un membre du Ku Klux Klan ne pourrait pas faire ! Elle doit être dans un jour d'indulgence. Je réponds sans tarder.

« Candy, je suis heureuse que vous me répondiez. Je n'aurais pas dû écrire de telles choses à Gagan. Dire que certains Indiens sont bruyants, impudents, ou qu'ils s'imaginent chez leurs hôtes comme à l'hôtel, c'est une vérité. Voyez-vous, les

Chinois peuvent avoir ce même comportement, c'est relatif à un mode de culture : leur reprocher n'est pas de la discrimination. D'ailleurs, je les traite aussi bien que les autres voyageurs, sans ignorer qu'en retour, je goûte rarement au plaisir délicat d'une réciprocité. Bien à vous, Nafissa. »

J'envoie cette réponse à Candy avec une certaine confiance. Puis je la relis avec une réserve grandissante. Aucun mot ne dépasse ma pensée… c'est bien le problème. Me rapprocher de Candy doit rester une stratégie. Certes, une stratégie humaine, voire amicale, mais une stratégie surtout.

Huit heures plus tard, réponse.

« Nafissa,

How would you like it if an Indian said the same thing about a French person? Would you like it if a Chinese person spoke like that about the French ? Would I as an American woman want Indian or French or Chinese people to talk about Americans like that? Do you really think humans should to talk to each other like that? Because I don't believe in such a world. »

Sacrée Candy. Curieux mélange d'ouverture absolue et de conformisme moral. Prompte à faire entendre ses idéaux, plus pressée de s'exprimer pour eux que d'en subir l'expérience. Car je ne peux pas douter que Candy n'ait jamais pratiqué l'expérience de recevoir des hommes étrangers, seule chez elle, que certainement, elle ne l'envisage pas, pourtant, elle juge ces activités avec la certitude d'une experte en géopolitique.

Je continue ma lecture :

« … How do you think Indian or Chinese people would react if they knew what French people were saying about them? Have you thought about their feelings ?

Candy »

« Chère Candy, vous avez raison de me croire capable d'examiner ma conscience, car je suis tout à fait capable d'examiner ma conscience…

(Je m'étais donné comme règle de n'utiliser aucun superlatif dans ces échanges. En revanche, ponctuer mes phrases de mots positifs qui monteraient à la tête de Candy O comme une vapeur d'encens, me semblait être un choix habile qui orienterait positivement ce débat.)

… Il est possible que ce jour où j'ai éconduit Gagan, je n'avais pas la disponibilité de le recevoir comme il se doit. Est-ce-que vous le comprenez, Candy ? »

À peine envoyé, aussitôt, un nouvel email apparaît sur mon écran.

« Hi Nafissa,

Please read on to find out more about our scheduling policy….

Je clique sur un lien qui m'amène à la rubrique Paramètres et synchronisation de votre calendrier.

… I can see that all of your comments are positive, even from Indian guests. This is a great start for your reintegration into the Airbnb community. Thanks for listening and talk to you soon.

Candy. »

Bon… Je me sers une flûte de Kir, et reviens à mon ordi. Il est évident que ces quelques mots de Candy ont pour but de me rapprocher d'Airbnb et de tous ces voyageurs, encore un peu trop éloignés de moi. Je me concentre comme pour diriger un tir. Je respire lentement. Je prends d'infinies précautions. Je n'ai pas été dans un tel état depuis mon premier examen du permis de conduire, qu'au passage j'avais loupé, avec cet examinateur qui me scrutait à la loupe.

« Chère Candy, j'ai lu et examiné ces paramètres du calendrier. J'ignorais que de telles technologies pouvaient à ce point faciliter le quotidien des hôtes, mais… j'ai très souvent apprécié d'accueillir à la dernière minute des voyageurs, pleine de tendres disposition à leurs égards, car rien ne vaut la spontanéité et l'élan qu'une rencontre inattendue inspire. »

Après cet email, je m'attendais à ce que Candy manifeste une intention concrète de me ramener à la communauté. Au contraire, ses messages s'arrêtèrent brutalement. J'ai imaginé toutes sortes de raisons : Candy est en congé. Candy a eu un accident de quad. Candy est tombée gaga de Gagan.

Je ne sais pas dans quel sens iront nos échanges, ni quelle destination Candy leur donnera. Très souvent, j'ai été soumise aux mêmes prières suivies des mêmes attentes. En fait, tous les jours depuis que j'ai choisi de devenir scénariste. Me vendre ou me racheter. Convaincre et séduire. Patienter. D'une manière différente de Céline, qui par son métier de comédienne, doit toujours appartenir au registre du rêve pour des metteurs en scène, des réalisateurs, des producteurs, je devais, moi, séduire avec des éléments différents, le plus souvent par des discours inventifs que je ne dois qu'à des intentions de convaincre les producteurs, les directeurs d'écriture, les commissions du CNC. Et maintenant, convaincre Candy d'Airbnb. Durant cet espoir un peu particulier, je garde en tête la possibilité d'un refus que sa première réaction augurait.

« La même justesse d'esprit qui nous fait écrire de bonnes choses, nous fait appréhender qu'elles ne le soient pas assez pour mériter d'être lues », répétait mon professeur de français, quand il citait La Bruyère. Ces attentes ont développé chez moi, l'acuité du flair. Je fixe intentionnellement mon écran d'ordinateur jusqu'à ce qu'un autre message de Candy s'affiche sur mon écran.

Mise à jour, Candy, 30 janvier, 03h15 :

« Dear Nafissa,

This decision won't be reversed.

That concludes the debate.

All the best,

Candy O. »

Coup de massue. Je reste sans rien dire, ni rien faire. Les minutes s'écoulent, je me demande en boucle, *à qui avais-je vraiment eu affaire* ? Derrière ce mutisme, je peux entendre mon propre silence. Un coup de téléphone me rend la parole, bien que je n'y réponde pas tout de suite. C'est ma grand-mère maternelle pour notre rituel du vendredi matin. Il me brûle de l'entendre, mais avant de la rappeler, j'aimerais répondre à Candy. Me débarrasser du poids de sa fourberie une bonne fois pour toutes. Savoir que je parlerai avec ma grand-mère adorée, immédiatement après elle, l'amoindrira dans mon esprit. Exactement comme Candy venait de le faire par son message, il n'est plus nécessaire de jouer un numéro :

« Dear Candy,

Fuck you. »

Que ces deux mots sont doux à l'oreille, quand ils sont écrits dans une douleur lancinante. Sur le point de les envoyer, je suis contrariée dans mon élan. En vérité, insulter quelqu'un, ce n'est pas facile. Ça l'est encore moins juste avant de dire *Je t'aime* à sa grand-mère. Au regard de l'éducation et des valeurs qu'elle a essayé de m'enseigner, je ne peux pas écrire ça. Parmi les valeurs de mamie, celle de Dieu est omniprésente. Pour cette raison, je corrige « *Fuck you* » par « *God Bless you* », que m'inspire, en réalité, la même effronterie.

Que peut-on répondre à ça ? Qu'est-ce que Candy peut bien greffer à nos adieux respectifs ? J'ouvre, après avoir dormi d'un sommeil traversé d'un rêve qui ne vaut pas la peine d'être raconté, le mail qu'elle m'a envoyé il y a déjà plusieurs heures.

« Nafissa,

We have unlocked your account, it is now back online.

God bless you,

Candy. »

Éberluée, je relis ses mots. Je me laisse abuser par ce rapprochement avec la foi, qui fait apparaître toute cette rédemption comme un arrangement temporaire. Un lien m'est envoyé. C'est la charte d'honneur d'Airbnb m'engageant à ne pas faire de distinctions. Je jure et signe à nouveau.

Quand j'ai pu rouvrir ma porte aux voyageurs, je ne savais plus sur quel pied danser : trop de variations d'humeur. Un jour, j'avais peur d'être rude. Le jour d'après, je craignais d'être rebelle. Rien de tout ça n'est arrivé, le bon cheval a été maintenu au pas.

Avec mon retour dans la liste d'Airbnb, je remarquais que le nombre d'hôtes, partout dans le monde, avait augmenté. À Paris, les prix des nuitées avaient flambé, sans pour autant se rapprocher de ceux des hôtels. De ce fait, les réservations ne tarissaient pas. Il y a maintenant dans la capitale beaucoup moins de *chambres privées* et beaucoup plus de *logements entiers*. Même les minuscules chambres de bonne ont intégré cette catégorie.

Pour pallier l'inconvénient d'annoncer, W.C. et douches sur le palier, leurs loueurs les titrent avec des formules remplies de promesses : *Charming and romantic maid's room*. Ça marche. *Dormir sous les toits de Paris* est en train de devenir un slogan pour beaucoup de voyageurs, presque un précepte moral. Un must.

Dès que j'avais une nouvelle réservation, et je dois l'avouer, avec une certaine ferveur depuis ma réinsertion, je mettais tout en œuvre afin que le séjour du voyageur soit parfait.

S'il pleuvait sans discontinuer en journée, je conseillais la tour Eiffel en fin de soirée. C'est fou le nombre de touristes qui ignorent que toutes les nuits, et non pas uniquement le soir de Noël comme j'avais pu l'entendre, la tour Eiffel s'illumine. J'en ai fait l'expérience avec un couple d'octogénaire chiliens : lorsque je les ai amenés devant elle, je ne leur avais pas laissé le temps de me dire qu'ils y étaient venus la veille, au matin, sous la flotte. J'ai surveillé ma montre, patienté quelques minutes et, et... bingo *midnight* ! La tour Eiffel scintille de ses 20 000 ampoules et se pare de sa couverture d'or. En voyant ça, le couple en a perdu l'équilibre. Étaient-ce leurs 169 ans réunis qui ont provoqué cet étourdissement ? ou le show des watts auxquels ils ne s'attendaient pas ?

J'avais cependant du mal à perpétuer cette ferveur. Certes, dans la religion Airbnb, elle doit être l'état d'âme de l'hôte, mais je savais que sa pente me conduirait à des guêpiers. Il y a quelques jours, Bayu et Ouria, un couple de Jakarta, s'est attribué mon foyer. Cela a commencé par une demande qui me fut présentée gracieusement : *« Can we pray in your home ? »* J'acceptais leur requête d'un sourire, puis ils sont repartis dans la chambre. Quand ils revinrent me voir, c'était avec leur tapis de prière. Un grand et vieux tapis sans doute passé sous bien des pieds. Ouria et Bayu venaient prier dans mon salon dès qu'ils étaient en quête de méditation. Je m'éclipsais alors dans le couloir, à attendre, tandis qu'à genoux, ils portaient leur main sur la poitrine, le cœur déjà orienté vers Dieu. Une fois, j'allais discrètement dans la chambre pendant qu'ils s'agenouillaient, s'accoudaient, s'inclinaient, bref, tout ce que requiert le rite. Je constatais que l'espace était insuffisant pour étendre un aussi grand tapis. C'est vrai qu'en s'y courbant, leur front aurait heurté l'armoire. De là à s'ouvrir le crâne comme ils venaient de me le prétendre... Le couple continuait de profiter de mon espace plusieurs fois par jour à des heures différentes. Si bien qu'ils m'entourloupaient toujours. Ils s'adressaient à moi avec cet état d'attention qui semble être naturel chez eux, mais un matin, d'un seul regard, j'interdis l'accès au salon. C'était le matin de leur départ. L'hôtesse se sent souverainement bête. « *Thank you for hosting us Nafissa ! Do you know there's a few Nafissa in Indonesia ?* » Il y a quelques années de ça, j'imaginais mon prénom comme étant de ceux qui revenaient une ou deux fois par génération, qu'il faisait sourire par sa rareté, rareté faisant passer les imperfections de celles qui le portent. Puis Nafissatou Diallo est devenue une affaire internationale, rompant définitivement ce privilège. Pendant que j'aidais Ouria à mettre sa valise dans l'ascenseur, Bayu m'adressa une ultime prière qui retentit dans le palier : « *We would like to see you again in our country.* » En disant cela, il tenta un clin d'œil conspirateur qui n'eut pas l'effet espéré. Ils étaient gentils, mais toutes ces longues attentes passées dans le couloir, j'en avais encore une arête dans le gosier.

Depuis ma réhabilitation, un des changements que j'ai fini par m'imposer était celui de récupérer directement le touriste à la sortie du métro. C'était au départ une petite contrainte, vite transformée en habitude, devenue un franc succès sur mes commentaires : *« She picked us at the subway, so kind ! »* La sortie de métro la plus proche étant à quatre minutes à pied, faire l'aller-retour avec eux me prenait moins de temps que de détailler l'itinéraire jusqu'à ma porte dans toutes les langues. Il arrivait que des voyageurs deviennent quitte de cette attention par d'autres attentions : ils m'offraient les mêmes souvenirs qu'ils s'offraient eux-mêmes. Macarons, tasse à café Arc de triomphe, boules à neige Montmartre. Tout était acheté en double, à la différence notable que mes cadeaux étaient emballés avec un petit mot.

Comme je le disais, le métro n'est qu'à quelques pâtés de mon immeuble. Pourtant, je dois parfois courir au pas de course quand je reçois des messages immédiats comme celui-ci : *«It's Dany, I'm already here with my fiancee ! »* Aucun affolement de ma part. Je réussis à conserver intacte mon arrivée vers eux, avec la maîtrise et la sérénité d'une hôtesse expérimentée.

En découvrant le couple, cette sérénité disparaît, et je regrette de ne pouvoir faire de même. Je regarde Dany dans un silence d'épouvante. Puis, j'arrive à prononcer un *Welcome* étouffé par la crainte. Ce Néerlandais a une vingtaine d'années, un visage d'enfant obéissant, des boucles noires qui rebondissent sur ses épaules, et il est obèse. Sa masse corporelle doit facilement dépasser l'indice 40, ce qui fait de lui un obèse morbide. Fera-t-il un arrêt cardiaque avant ses 40 ans ? A t-il besoin d'un lit médical ? Oui, il brisera mon sommier à lattes aussi facilement qu'un cure-dents entre ses doigts. Je n'avais pas prévu ça, et avec un frisson de peur, je dois encore céder. Il s'avance vers moi à l'aide de ses deux cannes et je les salue aussi chaleureusement que je peux, lui et sa fiancée. Une Philippine sans doute, plus âgée d'une dizaine d'années, pâle et osseuse comme une apparition. Je propose de porter le lourd sac à dos de Dany. Il refuse poliment, mais fermement. Le buste relevé, les béquilles en avant, les coudes au corps, les chaussures traînant simultanément sur le trottoir, il avance.

Enfin, nous arrivons près de l'immeuble. Le frottement lancinant de ses pas m'obsède, telle une danse macabre qui sonne la mort prématurée de mon lit. Dany et sa fiancée sourient, eux, la tête levée vers le ciel. Ils communiquent en anglais avec une certaine assurance, comme s'ils s'étaient merveilleusement entraînés avant de refermer le catalogue pour l'organisation de la rencontre. Est-ce qu'à elle aussi, il lui a fait la surprise ?

Arrivés chez moi, je les laisse s'installer dans la chambre sans même prendre la peine d'appliquer mon rituel des règles de maison. À quoi bon ? Nulle part il n'est écrit *Touche pas à mon lit*, or, c'est la seule règle qu'il conviendrait d'ériger aujourd'hui. Je pense à lui très fort en ce moment même. Si je m'y allonge de moins en moins depuis qu'il appartient aux amants du monde entier, il reste une figure de mon histoire. Il détient ces souvenirs précis que seule peut graver sa dimension intime. Sa fin annoncée me met dans une confusion totale. Depuis l'autre bout de l'appartement, j'entends le couple s'y installer pendant que je lui cherche un remplaçant sur Internet. Même une livraison express prendrait trois jours. Il serait préférable de me déplacer pour en acheter un sur place. Des roucoulades chaudes et audacieuses d'amoureux récents me parviennent aux oreilles, qui m'indignent quand je devine leur suite incontrôlable. Pauvre sommier à lattes, que ne donnerais-je-pas pour te transformer en pilier de granit.

En faisant quelques recherches, je découvre que les compagnies aériennes ont adopté des mesures strictes envers les obèses. Pour être autorisés dans l'avion, ils doivent impérativement réserver deux sièges, donc deux billets, si leur tour de taille dépasse 110 cm. Pour adoucir cette exigence, les compagnies « offrent », une remise de 30 % sur ce deuxième billet. C'est tout de même un coût ! En repensant à mes nombreux vols, je réalise que jamais, je n'ai vu d'obèses dans les rangées d'un avion. Est-ce que cette contrainte n'aurait pas tendance à accentuer leur mise à l'écart, qui doit déjà nuire à leur quotidien ? Il serait plus pertinent de la part des compagnies aériennes, comme cela est semble-t-il — sérieusement — à l'étude, de réfléchir à un concept pour installer les obèses en soute au lieu de les faire raquer. D'ailleurs, dans le jargon aéronautique, la soute se dit « le ventre de l'appareil », et plus étonnant encore…

— Naïfissaye ?

Une main se pose doucement sur mon épaule et me fait sursauter en arrière. Je me retourne et vois Dany, un cadeau dans les mains.

— *Is this for me ?*

— *Sure ! It's nothing…*

Je récupère de ses mains, une petite boîte à bijoux. C'est très gênant de la part d'un homme qui m'est étranger. Mais j'aime les cadeaux. J'ouvre et découvre une paire de boucles d'oreilles de faïence blanche et bleue, portées par un alliage en argent. Absolument charmantes.

— *This is from Delft.*

— *Sorry, from where ?*

— *Delft, my city.*

Les touristes adorent me ramener des cadeaux, le plus souvent, des babioles artisanales ; savon à la rhubarbe, torchon de cuisine aux couleurs de leur drapeau, magnet... Recevoir un si joli bijou, que j'aurais moi-même pu choisir pour mon visage, me laisse profondément émue.

— *Thank you, Dany.*

Je le prends dans mes bras, au summum de mon émotion. Quand je quitte le corps de Dany, je recule de quelques pas pour le voir intégralement, en dominant du mieux que je peux mon sourire poli et ma terreur enfouie.

L'instant d'après est consacré à prospecter des boutiques de literie. L'entreprise m'occupe cinquante-cinq minutes : vingt minutes en positon étoile de mer sur les lits haut de gamme, quelques secondes à avaler le prix d'un matelas avec sommier, le reste à réfléchir au bilan de ma tournée. L'option la plus économique est de demander à Dany de partir. Comment lui annoncer sans le vexer ? Sans qu'il s'en plaigne auprès d'Airbnb juste après l'affaire Gagan... Une discrimination est une erreur. La répéter serait vu comme un acte délibéré.

Je m'assieds sur un banc tout au fond du parc Monceau. Je sens le froid sec me remonter progressivement des orteils jusqu'à l'arête du nez. Je me remue pour éviter qu'il ne m'engourdisse, puis je décide de laisser un vieux réflexe traiter mes difficultés.

— Almeida d'Airbnb, je vous écoute ?

Après la ritournelle obligatoire des questions, j'explique les conséquences que pourrait laisser la trace de Dany. Étant loin de lui, je m'exprime sans crainte d'être entendue ou interprétée.

— Mon lit ne supportera pas le poids de mon voyageur qui souffre d'obésité, et je n'ai pas les moyens d'en acheter un. Une

Namibienne arrive demain, ce n'est pas dit qu'elle pourra s'allonger quelque part.

— Humm, je comprends... je comprends parfaitement... humm...

Tu parles. Cette ponctuation dans sa voix, cette manière de marquer ses pauses, indiquent qu'Almeida se retrouve pour la première fois à gérer ce type de problème. Elle m'interroge. Se renseigne sur l'état de mon lit. S'informe sur la corpulence de Dany. Enregistre. Note tout. Bref, se donne l'air d'être une greffière.

— Maintenant que j'ai votre version, je vais contacter Dany et lui faire part de votre inquiétude concernant son problème médi...

— Naaaaaaaaaaaaaaan !!

Je me suis arrêtée de crier quand ma voix s'est enrouée. Elle m'a vraiment flanqué la trouille ! Sauf qu'en l'écoutant poursuivre, je réalise que ses propos n'avaient rien d'une blague.

— La seule possibilité est de faire admettre à Dany un constat indiquant que des circonstances médicales échappent à son contrôle et au vôtre.

Chez Airbnb, la farce de l'administration est une force puissante. Et elle attend que je me prête à cet exercice, sans rire, que j'avale toutes ses clauses, sans imaginer une seule seconde depuis ses open space, les conséquences directes d'une telle missive dans les oreilles de Dany.

— Il faut trouver autre chose, Almeida...

— Je vous écoute.

Je réfléchis à de meilleures options, mais rien de substantiel ne me vient à l'esprit. Quand j'étais plus jeune, j'avais un recours efficace en cas de tracas : le culot. Cette conversation vient de dépasser la durée fatidique des quinze minutes, c'est-à-dire que le litige ne se résoudra plus par une organisation habituelle et orthodoxe, et qu'il est temps de faire un raid dans des territoires inconnus.

— Écoutez bien Almeida, j'ai un plan, ça peut marcher, mais uniquement avec votre aide, vous allez appeler Dany, et au lieu de lui gâcher son séjour comme vous comptiez le faire, vous allez le lui embellir : vous lui ferez croire que je suis tombée sous son charme depuis que j'ai reçu en cadeau les boucles d'oreilles de faïence, sa première réaction sera d'être dubitatif, ce qui est normal, quand on est obèse, toute perspective de séduire ou d'être séduit commence avec un point de départ hypothétique, mais, il pourrait y croire un peu, car il se remémorera mes deux bras restés autour de lui, c'est là que vous évoquerez la prise de conscience de mes sentiments aussitôt suivie par celle qu'il est en couple ! et je ne veux pas souffrir sous mon toit une présence qui mettrait le chaos dans mes pensées, donc il devra quitter les lieux en gentleman accompli qui ne supporte pas l'idée de voir une femme peinée, bien sûr, c'est pénible de déménager dans une ville que l'on ne connaît pas, et Dany en sera embêté car un homme n'apprécie pas de devoir rejeter une femme qui le désire sans même l'avoir goûtée, mais il oubliera ce désagrément, d'ailleurs quand vous ferez une autre réservation pour lui, ciblez-en une avec lit king size, ils sont rares, mais pas impossibles à trouver, ou alors un logement ou le lit est juste un matelas posé au sol, ceux-là foisonnent sur Paris, et après tout ça, c'est-à-dire demain déjà, Dany rentrera à Delft et il se souviendra toujours de Paris comme de la ville aux perspectives amoureuses. Sentez comme nous sommes sur la pente du succès, Almeida ?

Cette frénésie, qui dans mes années adolescentes me rendait

imprudente, aujourd'hui n'altère en rien mon jugement. Mon idée est la meilleure solution pour Dany, pour Airbnb, et pour mon lit. J'espère maintenant qu'Almeida pourra tabler dessus.

— Désolée, ce ne sera pas possible.

— Et ça vous satisfait peut-être ?

Excellent, cette audace. Sauf que j'ai de nouveau la trouille. Je m'attends à recevoir une deuxième alerte sur mon profil, mais j'entends le souffle neutre d'Almeida.

— Puis-je faire autre chose pour vous Nafissa ?

— Vous avez déjà tellement fait.

— Seriez-vous d'accord pour répondre à un questionnaire de satisfaction ?

Le tour de force des téléconseillers : faire valoir toutes sortes de qualités, même en cas d'inutilité.

Lorsque j'arrive en bas de chez moi, le couple est sur le départ, pelotonné dans les bras l'un de l'autre. Je remarque une fleur piquée sur le revers de la veste de Dany. Ses cheveux, bouclés d'ordinaire, gominés à l'italienne pour parfaire son allure chic.

— Naïfissaye, can you recommend a romantic restaurant in your romantic city ?

À ces mots, sa fiancée lui décoiffe sa tignasse du bout des doigts et sans lui laisser le temps de réagir, elle baise sa joue. Preuve qu'elle ne conçoit pas la vie sans lui. Dany me regarde et attend une réponse qui l'emmènerait droit au paradis. Par-dessus leurs épaules, je peux voir un coucher de soleil pulpeux qui favorisera leur sort d'amoureux. Je leur donne mon adresse favorite dans le genre, en contrebas de la rue Mabillon.

— Order the « Cheesecake au pamplemousse » !

— For sure, thanks.

Enfin, ils partent. Mon corps échauffé s'élance jusque dans leur chambre. Je dégage le matelas, glisse sous le lit, et aussitôt je découvre la face B. À force de passer l'aspirateur, j'ai fini par connaître par cœur l'alignement des lattes cloutées sur le sommier, ainsi que la distance des pieds qui le maintiennent. Mon indiscrétion me gêne moins qu'elle m'affole : tout cet assemblage de bois est disloqué par un choc, les lattes ne sont plus alignées à la perpendiculaire, mais arrachées de leurs clous et plusieurs sont fissurées et craquelées, qui commencent déjà leur travail d'écroulement. Toute prière contre l'obèse est à présent inutile alors que son épanchement d'amour sera loin d'être terminé, lorsqu'il reviendra ce soir chargé de désir. Son égoïsme me débecte. Sa méconnaissance de la pesanteur me débecte. Sa fiancée me débecte. Être hôtesse me débecte. Je me retire du champ de bataille en me cognant violemment le front contre le cadre du sommier. C'est ma pénitence.

Là-dessus, j'appelle Ghassan, un technicien anciennement agent de piste au Liban, installé depuis quatre ans en région parisienne. Souvent venu chez moi pour des problèmes de chaudière, Ghassan a l'intelligence de réparer n'importe quoi, en donnant à ses missions un sens très fort. Et puis, il ne me refuse rien.

— Bonsoir Ghassan, viens dîner chez moi !

— Je ramène le dessert ?

— Non, ta trousse à outils.

J'attends plus d'une heure, car Ghassan s'est fait mignon. C'est la première fois que je le vois sans son imposante tenue de travail, ce qui le rend encore plus menu. Il a l'habitude de se nourrir exclusivement de nouilles déshydratées, uniquement le midi. Matin et soir, il jeûne pour parfaire ses exercices de méditation qu'il pratique sur son tapis oriental. Il ne manque jamais sa discipline dont il vante les mérites et les bienfaits à qui veut bien l'entendre, c'est-à-dire moi. Ses collègues sont de rustres types qui aiment bien manger et bien boire à tous les repas. Ils ne méditent pas, ils fument du matin au soir, et pour eux, c'est un peu la même chose. Ghassan n'a pas de fiancée et n'a pas besoin d'amis, puisqu'il est aimé d'instinct pour sa gentillesse naturelle. Tout ce qu'il désire, c'est d'être écouté quelques fois.

Dès qu'il entre dans l'appartement, je l'amène sous le lit avec moi et il constate. Il palpe les lattes, examine leurs fissures et désigne les pieds en les retournant avec le même soin qu'un géologue examinerait sa pierre précieuse.

— Qui a dormi là ?

— Un homme obèse s'y est allongé. Il va revenir dans quelques heures, on peut réparer ça ?

Il effectue dans son esprit de mystérieux calculs.

— J'ai besoin de ton passe pour accéder au sous-sol.

— Tout ce que tu veux !

Vingt minutes plus tard, le revoilà avec plusieurs planches en bois d'environ deux mètres. Il se dirige vers son sac à outils et en sort une scie et une dégrafeuse avec l'éclat de son œil de bricoleur. Je mesure la gravité de cet instant, et le regarde à l'œuvre avec le plus grand respect. Ghassan retire les clous et les agrafes des lattes, pour prendre leurs mesures et en créer de plus épaisses à partir des nouvelles planches. Je quitte la pièce pour aller fermer la porte d'entrée en laissant mes clés dans la serrure : de cette manière, Dany et sa fiancée ne pourront entrer sans que je vienne leur ouvrir. Mais lorsque je retourne dans la chambre, le sommier et les planches sont posés le long du mur et Ghassan s'est matérialisé face au matelas. Agenouillé comme un moine. Brusquement, une pensée le revigore.

— Je sais, vire le sommier…

Je le regarde avec inquiétude. Il continue de se pencher sur son idée.

— … T'auras un tatami design !

— Non Ghassan. La majorité des touristes attendent un lit standard.

— Non, ils attendent de réduire leur tension musculaire après des heures d'avion. J'ai toujours de la paille sèche dans mon coffre, je pourrais en remplir dans ton matelas, c'est aussi très bon contre l'humidité. Où sont les clés de ma voiture ?

Sa voix est claire et prometteuse. Me restent les ruses de femmes. Je prends la scie et découpe une planche de travers tandis que la lame à grosses dents me passe tout près des phalanges. Ghassan rapplique aussitôt pour me retirer la scie des mains et finir le travail. La première latte étant parfaite, il enchaîne sans fièvre, mais habilement, toutes celles qui sont cassées. Absorbée par la découpe, je ne remarque pas tout de suite le dépôt de poussière de bois qui flotte en suspension dans l'air. Prise d'une quinte de toux subite, je sors de la chambre. J'imagine toutes ces particules pénétrer les voies respiratoires de Dany et rester bloquées dans sa gorge, provoquant l'infarctus du myocarde sous mes yeux d'hôtesse négligente. L'aventure Airbnb se terminerait pour de bon.

J'amène mon aspirateur dans la chambre qui n'est plus qu'un chantier à l'odeur âcre. Ghassan est profondément gêné par le nuage de poussière devenu une nappe de bronze que le ciel aurait secouée. Face à moi, la figure pleines de particules :

— Sais-tu que j'étais à l'aéroport de Beyrouth, quand Israël l'a bombardé ?

Au moment où il me pose cette question, j'espère que Dany et la fiancée n'en sont qu'à l'entrée.

— Ils ont lancé un premier obus qui a fait un immense cratère...

J'essaye de l'esquiver, mais je vois pousser dans ses yeux, les racines de ses souvenirs qu'il espère encore partager avec moi.

— ... et la fumée a recouvert toutes les pistes d'atterrissage, avec une poussière comme ça...

— Ghassan, Dany et sa fiancée vont rentrer et dormir là-dedans tu crois ?

Je connais par cœur cette histoire et sa suite tragique. J'imagine aisément les pensées qui circulent en ce moment dans sa tête, et je la vois bien, cette tête d'homme entêté dans son malheur, mais mes touristes, eux, dresseront l'histoire de mon statut de super hôtesse. Un statut réel, présent, concret. Je m'écarte de Ghassan et branche vite l'aspirateur. « D'accord, d'accord... » dit-il en toussant légèrement, d'un ton calme en apparence, mais c'est de la déception que je devine dans sa voix.

Une fois tout ça fini, le ménage, les dépouilles de bois, les échardes sous les ongles, les pieds de lit ressoudés, le stress du retour de Dany, les tests de solidité, je retrouve mon enveloppe d'amie. Pour Ghassan, je prépare la table que le meilleur livreur asiatique de Paris va bientôt orner.

Plus tard, nous dînons en paix lorsque les touristes sonnent. J'ouvre la porte à Dany. À la lueur de ses yeux, je connais le bilan de leur soirée : sa fiancée l'a entretenu dans des promesses de plaisirs. Ils vont, sans préambule, les signer dans la chambre. Bref, Dany est très loin d'imaginer qu'il y a un quart d'heure, son nid d'amour était un hangar.

Lorsque je reviens à table, nos assiettes à Ghassan et moi sont vides. Je regrette amèrement qu'il n'y ait pas de sucreries pour nos papilles. Pour moi, tartes, crèmes, entremets. Pour Ghassan, du thé lentement infusé à froid. À bientôt 22 heures, une seule adresse est ouverte : Ladurée, avenue des Champs-Élysées. Pour une fois, je vais jouer à la touriste. Nous avançons à grands pas vers cette sortie, mais un violent fracas nous arrête. Un deuxième fracas s'ensuit, accompagné d'une pétarade d'éclats. Je sais d'où ça vient, mais je ne m'y attendais pas.

Depuis la chambre, perdure un silence que ni Dany ni sa fiancée n'ont l'air de vouloir rompre. De mon côté, ma gêne est égale à la leur. Pourtant, je dois y entrer, faire un « constat des lieux ». En entrouvrant la porte de la chambre, j'entends gueuler la fiancée : *« One minute ! »* Puis elle referme la porte sous mon nez. J'en profite pour retrouver la facture du lit dans mes emails. Après quelques mots adressés en *filipino* à Dany, sa fiancée m'ouvre la porte en grand. Je la découvre abrutie par une soirée de saoulerie. Sa démarche titubante lui fait prendre les pieds dans une latte. Dans un premier temps, je me dis que son état n'a aucun rapport avec la situation… puis j'admets que si. Elle s'écarte pour me laisser le passage et je découvre mon lit détruit. C'est aussi simple que ça. Dany est enroulé dans un coin tout pareil à un enfant puni. Autour de lui, une serviette de bain fait office de pagne. Sauf que sur Dany ça donne l'effet d'un cache-sexe que portent les Indigènes. Dans quelques années, quand le cerveau fera son tri de souvenirs, je ne me souviendrai pas de Dany grâce aux boucles d'oreilles de faïence, mais dans cet éclat de vérité. Voilà que la fiancée est prise d'un haut-le-cœur. Des gouttes de sueur roulent sur ses joues blafardes. Elle cherche un appui quelque part ; un bras, un mur, un meuble. Ça devrait être facile, mais en combattant les effets de l'alcool, c'est difficile. Je demande à Ghassan de l'amener jusqu'à la salle de bain, avant que ses entrailles ne tachent mon tapis ouzbek. Face au spectacle, Ghassan oscille entre compassion et dégoût. Le couple aurait dû couronner son œuvre, ils l'ont saccagée. Pour tous ici, je dois abréger ce moment. Devant Dany, je montre la condescendance de savoir-vivre qu'on manifeste d'habitude envers les obèses. Ensuite, je lui montre l'écran de mon portable où il découvre la facture du lit acheté sur Internet. Dès demain, je compte racheter le même. Dany regarde le prix avec attention, puis quitte son coin par une accélération qui me fait craindre le pire. Il fouille son sac à dos, ouvre une sacoche et compte des billets. D'une main si tremblante qu'il recommence. En me donnant une liasse, sa bouche s'encombre de borborygmes. Ne sachant plus quoi dire ni où se mettre, Dany bouge avec la même lenteur étrange qu'un poisson qui pipe l'air dans un aquarium. Quand il s'arrête, il se paralyse et s'effrite comme si le poids de la honte ployait sur son squelette. *« Paris was my dream. »* C'est par cet aveu que peu à peu me sont révélés les obstacles de Dany, les échecs des approches médicales, les bons comportementalistes, les mauvais, sa certitude de mourir jeune, exprimée sans réserve par un médecin en début d'année, et de ce fait, son vœu de voyager avant. Devant moi, il refoule son regard, mais pas quelques larmes. C'est hypercontagieux ; je prends sur moi. Une dernière pensée flotte en lui.

— *Please, Naïfissaye...*

Après cette confession, je me demande bien ce qui peut lui susciter une telle pudeur.

— *Tell me Dany.*

— *Say nothing to Airbnb.*

« Your bed is amazing ! », dit Gisel derrière la porte du salon. Ce compliment me fait doucement sourire. J'aimerais répondre : *« Your country is amazing ! »* Hélas, mon anglais n'est pas assez beau pour contenir l'éblouissement que m'a apporté la Namibie. Sur le départ, elle tient sa valise à la main. Je la rejoins dans l'entrée pour lui souhaiter mon habituel : *« Have a safe flight. »* Cette Namibienne retourne en fait à Miami où elle vit pour ses études de sociologie. J'apprends que ses parents tiennent un luxueux lodge avec vue sur le bush namibien. En repensant à lui, Gisel, l'Africaine au faciès bavarois, se rappelle avoir hérité de ce qui a été enlevé à d'autres.

— *In actual fact, we stole the country from Black Africans.*

Son constat la réduit immédiatement à un marasme de l'âme. J'essaie de refroidir ce qui chauffe en elle, car moi-même, je me sens dans un état proche du cafard, incapable d'en endosser un autre.

— *Hum hum…*

— *The thought of it torments me…*

C'est certain, Gisel souhaite que la prochaine demi-heure serve à de longs épanchements. Ai-je envie d'écouter le récit d'un mal-être qui s'arrêtera miraculeusement quand elle se rappellera avoir un avion à prendre ? Non. Je ne compte plus les heures, depuis ma première minute d'hôtesse, où j'ai dû m'improviser psychiatre pour certains touristes, j'avalais leurs monologues interminables qui parfois m'affectaient, quelquefois m'achevaient, et que très souvent, j'aurais pu me tenir à moi-même, car le véritable drame avec ces maladies, c'est que nous sommes tous convaincus qu'elles sont passionnantes à déballer.

— *Gisel, I cannot listen to you.*

Pas plus qu'elle ne comprend ma réponse, je ne comprends dans quel état libéré elle me met. Mais lorsque Gisel part, je sens mon visage se détendre, et le silence de l'appartement qui m'avait paru cruel lors de ma mise à pied, me soulage à présent. C'est simplement une pause qu'il me faut. Je pourrais en profiter pour terminer mes scénarios. Écrire, vraiment ? Je gonfle, mais je ne palpite pas. Mon adrénaline est à zéro. Écrire, comme recevoir des voyageurs, devient un acte conflictuel qui risque à chaque dialogue la mise en pièces de mon implication. Non, je ne veux pas non plus écrire. En ce moment, ça me dégoûte. Les producteurs me dégoûtent comme des vieux macs. Ma productrice est une vieille maquerelle. Elle présente mes projets aux chaînes de télévision sans le moindre contrat entre nous et ne fait aucun effort pour se rappeler que c'est tout à fait illégal. Je la méprise vite, mais ma haine n'est pas assez puissante pour la vomir : mes ambitions dépendent d'elle. Angèle est une femme de 65 ans, la tête toujours lourde à cause de ses capsules rouges et blanches. Elle ne prendra jamais sa retraite pour la seule raison qu'elle refuse d'être vaincue par les concurrents de son milieu. Notre rendez-vous mensuel se passe comme d'habitude, dans un restaurant près de Nation. Comme d'habitude, elle est convaincue de mon projet, et comme toujours elle me rabâche nerveusement ses problèmes de trésorerie, de taxes foncières et de taux de crédit dans des rires spasmodiques qui me découragent de toute négociation. « Inutile de te payer maintenant, les directeurs de chaîne vont tous sauter à la rentrée et je vais investir pour rien. »

Une pause, vite. Partir d'ici, rencontrer des gens de mon pays, découvrir leur région. Avec Céline, nous nous sommes promis un week-end. Il pourrait changer le constat navrant que nous faisons (en secret) de notre amitié. Au risque de prendre de longs détours, une relation amicale doit se conquérir et se reconquérir. Nous ne le faisons plus. D'instinct, j'ai choyé des voyageurs qui se présentaient à ma porte ; j'aime l'émoi délicieux des débuts d'une amitié. D'instinct, Céline a charmé des partenaires de scène ; elle aime être applaudie par de nouvelles mains. Quand il s'agit d'entretenir une amitié vieille de seize ans, l'effort se fait toujours sentir. L'invitation est partie. Sa rapide réponse me laisse entendre qu'elle l'attendait.

Je déborde d'excitation, mon mode d'expression préféré. C'est décidé, nous partons à la montagne. J'ai une destination très précise en tête.

CHAPITRE 7

Ce n'est qu'une fois installée dans le train pour Clermont-Ferrand, que je dévoile à Céline où nous logerons. Je n'y ai pas prévu d'étape, trop pressée de voir les mouvements du soleil sur les chaînes de montagnes. De mon sac, j'ai sorti une carte en relief du massif du Sancy que je montre à Céline. À cet instant, j'observe mon amie, car je me soucie de sa réaction. Elle espérait la Haute-Savoie, ou l'Isère, qu'elle connaît très bien. Le massif du Sancy, pourquoi donc ? « Pour lui, Alban. »

Alban est un hôte Airbnb dont l'annonce m'a tapé dans l'œil. Ni photos du logement, ni photos de l'hôte, ni description personnelle, ni commentaires de voyageurs. Mais un poème de Gérard de Nerval, « Avril ». Ce mystère a d'abord amusé, puis intrigué, puis alarmé Céline. « T'as choisi une destination sur un poème ?! » Elle perd un peu de son enthousiasme, ce que je feins de ne pas remarquer.

Nous arrivons à Saint-Nectaire. Longtemps, nous suivons une rivière paresseuse qui se faufile dans le village et se déverse dans un lac calme et argenté. À l'écart, au bout d'un chemin gâté par la boue, se trouve une maison en bois coiffée d'un toit pointu. Sur ses tôles, des étourneaux mouillent leur queue dans les flaques des dernières averses. Derrière la maison, les pins tissent entre eux une odeur d'ambre. Nous traversons une allée aux traverses d'ardoises bordée de cyprès. Au bout, un jardin doux et aromatique : un jardin monastique. Un homme mince, à barbe blanche en pointe, aux yeux gris minuscules, ratisse quelques feuilles sur notre passage. Il redresse la tête, s'incline :

— Je suis votre hôte, Alban.

Il ramasse les feuilles que les dents du râteau laissent tomber et nous fait signe de le suivre. Six chats débarquent dans une démarche lascive pour se lover contre ses jambes. Bien qu'ils entravent sa marche, Alban continue d'avancer dans sa salopette en lin. Talonné de près par Céline et moi.

Dans le vestibule, une clé nous attend avec le numéro 2 et un mot de bienvenue écrit sur du papier à lettres. Je le lis avec une certaine gêne. *Merci d'avoir sacrifié votre temps pour vous déplacer jusqu'ici, Alban.* Assez éloigné de : *Retirez vos chaussures, ne claquez pas la porte, ne perdez pas vos clés, Nafissa.* Nous montons un escalier en colimaçon qui commence dans un sombre couloir décoré de bustes. À l'étage, la lumière est éclatante et irradie dans les deux chambres. Nous passons devant celle d'Alban. Un lit d'acajou, une bassine émaillée et une sphère armillaire meublent la pièce. La chambre des invités jouxte la sienne. Elle est tout aussi simple, mais moins sévère. Son côté rustique nous donne l'impression d'être très loin. Des adonis récemment coupés remplissent une cruche en terre. Une chaise en paille occupe un coin du mur. Dessus, un drap en lin et un savon. Le panorama est splendide. Nous observons la forêt de pin, depuis un encadrement qui lui donne la légèreté de la fraîcheur. Céline et moi nous jetons sur le lit, et ses ressorts bruissent comme sur le lit de nos mamies.

Le lendemain, je me réveille dans la matinée, d'excellente humeur. Les volets sont fermés, je les ouvre d'un coup sec. J'arrondis mon dos et m'incline le plus possible. Au milieu du jardin, j'aperçois un méli-mélo de chevelure rousse et de crâne chauve, de peau tannée et de chair porcelaine entremêlées l'un dans l'autre. Alban et Céline se livrent à une activité que je ne peux distinctement voir. Sentant qu'il se passe quelque chose d'imprévu, je les rejoins à toute allure.

Un calme étrange envahit la scène. Le genre de silence qui précède la mort. Dans le creux des avant-bras de Céline, un lapin joufflu à la fourrure gris-brun et aux yeux brun-noir. Il me rappelle Charlie, le lapin noir que mes parents m'avaient offert pour mes 5 ans, et dont j'espérais qu'il deviendrait ma poupée de chiffon, car naturellement, j'allais me confier à lui tous les soirs sur l'oreiller. Au lieu de ça, Charlie n'a jamais quitté sa cage, ne s'est jamais laissé approcher et n'a fait que grossir toute sa courte vie.

De son regard à 360°, ce lapin gris-brun voit l'humaine qui le tient maintenant par le bout des oreilles. Il demeure pourtant étendu, silencieux. Céline l'allonge sur le guéridon en bois qui était recouvert hier par des gousses de châtaignes. Alban suit des yeux chaque mouvement de Céline, par des gestes qu'il dicte. Il lui tend un objet jamais vu auparavant. Cela ressemble à un stylo en métal avec une goupille au bout. Céline place le stylo sur la tempe du lapin, appuie et presse la goupille. Elle dégage le stylo de la petite tête et une aiguille d'une dizaine de centimètres sort du crâne. Toute recouverte de sang frais. Le lapin inerte dans ses mains, elle se dirige vers la cuisine extérieure sans me regarder, appréciant en silence la fierté qu'elle vient de procurer à son maître. Alban pivote sur ses espadrilles pour être face à moi. Un sourire exalté jaillit de sa bouche d'où surgissent des canines décolorées.

— Aimez-vous le lapin, Nafissa ?

D'ordinaire, le matin, un hôte demande à son invité s'il a bien dormi.

— Oui, j'aime les lapins.

Sous la peau de mon cou, une veine tressaute. Mon corps qui s'était pétrifié, réagit par un besoin imminent d'éloignement. Je repère les amandiers dans le verger. Mais dans ma foulée, des palpitations m'empêchent d'avancer. Mes côtes se soulèvent d'angoisse, et bientôt, c'est tout mon corps qui se convulse. Je me laisse lentement tomber près d'un cyprès, exactement sous le soleil. J'ai pris coutume de m'y rétablir d'une brève angoisse. Elle ne s'adoucit pas. « Ma foi, comme il fait doux ! », remarque Alban. Il respire une bolée d'air et me surprend dans mes contorsions. Il doit s'en faire l'image d'un lombric assailli par des fourmis. Pourtant, son visage s'empourpre dans un mélange de confusion et de pudeur. Il vient s'asseoir à mes côtés et nos deux ombres ne font qu'un seul corps. C'est beau, mais ça n'arrangera rien. Au contraire. Bon Dieu, ne me faites pas chialer... faites que j'endure ça avec la fermeté d'une vraie femme ! Calmement, Alban me pianote le dos. Hier soir, il faisait pareil sur sa pipe pour en expulser la cendre. Je tiens bon, à quelques secondes seulement de tout expulser. Pour m'aider, j'observe discrètement sa figure. Striée comme un coquillage. Sa main fouette mon dos comme une baguette sur une cymbale. D'aussi près, je peux sentir sa vieillesse imprégner ses os. Sa solitude réconfortante et finalement aimée, sa solitude comme une dérobade au reste du monde, rompue quelques jours pour notre rencontre. « Alban, Céline et moi. » Dès que j'ai vu son annonce, dès que je m'y suis projetée, j'ai su que c'était une évidence. Je me suis glissée dans son univers, sous sa protection de sage de la montagne, et il entraîne mon amie à exécuter froidement un lièvre ! Pourquoi a-t-il organisé ça ? Incapable de répondre à ma question, mon silence s'approfondit pour mieux se briser :

— Alban, je pars faire l'ascension du puy de Sancy !

Il me regarde comme s'il n'allait plus jamais me revoir. Il trouve l'idée inattendue, mais bonne. Une sorte de délire me gagne et je suis déjà debout. Je tends mon bras à Alban pour qu'il se relève. Il refuse, et redresse son corps dignement. Le ciel est légèrement voilé, le vent ne se déplace pas. La température, très agréable. C'est une bonne journée pour grimper.

— Je connais quelqu'un à l'office de tourisme, il vous trouvera un guide auvergnat en un tour de main.

— Merci Alban.

— Emmenez-vous Céline ?

— Non.

Céline quitte les coulisses de ses pas véloces et entre en scène. Un couteau dans la main et un tablier récemment sali sur sa minuscule taille. Elle pointe ses yeux verts sur mon visage. Nul doute qu'elle concocte aussi une riposte. Une réplique d'Alban change la donne.

— Nafissa veut être seule.

Céline se fige de déception.

— Et moi je reste seule ici… ?

« Qu'avec moi ! » plaisante notre hôte. Aussitôt, Céline a un éclair de remords. Elle s'approche d'Alban pour lui témoigner qu'elle sera très bien avec lui. Elle est sincère. Il est ravi. Un tel homme ne sait pas se vexer. Déjà loin, Alban reprend sans y penser, sa bonté qu'il doit à l'amour de sa région. « Céline, je vous emmène découvrir la forêt, au début du printemps, elle est enchantée ! Puis nous irons croquer un cornet de Murat chez mon ami Dumas. » Ravie, la Céline. Elle porte ses deux mains autour de celles d'Alban, avec cette emphase qu'ont les comédiennes de théâtre. Mon amertume remonte avec ce refrain, *Tueuse, tueuse, tueuse…*

J'enfile mon harnais sur mes cuisses, ça m'émancipe. Il me suffit de lever la tête, de deviner les secrets des sommets et de ses fleurs oubliées, pour comprendre qu'ici, grimper est une évidence irrésistible.

Avant d'y être, il a fallu passer quelques épreuves. Tout d'abord, rencontrer mon guide d'escalade. La seule information obtenue : son prénom, René-Georges. Notre rendez-vous fut donné sur la route de Prends-toi-garde. Je ne savais pas s'il fallait me poster au début, au milieu, ou à la fin. Il ne me restait plus qu'à patienter. C'était une route à l'ombre d'une épaisse forêt. Le soleil ne l'atteignait pas. Attendre a fini par m'ennuyer et me refroidir. Sur le bord de route, j'eus l'idée de faire des roues. Parfois, des voitures ou des tracteurs klaxonnaient. Des types me faisaient signe, sortaient, me regardaient un moment, et finalement, allaient uriner contre des troncs d'arbre. Puis un minivan m'a klaxonnée cinq fois. Un modèle Piaggio Porter, avec une excentricité qui augmentait son originalité. Sur la carrosserie, un dessin de Jason et les Argonautes. Tous les éléments iconiques y étaient : Hercule, la toison d'or, le vaisseau, la Harpie et même l'Hydre de Lerne qui a perdu la moitié de ses serpents quand la porte a coulissé. La vitre du conducteur s'est abaissée, un visage m'a épié sans pitié. C'était René-Georges.

Sexagénaire charpenté, tête d'ours. Plus qu'un guide de montagne, il ressemblait à un gardien d'asile chargé des cas difficiles. « Qu'est-ce tu fous au milieu, la fille ? » Il a dit qu'il m'attendait à l'entrée de la route. Que se déplacer pour un seul touriste n'était pas rentable. Que j'avais de la veine qu'il m'accepte à la dernière minute. Que c'était un pro. Qu'on n'était pas à Paris ici. Ni à la fête foraine. J'ai détourné la tête pour contempler le Puy de Sancy. À pied, il était trop loin. Sans matériel, inaccessible. Sur ce constat, je suis monté à l'arrière. Un incroyable barda chargeait la camionnette. Chaussons, cordes, genouillères, pics à glace. Dans le rétroviseur, René-Georges me sondait derrière ses paupières mi-closes. Il a d'abord conduit au ralenti, puis s'est arrêté sur un chemin à l'écart de la route. Un cortège de hêtres penché sur le minivan nous couvrait aux regards extérieurs. René-Georges a bégayé des mots, froncé ses sourcils sans motif. Mon imagination m'a vue découpée en morceaux, puis violée. La réalité m'a fait déposer 35 euros. Il a aussitôt suspendu son animosité. Après un prélude où il put mettre en lumière ses distinctions de guide, René-Georges m'a interrogée sur « ma dernière grimpe ». À la hâte, j'ai rallié mes souvenirs. « J'ai fait l'Himalaya et le Kilimandjaro il y a quatre ans et je... » Il m'a interrompue en calant son moteur. Avec de grands yeux ronds, il s'est tourné vers moi. J'espérais de l'intérêt pour mon histoire, j'étais servie. Sauf que René-Georges a bondi du minivan pour m'ouvrir la porte. « Veux-tu bien sortir et m'attendre exactement ici. » J'étais si abasourdie que je suis restée clouée sur la banquette. Son ardeur en redoubla. Ce n'était pas une question, mais un ordre. « Comprends-tu ce que je te demande ? » J'acquiesçai, quittai la banquette, et demandai si les coutumes auvergnates comportaient d'autres bontés.

Le vaisseau homérique est revenu et s'est présenté à moi sous un ronronnement énergique. Je me suis traînée jusqu'à la porte, en louchant du côté de René-Georges. Il avait changé. Ses cheveux baignaient dans le gel, son front était couronné de lunettes miroir, sa barbe fraîchement rasée. Il n'a pas réussi à se débarrasser de ses traits aussi sillonnés que la carte en relief du Sancy. Une fois réinstallée sur le siège de cuir orange, je compris le vrai mobile de l'aller-retour : un contrat de services. « En quatre ans, tu perds tes réflexes ! » a dit René-Georges en plantant un Bic dans ma main. *Le guide se dégage de toute responsabilité, bla bla bla, le client est averti des risques et contraintes que peut rencontrer la prestation envisagée, bla bla bla*. Ma signature lui a restitué sa fierté de coq et nous avons repris la route. Depuis le pare-brise, il observait la splendeur du printemps sur les volcans éternels. « T'inquiète. Là-haut, t'auras un ange protecteur », s'est laissé dire mon prestataire. Il a alors passé une main dans sa chevelure pommadée, geste qui lui donna grande satisfaction.

J'attrape ma première prise sur une voie d'échauffement, mais René-Georges insiste pour une procédure de vérification. Sangle de ceinture, sangle de tour de cuisses, sangles de poitrine. Il me resserre tout. Sa pression est telle, que ma peau mate rosit. Les deux mains velues et saupoudrées de talc, il finit ses consignes sur le discours hypocrite qui colle à l'escalade : respecter la vigilance que requiert cette activité pour notre vie, alors que nous sommes ici tous les deux pour la risquer un peu.

Nous grimpons jusqu'au premier dénivelé quand René-Georges pile net. Il vient de repérer un mousqueton hors d'usage sur une grimpeuse. Sans attendre son consentement, il la tire vers lui et présente l'anneau métallique avec un sourire méprisant : « Ça vous gêne pas m'dame, un crochet tout rouillé ? » La pauvre grimpeuse est incapable de répondre. Trop occupée à rougir jusqu'aux oreilles. La conscience tranquille, je me dérobe. Ce qu'on ne peut pas faire en ville, on peut le faire en montagne : se débarrasser d'une chose encombrante car derrière vous, d'autres ramasseront.

Arrivée à 950 mètres, je grimpe jusqu'en haut d'une falaise. Je me hisse, rapide et tremblante sous l'effort. Je ralentis comme une gazelle atteinte par des fléchettes tranquillisantes, et me laisse tomber à genoux devant le spectacle de la crête. Sa ligne en zigzag disparaît puis réapparaît dans d'autres vallées. Ici, se forme une autre lumière. Ici, se colorent les mousses, les lichens, et les joubarbes d'Auvergne qui protègeraient du mauvais sort. De bonne foi, je regarde cette plante sacrée à la forme d'artichaut. De loin, un bruit se rapproche. Des bouquetins ? Céline aurait dit des chamois. Je les regarde brouter une herbe lacunaire. Je retire mes chaussons, désireuse de prolonger cette paresse. Elle est mon énergie précieuse pour surmonter les déceptions du quotidien. Une association de pensées me fait fondre en larmes. J'essaie de m'arrêter sans y parvenir. Je mets ça sur le compte de l'altitude. Sauf que les symptômes de la montagne se ressentent à partir de 3000 mètres... J'ai ici, le meilleur oxygène qui soit. La meilleure échappée qui soit. Ça vous introduit dans la beauté du monde, mieux qu'un poème de Nerval. Parfait. Je viens de trouver mon ambiance pour pleurer de plus belle.

« Corde... Corde !? CORDE BORDEL !!! » René-Georges. Je me réveille désorientée et ahurie. L'air s'est refroidi et la montagne va bientôt s'endormir. Je ne peux pas contempler son habit de crépuscule, des ordres exigent mon départ immédiat. Je jette un œil plus bas. René-Georges est déjà prêt à redescendre. Les fesses sur son baudrier, ses yeux roulent de rage. Je regarde les couches de roches sur la paroi. Il suffirait d'en craqueler une seule pour qu'un feuillet se détache et cause un éboulement. Je fais mon nœud et jette dix mètres de corde à René-Georges. Me sachant surveillée, je m'engage sur la paroi avec la précaution d'un alpiniste au lieu de cabrioler. Mon guide ne me donne pas beaucoup de mou. Sauf au moment de l'atterrissage où il lâche un peu de corde. Je rebondis parfaitement sur mes pieds.

— Les DEUX mains sur ta corde !

Mille contre un que lui, n'a qu'une main sur la corde. Je vérifie… oui. Sage, je ne dis rien. Je tiens ma corde entre mes deux mains. Mille contre un qu'il trouvera autre chose.

— En BAS du frein les mains, pas au-dessus !

Dociles, mes mains se placent telles que me l'ordonne la voix courroucée. Ce rôle éveille en moi un total relâchement de l'esprit.

— Oui, maître…

Ses yeux sont soudainement brillants. Deux mots adoucissent aussitôt l'âpreté de son visage. Une seconde, son regard est incrédule. La seconde d'après, sa figure s'enflamme d'honneur. René-Georges considère à présent avoir un épigone. Qui l'imite sans oser le dépasser. Mon esbroufe tombe à pic. Sous nos pieds, c'est la belle roche lisse qui nous attend. Avec un développement d'au moins 40 mètres. J'espère y caracoler seule. René-Georges s'adresse à moi avec toute la grâce que lui permet sa tête d'ours.

— On descend ensemble ?

— Avec plaisir, maître.

Ses jambes sont écartées contre la paroi. Sa rigidité naturelle entrave la souplesse des mouvements qu'un grimpeur devrait avoir. J'essaie de l'imiter en reproduisant la même raideur. René-Georges reste d'abord bouche-bée devant mon étrange gymnastique, avant de se pâmer de fierté. Les yeux ravis, la bouche offerte au ciel, René-Georges descend. La sensation ultime de l'escalade, c'est la descente en rappel. Que j'ai toujours nommée le suicide à l'envers. Avec le vide, ou plutôt le précipice, j'entretiens une relation de confiance, qui me plonge pour une courte durée, dans une jouissance sans nom. À mon tour, je bascule et me laisse plonger dans le vide. Ma trop bonne chute est interrompue par un bruit. Je resserre la corde, lève les yeux et distingue de minuscules, mais stridents piaillements en haut et à droite de la paroi. C'est grand comme ma main, ça vibre les uns à côté des autres. Je fléchis et m'aperçois que ces hurleurs de la nuit sont des oisillons. Duveteux, bec jaune, affamés. Ça me rend curieuse ; je suis certainement la première humaine qu'ils voient de leur vie. Quelle chance ! À quelques secondes près, c'était René-Georges. Pour les voir de près, je dois quitter ma ligne de rappel, et apprivoiser sur une petite distance, la paroi de droite. Autrement dit, faire de l'urban climbing comme je le fais parfois à Paris. Dans les sites aménagés comme celui-ci, les équipeurs ont fixé des points d'attache tous les trois mètres pour les grimpeurs. Après une courte grimpe, je pourrai à nouveau me mousquetonner et redescendre en rappel. Mais je dois faire vite, la nuit glisse comme de l'encre sur la falaise.

Les deux dernières prises m'ont l'air de deux cadeaux : à un parfait intervalle, deux belles saillies qui ressortent bien de la paroi et dont mes paumes ne feront qu'une bouchée. Mais en les agrippant, elles se détachent de la roche et... je bascule en arrière.

Une comète folle se propage dans mon crâne. Mais aussi autour de mes yeux. Mes oreilles. Ma mâchoire. Je suis allongée. Secouée. Je tâtonne quelque chose de froid et dur. Une barre en métal. Ce geste ravit une assemblée rouge et noire qui m'entoure. Ma vue est floutée par une boule de caoutchouc collée au nez. J'essaye de parler. Quelque chose m'écorche la langue. Je crache.

— Elle risque d'avaler ses dents et de s'étouffer.

Ce commentaire me pousse à passer la deuxième vitesse. Toujours ce caoutchouc sur le nez. Je distingue maintenant plusieurs pompiers et ce n'est pas un bal. L'un d'eux est penché au-dessus de moi.

— Mademoiselle, vous m'entendez ?

J'entends. Mais en découvrant mon sweat gris devenu rouge sang, je bloque au point mort.

— Vous avez eu un accident et perdu connaissance. On vous évacue aux urgences, ne vous inquiétez pas, tout ira bien, tout ira bien…

N'importe quoi. Néanmoins, il y met de la conviction. Une accélération soudaine intensifie ma chute libre. Comme si je descendais cette fois, des courants rapides en canoë.

Quand je reviens à moi, je suis toujours allongée. Mon corps n'est plus en chute libre. Il se balance avec mollesse. Là où il devrait y avoir des nerfs, je ne ressens que fourmillements. Mon esprit tangue sous l'effet d'une grande faiblesse. Autour de moi, des machines chicanent dans une cacophonie. Personne n'essaie de les faire taire. Pas même le type en blouse verte au pied du lit qui fixe une radio.

— Fracture nasale bilatérale, déviation septale 3,9 cm, fracture-disjonction de la pommette droite, mâchoire disloquée, voies respiratoires bloquées, casser pour replacer, et extension os gauche de la mâchoire.

On se penche sur moi. Quadra, brun oriental, petite taille. Il décolle des bandages plaqués du front à la gorge le plus lentement possible. Une autre blouse verte entre dans la pièce et lui transmet quelque chose qui le satisfait.

— Votre prise de sang n'indique aucune allergie.

Un souci semble résolu pour lui. En revanche, le mystère n'est pas résolu pour moi. Je me sens en trop dans cet endroit avec cet inconnu.

— Docteur Omar Akir, spécialisé en chirurgie maxillo-faciale et réparatrice.

Sa présentation tombe comme une sentence. Après ces paroles stupéfiantes, j'effleure mon visage. De chaque côté, des protubérances qui auraient poussé sous ma peau et modifié ses proportions. Ma bouche semble être descendue vers le menton, lequel est introuvable. Mon nez semble remonté jusqu'à l'œil gauche, lequel borde mon oreille, laquelle a délogé ma pommette. C'est un rêve. « Évitez de vous toucher », me recommande docteur Omar. À droite du lit, un plateau en inox. J'allonge mon bras pour l'atteindre, mais ce geste balaie des objets au sol. Je comprends que ma main est perfusée, et son mouvement limité par le tuyau transparent. Le bruit a propulsé Omar à mes côtés. Il ramasse et nettoie les ustensiles avec le soin des hommes de laboratoire. Ensuite, il vérifie le volume du goutte-à-goutte et me caresse l'épaule d'un geste qui se veut rassurant. J'agrippe sa blouse et désigne le plateau en inox. Ce n'est pas le moment, semble-t-il insinuer. J'insiste. Il accepte avec le sentiment de céder à une demande imprudente. Pourtant, il m'amène un vrai miroir. Je m'en approche rêveusement tout en tremblant d'effroi. C'est à hurler. C'est à rire. Une folle douleur empêche l'un et l'autre. Les muscles de ma mâchoire craquent, jusqu'à entraîner une douleur aux oreilles, et cette douleur ressuscite d'autres douleurs qui irradient dans tout mon visage. Je soulève à nouveau le miroir. Sans même se briser, il présage le malheur. L'argument du rêve n'est plus possible. Ne pouvant rire, j'affiche un sourire de dérision face à cette gueule qui n'est pas le fruit de mes délires, mais la rançon de la curiosité.

« Je vais faire de mon mieux », me rassure Omar. Entre ses mains, je me sens un peu la fiancée de Frankenstein. En quête désespérée d'un adieu, plutôt que d'un salut. Tandis qu'Omar prévoit de me tirer d'affaire, un courant irrésistible me remonte loin en arrière. Lycéenne, certains romans avaient le pouvoir d'exalter mon esprit. Dilemme entre pulsion de vie et pulsion de mort. Le renoncement apaisant de la vie l'emportait toujours. Je me disais que si un malheur me tombait dessus, je ne serais pas forcée d'y survivre. C'était réconfortant de savoir que la souffrance n'aurait jamais prise dans la chair. J'en écrivais des vers là où l'espace m'était donné. Les chiottes du lycée.

Le miroir cruel t'attire.

Abrège, épure, symbolise.

Ici, je redeviens la cible de leur sortilège. Maintenant, je revis l'intensité de ce fantasme. Le miroir cruel est en train de prendre forme humaine. Il pose son masque éternel sur les ruines de mon visage. Je me laisse planer, sans défense contre l'invasion rapide de son brouillard.

— Bonjour, je suis Remi Meftahi, l'anesthésiste ORL. Le curare est en train de faire son effet.

— Vous vous appelez Nafissa Tiago, vous êtes née à Paris 12, vous vivez à Paris 18, vous venez d'être opérée après un accident dans le massif du Sancy.

Omar me raconte la vie de je-ne-sais-qui à la sortie du bloc opératoire. Autant s'adresser à un junkie dans une rave party. Ma vision est mauvaise et douloureuse. Après des heures d'obscurité, on me braque les néons de la salle de réveil sous les yeux. Inerte et frileuse sur un lit, je végète.

Plus tard. Toujours dans la salle de réveil. Autour de moi, un va-et-vient continuel d'aides-soignantes. Dans leurs mouvements, des bavardages frivoles, un peu trop frivoles pour mon état : « T'as recouché avec ton ex ce week-end ? » Cette légèreté et cette indifférence doivent s'expliquer ainsi : mon cas n'est pas grave. Omar réapparaît. Sa présence transforme les petits pas des infirmières en triple galop. Celle qui a peut-être recouché avec son ex, me sort de la salle et me fait rouler dans les couloirs en se croyant forcée de me parler avec toutes sortes de gentillesse. « Votre opération s'est très bien passée… il faudra attendre la repousse de vos cheveux pour camoufler la cicatrice… le docteur Akir est le meilleur en chirurgie réparatrice… les gens viennent de toute l'Europe pour lui… » Monologue ininterrompu jusqu'à l'ascenseur. À l'intérieur, c'est la réputation de l'hôpital qu'elle vante, sans se décourager de mon silence. Au moment où les portes se ferment, elle me regarde avec une concentration fascinée. Elle retient aisément une grimace et m'éponge les coins des lèvres. « Je vais vous faire cracher, surtout n'avalez pas. » J'avale. Dans ma bouche, un paquet de billes se déversent et se heurtent entre elles. « Quand vous partirez, on vous donnera une radio qu'il faudra montrer à un chirurgien-dentiste. » Ce ne sont donc pas des billes, mais bien mes dents déracinées qui roulent et tanguent à la recherche de leurs alvéoles.

Pourrai-je vivre sans dents ? N'ayant aucune mutuelle, n'en ayant jamais eu par économie, la question a son importance. Techniquement, c'est faisable. Je revois certains voyageurs australiens chez moi. Débardeur, rires faciles. Plus de tatouages que de dents. Ils le vivaient carrément bien. J'ai moi aussi quelques tatouages et apparemment, des dents en sursis. L'avenir que je redoute se resserre. Car ce qu'une femme représente, ce qu'elle dégage auprès des autres, est au fond, une affaire de dents. Si une dizaine d'entre elles viennent à lui manquer, sa personnalité s'en retrouvera modifiée, et sa prestance, fort discutable.

« Ne vous touchez pas la bouche ! » Omar reprend mon lit au détour d'un couloir et me roule jusqu'à une chambre. « Je vous l'ai dit et répété, suivez bien mes recommandations et vous serez tirée d'affaire. » Que vaut la promesse d'un docteur face à une telle apparence ? Je dois le mettre en garde : une femme repoussante a toujours une vengeance en caution. Elle saura traquer. Ma menace a dû retentir en lui, car Omar me maintient par le cou, m'ouvre la bouche pour y glisser un objet suspect, et m'enveloppe le visage d'une matière boueuse qui me fige et me comprime entièrement.

— Voici le plâtre et l'attelle qui maintiendront la cloison nasale et les articulations mandibulaires...vos narines contiennent des tubes en silicone, il vous sera impossible de respirer par le nez...vous aurez des difficultés pour ouvrir la bouche, bouger la tête, et vous verrez flou le temps de la résorption des hématomes. Essayez de parler.

— Mbbbvvvvvvkkkkkk !

J'agite les bras vers Omar. Mais sous ce masque, il n'est plus qu'un fouillis de tons. Je prends son visage entre mes mains. Il me faut une intense concentration pour voir réapparaître les signes de son visage. Au-delà de 30 centimètres, je n'aperçois plus qu'en contre-jour. La chambre est gommée. Plus de contours, plus de couleurs. Encore plus anonyme. À peine sortie de l'obscurité qu'il faut y retourner.

— D'ici quelques jours, vous verrez un petit peu mieux. Je dois voir mes autres patients, je reviens vite.

L'abandon qu'il vient d'annoncer se concrétise là-dessus, enfin, là-dessous. Puis sans prévenir, la douleur et la sueur. Je m'agite sur mon lit déjà trempé, pousse un cri qui n'est qu'un sifflement tordu retombant sur l'oreiller. Pourtant, une blouse blanche a entendu. Elle pousse un chariot. À l'intérieur, deux boîtiers au look minitel.

— Sur une échelle de 1 à 10, quelle est l'intensité de votre douleur ?

Mes deux mains ouvertes plient deux doigts, puis une piqûre au cou soulage mon supplice.

— Bonne nouvelle : votre amie et votre maman sont ici. Elles sont déjà passées, mais à chaque fois, vous dormiez.

Cette voix haut perchée frisant l'agressivité me réveille. Je reviens à moi en vacillant au-dessus du lit. L'infirmière me répète la bonne nouvelle avec ses cris d'oiseaux. *Vot'maman, vot'amie, sont ici !* Je réalise que ma mère a dû quitter son travail en urgence, que la direction ne lui fera aucun cadeau et qu'elle devra rattraper ses heures, déjà trop nombreuses. Mais n'est-ce pas un détail quand un appel d'urgence annonce à une mère que sa fille a sauté d'une falaise ? Mes pensées se mélangent, une question se forme : Quelle fut sa réaction à la nouvelle de l'accident ? Je pense à cette tirade des films de mafieux : « Je vais te refaire le portrait si fort que même ta mère te reconnaîtra plus. » J'éclate de rire. La douleur est immédiate et m'étrangle dans un cri sinistre. Leçon retenue.

Dans une chambre voisine, les machines se concurrencent dans un tumulte de bip-clac-bip-clac-bip-clac. Dans le couloir, la panique atteint chaque membre du personnel et se diffuse comme un incendie. Des blouses blanches volent au secours du patient. J'entends les voix de Céline et de ma mère se détacher du bruit. Je reconnais celle d'Omar qui débriefe l'opération. Ma mère accueille tous les faits sans le fracas ni l'éclat qui la définissent d'ordinaire. (Elle me les réserve pour plus tard.) Omar parle à présent de tranquillité et de convalescence. Céline promet que je ne serais jamais « hors de sa portée ». Immédiatement après, elle et ma mère surgissent dans l'encadrement de la porte. Penchée au-dessus du masque, ma mère me vérifie. Son visage est pâle et desséché comme une hostie. Des mois de malaria vous tarissent aussi bien. « Nafissa, tu m'entends ? » Je cligne des yeux frénétiquement. Alors elle me fait un petit sourire courageux. Comme Céline, elle me retire les morceaux de plâtre collés à mes cheveux. « D'ici quelques jours, tu seras sortie », m'informe-t-elle. On rentrera à Paris en voiture, pour être plus tranquilles, rajoute Céline. Désireuse de m'annoncer avec tact, qu'il vaudra mieux échapper aux regards.

— Te souviens-tu de ce qu'a dit le chirurgien au sujet des séquelles de l'accident ?

Ma mère est sur le point de me livrer le verdict d'Omar dont je n'ai aucun souvenir.

— Tu as définitivement perdu l'odorat.

C'est dit sur un ton embarrassé. Pas de quoi me tourmenter. Fini le souffle de l'eau salée sur les côtes bretonnes ? J'y plongerai. Fini l'arôme cacao qui déborde du bol ? J'y tremperai les lèvres. D'autres séquelles s'ensuivent, tout à fait surmontables. Insensibilité d'une partie du visage, perte de mobilité de la mâchoire. Pour rassurer ma mère, je glisse ma main à la recherche de la sienne. Pareil à la pluie sur le carreau de la fenêtre, je la tapote paisiblement. Elle le perçoit comme un remords et compatit : « Je sais, c'est dur. » Je remarque ses vêtements. D'ordinaire coquette, jamais ma mère ne s'est présentée à moi avec un tel laisser-aller. La hâte et la peur permettent à peine d'enfiler un pantalon. Ses lèvres tremblent comme pour un baiser maudit, son front se gâte d'une veine tordue. Sa souffrance me poignarde, et la souffrance l'a toujours fait rétrécir. D'un coup, je fonds de pitié pour nos parents à qui nous infligeons tant de peines.

Céline est comme à l'accoutumée : superbe. Son teint, couleur neige au repos, étincelle. Une contrariété s'est logée sur les coins de ses yeux vert topaze. Ça rehausse sa beauté. La gêne avec laquelle elle s'apprête à parler me rend confuse. Depuis le début, elle a beau se tenir à un cheveu de mon visage, Céline regarde en bas comme si elle s'entretenait avec le sol. C'est avec beaucoup de peine qu'elle parvient à me regarder. Enfin, elle relève sa tête et détache le foulard glissé sur sa nuque.

— Sous nos yeux, il y a des canaux qui permettent le passage des larmes, l'impact a bouché les tiens, peut-être que tu ne pourras plus jamais pleurer...

C'est dit si calmement que je reçois le choc avec passivité. Mais : mon cœur se gonfle. Je fais le signe « téléphoner » à Céline qui me tend son portable. Impossible d'écrire sur l'écran, je ne vois pas les touches. Elle se rue en désordre dans le couloir, mais parvient à revenir avec une feuille et un stylo. J'écris toujours les brouillons de mes histoires à la main, c'est sans peine que je me représente la surface d'une feuille A4. J'écris sans cacher mon déni de cette ignoble séquelle. Je tends la feuille. Après lecture, Céline et ma mère hèlent une blouse blanche. Un médecin robuste finit par entrer et découvre mes questions. Bien souvent, les *pourquoimaispourquoimaispourquoi* sont mal compris dans les hôpitaux. Mais ce médecin à une réponse. Il retourne la feuille et dessine sur la table de lit. « Voyez, votre portion distale est loin du conduit naso-lacrymal. Donc, si le cornet ne peut communiquer avec lui, il y aura obstacle canalico-sacculaire avec obstacle lacrymo-nasal. » Je me mets à trembler comme une gelée sur sa soucoupe. Céline le remarque :

— Plus simplement, s'il vous plaît, docteur.

— L'os du nez, dans sa collision, a dû appuyer sur les glandes des yeux.

— C'est irréversible ?

— Il arrive que les cellules à mucus se reforment et permettent à nouveau leurs fonctions sécrétrices. C'est rare.

Il demande à une aide-soignante de remettre des antibiotiques et des antidouleurs dans le goutte-à-goutte, puis se penche vers moi. Je ferme les yeux, trop choquée pour accepter. « Ce n'est pas grave de ne plus pouvoir pleurer, vous avez manqué à ça d'être aveugle. » À ces mots, ma mère chuchote des prières. Je frémis, sans savoir si c'est l'effet du choc ou du soulagement. Le médecin salue chacun d'entre nous et quitte la chambre. S'il y a d'autres séquelles, on semble vouloir me ménager pour aujourd'hui.

Céline me lance d'indéfinissables regards qui défilent au même rythme que les bandes blanches de l'autoroute. À ses côtés, petite et fragile comme une jeune pousse, sans un bruit, sans un souffle, ma mère s'endort. Céline parle à voix basse, sans remuer son visage que je vois mal car mes hématomes ont atteint leur pic et ont réduit mes yeux a deux grains de riz.

— J'ai dû avertir les établissements de mon absence. Les directeurs et les mairies ont été compréhensifs, mais embêtés. La troupe a manqué des représentations et j'ai loupé un casting de Claude Régy.

Une brûlure rance surprend mon estomac. Je descends légèrement la fenêtre ; mon masque apprécie la bouffée d'air. Claude Régy est un des idoles de Céline. J'oublie toujours qui il est exactement, et n'ose plus le lui demander pour m'éviter un « Tu ne connais pas Régy ?! », sur un ton à la fois triste et écœuré qu'on puisse « être » sans s'instruire de Claude Régy. Quoi qu'il en soit, Céline vient de me rappeler qu'elle a une vie. Des attentes. Un travail. Des responsabilités et des opportunités qu'elle a dû écarter par ma faute. Je me souviens pourquoi je me suis retrouvée à faire de l'escalade sans elle ce jour-là. Maintenant, c'est elle qui a la sensation de m'en vouloir. Et elle prend l'avantage. Ses reproches sont des remords. Ça me déstabilise. L'accident aurait dû témoigner d'une nouvelle ère dans notre amitié. La conviction qu'en définitive, chacune sera là pour l'autre. Mais il a suscité une sorte de découragement chez elle. Il a détruit la foi qu'elle accorde si fort à ses castings. Dès qu'elle reprendra la troupe en main, elle réalisera que son sacrifice a déployé trop de contraintes. Dans notre week-end, il n'y avait eu que l'espoir de nous retrouver. Dès le second jour, chacune de nous avons abîmé cet espoir.

Pour ne plus être dans son champ de vision, j'essaie laborieusement de bouger ma tête. Car on m'a aussi imposé un collier cervical qui résiste à toutes les flexions. « Il faudra dormir avec votre minerve ! » *Minerve.* Déesse guerrière de l'armée de Jupiter, toute en cuirasse et en cape. Si belle et désirable qu'elle pétrifiait ceux qui la regardaient. Qu'est-ce que la mythologie vient faire dans l'orthopédie, je me le demande, des rapprochements foireux se font dans mon cerveau, toujours est-il que je ne veux plus être dans le rétroviseur de Céline et que je me traîne jusqu'à la fenêtre. En me déplaçant, des morceaux de verre éclatent dans ma poche. Mon entrejambe et une partie de la banquette sont imbibées d'urine. L'odeur réveille ma mère : « Tu sens, Céline ? » Elle s'interroge avec l'appréhension muette des éducateurs pour autistes. Elle se retourne par-dessus le siège.

— Dis la vérité, Nafissa, tu t'es fait dessus ?

Je ne sais pas, je n'ai pas ressenti la chaleur du liquide se répandant sur moi. Souvenir ineffaçable des siestes de maternelle. *J'ai honte, mais ça tient chaud*, je me disais en serrant le doudou. Puis je me rappelle avoir oublié de donner mon flacon d'urine à l'infirmière. Ça s'agite à l'avant de la voiture. Pour ne rien aider, le ciel sans lune se fait brumeux. Sur une dizaine de kilomètres, aussi lentement qu'un corbillard, Céline et ma mère guettent la prochaine aire d'autoroute. Cet endroit formel devient notre terre promise. L'escale espérée pour sauver la caution. « Vinaigre blanc et Badoit, meilleure formule contre l'urine sur du cuir. » Dixit maman. En découvrant le montant de la caution bloquée sur sa CB, elle avait tenté de rassurer le loueur. « Vous n'êtes pas obligé, ayez ma foi pour caution. » Ça a failli passer. Avant qu'il ne me remarque, terrifié par ce qui lui semblait le résultat d'un stupide accident de voiture.

Après avoir sauvé la banquette sur le parking d'une station Total, ma mère s'installe au volant. Dès qu'elle se carre dans son siège, elle nous impose sa présence. Avec joie. Déterminée à rouler jusqu'à Paris sans encombres. Un apaisement physique et moral se déclenche aussi chez Céline. L'état d'abjection que j'ai semé dans la voiture, a bel et bien disparu. Contrepied nécessaire.

En rechargeant les portables, Céline me propose de répondre à ceux qui m'ont contacté ces derniers jours. Prévenir, puis rassurer. Je refuse toutes vibrations de l'extérieur. Ma tête hoche non. « Et si un producteur m'avait validé un scénario ? » Le sang me bat les tempes. Je me souviens avoir envoyé deux projets avant le départ, dont un pour le concours Beaumarchais. Si je suis lauréate de cette association qui aide les jeunes auteurs, une bourse me permettra de monter mon projet de long-métrage. Cette perspective soulagerait ce repos forcé. Mieux, elle serait accueillie comme un petit miracle. Je n'ai pas l'espoir de réécrire dès demain, mais j'aspire encore aux éloges du milieu. Dans le cas d'un refus, ma mère est auprès de moi ; quelle que soit ma peine, elle la partagera. Je hoche oui. Les filles me lancent une salve de bonnes nouvelles imaginaires. Mon portable entre ses mains, Céline me lit les nouveaux messages et emails.

— Alors tu as... attends, je compte... au moins... un, deux, trois, quatre,... sept messages de félicitations !

Je suspends ma respiration pour écouter la suite. Comment ai-je pu oublier ? Cette vie-là m'a semblé bien lointaine alors qu'elle remonte à quelques jours. Mes prochains touristes Airbnb débarquent demain. Un couple de Johannesburg. D'autres ont déjà rempli les semaines à venir, observe Céline d'après mon calendrier. Pourvu qu'elle se trompe d'année ! Elle grossit l'écran et le met sous mes yeux. Je reconnais l'effet trombinoscope. Toutes ces rangées de visages dans leurs cases. Tous ces prénoms hétéroclites à la sonorité étrange. Venus de toute part avec un point commun : la certitude de mon dévouement.

L'hôte a droit à trois annulations sans frais. Ce quota, je l'ai épuisé. Les pénalités sont de 100 dollars s'il n'honore pas ses réservations. L'inconcevable se profile à quelques heures de moi. Je tâte le plafonnier pour en trouver la lumière. Sur une feuille, j'écris à Céline de prévenir les Sud-Africains de mon accident. Sont-ils de ceux qui attendent leurs hôtes au tournant ? Quelles dispositions attendront-ils de moi ? Y a-t-il des *cas de force majeure* dans les clauses Airbnb ? Je marine dans mon jus amer. Gaie et optimiste il y a deux minutes, ma mère est d'humeur massacrante. Ses incompréhensions au sujet de mes choix, et de ma vie en général, l'ont souvent rendue acerbe. Selon elle, s'occuper d'étrangers nécessite des dispositions que je n'ai pas. « Tu es une fragile, une dilettante et une inconstante née. Mais pour ton malheur, tu adores l'inconnu ! » Ma mère est depuis ma naissance femme de chambre dans un palace de l'avenue Kléber. Depuis peu, elle est gouvernante. Promotion tant méritée quelques années avant sa retraite ? Non. Six de ses doigts sont inaptes ou engourdis. Son opération du nerf carpien n'a pas été un succès et le médecin du travail ne veut pas reconnaître sa maladie professionnelle.

— Combien payent-ils la nuit ?

Céline, le nez dans mon portable, répond sans prendre garde au visage soucieux de la conductrice.

— 15 euros.

Ma mère a un sursaut de pitié, sans se départir de son humeur.

— Tu bosses pour la gloire ou quoi ?

J'eus droit aux mêmes remarques avant mon départ pour les ONG. Je lui avais dit qu'il ne s'agirait que d'en baver un peu pour de grands mérites. En m'écoutant, ma mère avait pensé que finalement, elle ne me connaissait pas. Que cette démarche n'avait d'explications que dans l'errance de sa fille. C'est ce même pressentiment qui l'inquiète à nouveau.

— As-tu des pourboires au moins ?

Céline rit comme un sage.

— Non, voyons, c'est du collaboratif.

Ma mère s'arrête de parler et tambourine le volant. J'écris à Céline : « Bloquer toutes les nuits disponibles jusqu'à nouvel ordre. » Après ça, leurs bavardages reprennent. Quelle nationalité annulera par délicatesse ? Laquelle se fera discrète ? Qui du Belge ou du Chilien sera le plus humain ? Au terme d'un long échange agité par leurs hypothèses, chacune rend compte de l'impossibilité de « réussir un accueil avec une telle gueule ». Nouveau message. Réponse des Sud-Africains : « *Hi Nafissa, hope you feel better. About breakfeast, we love pancakes. See you tomorrow !* » Fin du débat.

CHAPITRE 8

Cette nuit-là, j'ai eu mal comme jamais. J'ai gémi et gesticulé tragiquement dans l'espoir qu'une plus grande douleur me délivre. Quelque chose qui viendrait du ciel. Alors une pluie de grêles a cogné les parois de ma tête sans tomber au sol, car elle a rebondi en prenant de l'élan pour mieux m'assommer encore.

Il est 13 heures passées. Les Sud-Africains sonnent à l'interphone. Comme je ne peux pas parler, je descends les récupérer. Devant le miroir de l'ascenseur, je baisse la visière d'une casquette pour couvrir mon visage au maximum. Je calcule que sept réservations font 700 dollars de pénalité, qui font 659 euros. Est-ce que cette somme vaut la paix ? Le problème quand on vient d'une famille très modeste, c'est que l'argent peut facilement exciter comme il peut facilement angoisser. Rez-de-chaussée. Je n'ose pas sortir. Je monte au troisième étage. Il y a trois miroirs dans cet ascenseur. Je calcule que trois miroirs reflètent une infinie de difformes. Je redescends au premier. Les Sud-Africains doivent en avoir marre de regarder les boîtes aux lettres. Rez-de-chaussée, je me présente à eux. Ils ont 20 ans à peine, des bobs et deux valises. Leur joie puérile disparaît.

— *Goodness... Are you Nafissa from Airbnb ?*

Je fais oui de la tête et entre la première dans l'ascenseur. Ils restent figés comme un chat à l'arrêt. Puis dans un mouvement d'incertitude, ils me suivent. Les portes se referment. La fille se tourne vers le miroir pour ne pas avoir à me tourner le dos délibérément. Elle s'aperçoit qu'il me reflète. Alors elle se tourne sur la partie gauche du miroir, fait semblant de replacer ses cheveux sous son bob. Mais je suis toujours dans le reflet. Cette fois, elle ne peut dissimuler l'envie de vérifier s'il y a une lumière humaine dans mon regard. Il la brouille car ils ont le désarroi d'yeux véritables. Arrivés à l'appartement, nous nous retirons chacun dans nos pièces en urgence.

Pour accéder à un meuble ou un objet, je dois longer les murs et tendre les deux mains afin d'éviter les chocs. Déplier mon clic-clac exige trop d'effort, je m'allonge sur le tapis en cramponnant mes ongles de douleur. L'anesthésie me manque à la manière d'un corps adoré quand il vous fait planer. *Qui voudra d'elle maintenant ?* Ce sont les mots sifflés par ma mère pendant qu'elle nettoyait de fond en comble l'appartement hier soir. À mes risques et périls, j'essaye de soulever le masque de ma peau. Je n'ose pas. Ce sont des sensations aussi menaçantes et douloureuses que le spectre de femme que je suis appelée à devenir. J'avale plusieurs comprimés de Skenan en doublant la dose. Enfin, je tombe dans une narcose que ni séisme ni touristes ne perturberont. Tous mes supplices étouffés, je goûte à l'éternité.

Quelque chose me secoue, mais je reste allongée sur le flanc, la respiration malheureuse et les membres entravés. J'ai le syndrome de la vache couchée. Autre chose : je suis toute déshydratée. Boire est devenu un effort qui me cause d'intenses douleur dans la bouche. Huit jours sans rien avaler de solide. La soif accrue. La faim chronique. L'angoisse. Les deux premières finissent par vous terrasser après un certain délai. L'angoisse, elle, quand elle vous tient au corps, vous consume sans date de péremption. Je me rappelle avoir été suivie par deux individus dans l'ascenseur. Je rassemble mes derniers souvenirs. Mon esprit est trop fumeux. En me concentrant, j'entends des échos de conversations. Une présence se faufile dans le silence de la nuit, elle m'observe comme un intrus. Depuis l'accident, il y a des esprits habités par le mal tout autour de moi. Ils pourraient me traîner et m'exposer au public... Il faut écarter cette voie douteuse. Je plie les genoux, roule sur le ventre en ramenant une jambe vers le haut. Puis je rampe. Au ralenti, car ma tête bascule sur le côté à cause des hématomes. J'interromps mes mouvements, quelqu'un vient de pousser une plainte aiguë. Ça vient de l'autre côté de l'appartement, j'ai entendu ! Après ça, je me mets à quatre pattes à l'aide de mes coudes, et je me relève.

Une dizaine d'enjambées pénibles m'est nécessaire pour sillonner les deux couloirs et gagner la chambre. Je balaie la pièce du regard, personne. Seule mon ombre, que les réverbérations de la rue déforment dans un souci de cohérence. À l'instant de cette vision, des chuchotements croissants de prière ou de complots. Quelqu'un me surveille. Un râle, de plus en plus caverneux, gonfle un corps robuste. Je tâte la main vers lui, mais il me devance et agrippe mes lèvres tombantes comme une trompe. Il me repousse brutalement. J'en sursaute d'effroi.

— Mbbbvvvvvvkkkkkk !!!

— Ahhhhhhhh !

Cet autre cri, c'est celui d'une fille effrayée répondant au mien. Les deux individus se piétinent et se cognent jusqu'à trouver l'interrupteur. Un éclairage puissant nous expose. Ils sont devant moi. Des bobs et des valises. Des voyageurs ? Apeurés comme du gibier pris au piège, repliés entre mon évier et mon frigidaire... La cuisine ? Je me suis donné tout ce mal pour avoir fait quelques mètres ? Je caresse ma cicatrice, je sens ses sutures. L'aiguille aurait-elle perforé une membrane près du cerveau ? Les deux me dévisagent entièrement sans faire un seul mouvement. À la manière dont le visage de la fille se glace, je sens qu'elle me craint comme une entité démoniaque qui toujours chuchotera à son oreille. Dans un désordre encore plus grand, je bondis vers eux. Les retenir ? Implorer à l'aide ? Son ami la tire par le bras.

— *Run, run !*

J'entends un bruit qui me revient comme familier : les roulettes des valises. Très rapide celui-là. La porte d'entrée s'ouvre sans se refermer. Partis au milieu de la nuit !

Treize jours après l'opération, ma vue s'améliore. Les moindres détails n'en sont plus. Je les redécouvre avec ravissement tant je les avais oubliés. En revanche, je suis encore plus diminuée et affaiblie. Airbnb a des locaux à Opéra. Il me suffirait d'y présenter ma tronche pour annuler mes réservations, mais je n'ose pas sortir de chez moi. J'ai réduit la dose des antidouleurs. En complément j'utilise des poches de glace.

Céline et ma mère se relayent. Quand l'une arrive avant le départ de l'autre, elles se mettent à l'écart pour se chuchoter des choses. De tous les éléments de mon visage, les oreilles sont les seules rescapées. Alors j'entends leurs bribes de mots, une goutte par-ci, par-là. Un jeu de piste inextricable : *Everest, boulet, sac-poubelle*. Puis elles se rappellent de ma présence comme un pêcheur qui a récupéré dans ses filets un poisson invendable. Elles se regardent, comploteuses d'une messe dont rien d'officiel ne sortira. Le communiqué tombe : « On viendra plusieurs fois par semaine pour les courses et le ménage. » Quand elles sont là, le besoin immédiat d'être seule me dévore. Dès qu'elles partent, je suis en proie aux plus cruelles inquiétudes. Car derrière ce crâne cicatrisé, dans un petit noyau osseux, subsiste une détestable lucidité.

J'ai terriblement sommeil, mais lui non. Le soleil du printemps et ses rayons envahissent mon appartement. Journées à rallonge interminables. Ma seule occupation, ce sont mes touristes. D'après mon calendrier, Elena et sa mère finissent leur road trip par Paris avant de rentrer en Argentine. Elles seront ici ce soir. Cette fois, j'avertis de mon accident avec une sélection de détails choisis. J'écris à l'instant même où l'on sonne depuis l'interphone. Elles avaient bien dit le soir ! Je ne bouge pas. On sonne à nouveau, cette fois depuis le palier. Je marche vacillante vers la porte d'entrée, persuadée qu'un jour, des inconnus pervers m'attendront derrière. Bien entendu, j'ouvre.

La mère, quinquagénaire très large, lunettes double foyer et cheveux colorés d'une teinte au-dessus, lâche son sac à dos et manque de rouler avec lui. Elle respire fort, essoufflée d'avoir pris l'ascenseur. Petite et mate comme une Mapuche, elle me découvre effrayée. Sa fille lui passe devant pour valider sa réaction. C'est une trentenaire qui ressemble à sa mère, mais métisse. Petite, très maigre avec un tatouage de taureau sur l'avant-bras. Elena me découvre et ouvre grand la bouche. Elena veut faire de moi son objet de stupeur. Je leur fais signe d'enlever leurs chaussures en espérant les distraire. Mais elles continuent. C'est alors qu'Elena sort discrètement un appareil photo. Non, elle ne va quand même pas… si ! Elle ose et zoome.

— *Elena, deja !*

La mère lui donne une tapette sur la main. Elena se ravise et range son appareil. Je sens une implosion acide qui monte en moi. Elle grossit, s'enflamme dans mes poumons et remonte si fort par ma trachée qu'elle briserait mon plâtre en mille morceaux. Je me contente de leur balancer le trousseau de clés et tourne les talons. Mère et fille me barrent le passage. Lentement et sûrement, tel un troupeau de vaches inoffensives, mais pas rassurant. Puis la mère ouvre sa bouche et sort sa langue pour déblatérer un accent nasillard : *« ¡ La que sale en la foto no es usted ! »* Ce qui se traduit par : *« Tu n'es pas celle de la photo ! »,* qui veut dire en réalité : « Retourne à Tchernobyl ! »

Elles me maintiennent dans cet enclos avec de ces regards… et leurs énormes sacs à dos qui semble être un grand enfant sur leurs épaules. Il est midi, mais le soleil du printemps ne renvoie plus qu'une faible lumière d'automne car sa puissance est filtrée par une couche d'ozone venue d'Antarctique.

Le lendemain, je les entends se plaindre du ménage mal fait, du quartier trop noir, de l'immeuble non haussmannien, des boulangeries tenues par *los Arabes*. Elles ne savent pas comment se rendre à Versailles. Elles ont entendu parler du château, son jardin, ses glaces, ses dorures, ses enfilades de salons jusqu'au plafond, bref, son bling-bling. Ce château existe depuis si longtemps, pourquoi n'apparaît-il pas sur la carte du métro? Ce matin, elles étaient en route pour le découvrir. Hélas, elles ont bien visité un jardin et un bâtiment aux air de palais, mais rien des immenses panneaux de miroirs ou des grands appartements. Ça n'était pas Versailles. Revenues bredouilles à la maison, elles ont tout le loisir de cuisiner à feu vif leur frustration.

Plus j'essaye d'échapper à leur présence, plus elle s'intensifie. J'écris le trajet sur un papier que je glisse sous la porte de leur chambre. Silence puis révélation : elles ont confondu Versailles avec le Sénat. Après cinquante minutes de préparatif, elles s'en vont à nouveau.

Ces Argentines sont des touristes que je qualifierais de mauvaise fortune. Je les appelle *Caca gracias*. Je murmure leur surnom dans ma tête avec une mélodie adaptée selon la situation. Elles laissent échapper avec indifférence tout ce qui ne les concerne pas : moi. Quand il est 2 heures du matin en France, il est 20 heures en Argentine. C'est l'heure à laquelle elles téléphonent à leur famille dans des rires et cris qui durent toute la nuit. C'est l'heure à laquelle ces deux choses s'associent pour que mon cafard coïte avec la rage d'en finir.

Elles tentent d'amortir leur séjour comme elles peuvent. En réalisant que trois jours sont incompatibles avec la capitale, elles regrettent les sept jours à Dublin et les cinq à Francfort. Il faut dire aussi qu'Elena se lève très tard et que sa mère reste des heures dans la salle de bain. Aux bruits sourds qui claquent quand elle occupe la pièce, je devine que ses hanches et ses fesses se heurtent au lavabo et à la baignoire. Elle se pomponne comme si Paris lui donnait rendez-vous en personne. Avant de partir, elle n'oublie jamais de se charger de son eau de toilette *Champs-Élysées au crépuscule*. Par la fenêtre, je les regarde s'éloigner. Caca gracias mère, descend l'avenue avec des talons aiguilles qui s'enfoncent au sol comme s'ils cherchaient du pétrole.

Dans un mail destiné au service juridique d'Airbnb, je relate mon accident d'escalade, mon opération, mes séquelles, ma convalescence, et conclut par la nécessité immédiate d'annuler les cinq futures réservations. Sans frais. En deux ans, Airbnb a durci ses règles et transformé ses idées à mesure que les faits se présentaient à elle. C'est inévitable pour une jeune entreprise. Pour autant, je ne m'attendais pas à lire ça :

« Chère Nafissa,

Envoyez-nous votre bulletin d'hôpital récemment daté. Sans ce document, vous êtes obligée de respecter vos engagements auprès de voyageurs qui comptent sur vous. Nous aimerions vous croire, malheureusement, beaucoup d'hôtes essaient chaque jour de fuir leurs devoirs avec des arguments extraordinaires de ce type. Ce qui brouille la perception de nos agents. »

Pouah ! Ce sont ces modes de pensées et de croyances qui amènent aux théories du complot. Que t'arrive-t-il, Airbnb ? Tu avais l'air si cool, si sexy, si essentiel à l'ennui et aux ennuis de ma vie. En te fréquentant, je m'aperçois avoir affaire à un control freak qui prend les rênes de ma vie. Pour expliquer cette soudaine politique, deux théories. Soit la preuve qui m'est demandée par la start-up n'est qu'un moyen pour tenter de garder leur commission, petite certes, mais multipliée par des millions et par jour, ce sont elles qui renforcent sa trésorerie. Soit, théorie plus probable, l'arnaque classique « des oisillons à bec jaune » a été reniflée par le responsable sinistre d'Airbnb qui a pu déceler ma tentative de manipulation mentale.

Vers 23 heures, je recommence à mourir. Besoin de parler. Mieux, de me faire comprendre. C'est encore impossible. Ces derniers jours, m'est venue l'idée, ou était-ce le besoin, de gentiment repousser Céline et ma mère. L'hôtel n'épargne jamais ma mère de ses horaires pénibles ; je ne veux pas l'assommer. Céline ne trouve pas de récompense dans son dévouement envers moi. Je ne veux pas accabler son esprit par l'incertitude de ses zèles. Reste donc Oslo. Qui ne parle pas, mais ne continue pas moins de m'aimer. À l'instant même, il m'observe avec tant d'ardeur que je me sens redevable. En réalité, il n'a pas besoin du langage. Il lui suffit de contracter et rétracter ses pupilles pour y projeter ses émotions. J'aimerais faire pareil. Mes pupilles sont invisibles sous mes paupières boursouflées. Oslo remue sa queue à présent. Quand je swinguais de la croupe et balançais mes cheveux, je n'avais pas besoin de la parole non plus. Je me remémore mes allures dans une robe jaune serrée. Comme dans mes souvenirs, je frétille de la croupe. Ça amuse Oslo qui m'imite, mais il marche naturellement en tortillant son arrière-train. Ce serait plus ludique si c'était moi qui l'imitais. Je me lance sa balle en caoutchouc et marche à quatre pattes pour la chercher et lui ramener. Évidemment, il me dépasse, la met dans sa gueule, se met en position « assis » et attend son bout de comté. Sauf que c'est moi qui ai lancé le jeu ! Oslo est intelligent, l'apprentissage ne sera pas long. Je saisis la balle et la relance dans une autre direction. Cette fois, je lui grogne dessus pour qu'il ne court pas après. Je cherche à quatre pattes le nez au sol en tombant nez à nez avec les Caca gracias. Je me relève immédiatement. Si vite que je vacille. Elles restent là, sans détourner la tête.

— *Tienes secador ?*

Dans la salle de bain, je leur donne le sèche-cheveux qu'elles regardent avec le désintérêt le plus total. Elena prend son iPhone et se place devant moi. Elle branche ses écouteurs et écoute sa musique de manière trop ostentatoire pour être naturelle, puis appuie frénétiquement sur la télécommande des écouteurs. Elena vient de réussir ce qu'elle entreprenait depuis le début : obtenir un cliché d'une difformité. Elles referment la porte et rient à gorge déployée, sûrement en découvrant le portrait.

Je dois attendre le milieu de la nuit pour nous sortir Oslo et moi, et ainsi échapper aux regards. J'aimerais me laisser guider par les étoiles, les lampadaires s'en chargent. Je ne veux pas rentrer, mais marcher encore jusqu'à l'aube, doucement essoufflée par la butte. De là-haut, je verrai la lumière croître. Je l'avalerai à la santé de tous les esquintés coincés entre quatre murs, et ce besoin de me venger des deux femmes aura disparu. L'aube inspire des envies de dignité. Je soupire, et en même temps, je suis satisfaite de moi. Car je serai indulgente. Suite à cette décision vertueuse, j'éprouve la certitude d'une récompense prochaine : un visage qui traînera à ses pieds qui il voudra.

4h30 du matin. Dans le couloir, les valises des Argentines. Posés dessus, leurs passeports. J'en prends un et l'ouvre. C'est celui de la mère dont je découvre le prénom, Kuye. Je cherche et trouve mon Stabilo rouge fluo.

Dans quelques heures, Kuye rira moins à la douane.

Par-delà les fenêtres, une lumière laiteuse annonce le matin. C'est beau à en rendre tolérable la nouvelle couleur rouille de mes ecchymoses. Avant que je n'aie le temps de tirer les rideaux, quelque chose se débat violemment dans mon estomac et cherche à se faire une place aux toilettes. J'y fonce.

Pas fichue de chier, j'ai fait un malaise vagal. Ce sont mes touristes belges qui m'ont retrouvée inanimée dans les W.-C. et appelé les pompiers. Allongée sur un brancard à moitié consciente, j'entends que l'équipe médicale croit que je fais une grève de la faim après un suicide raté. Puisqu'il en va à présent de la responsabilité de l'hôpital, on me pose les questions bien comme il faut, avec les regards-diagnostics, le tensiomètre, les analyses d'urine, les antécédents médicaux, l'interrogatoire des allergies. Et d'autres questions.

— Vous avez des amis ?

Ma tête dit oui.

— À quelle fréquence les voyez-vous ?

Je ne réponds pas.

— Vous êtes en attente d'une carte de séjour ?

Je ne sais plus de quoi on parle. Mais je sais qu'aujourd'hui est la date du bilan avec Omar. J'explique à l'aide de mon cahier que tout ira bien. Un malaise vagal comparé aux suites opératoires de l'accident, est un frisson voluptueux. À l'équipe d'infirmiers, je promets de faire un pacte responsable avec ma santé. « D'accord ! » se réjouissent-ils. À condition d'avaler des sachets protéinés et de bien doser les antidouleurs qui favorisent la constipation. Je le jure. Ça ne suffit pas. Le plus bourru des infirmiers tient à me faire un lavement rectal qui me rappellera toujours que le jus de pruneaux a bon goût.

Plus tard, en m'observant écrire, un jeune aide-soignant remarque une phrase sur le cahier. « Prends soin de ton corps pour que ton âme ait envie d'y rester. »

— Magnifique. C'est de vous ?

Je lui écris l'histoire de ce proverbe sanskrit, découvert sur un marque-page d'une bibliothèque à Madras. Comme lui, j'aimais aussitôt la simplicité sans détour de cette phrase.

— On devrait écrire ça sur la chambre de certains patients, je vais en parler à ma hiérarchie.

Olivier, aide-soignant à l'hôpital Tenon. J'espère que sa requête aboutira.

Délivrée, il me faut retrouver Omar dans son cabinet du 17ᵉ. Dans la rue, je me tâte à prendre un Vélib. Omar m'a alerté que le moindre choc laisserait une séquelle. De plus, ma visibilité au loin est mauvaise. Seulement, en observant ce guidon lustré incliné en ma direction, la moelleuse selle ajustée à mon entre-jambe, je sens bien que c'est une invitation à un corps-à-corps pour qui vient de passer vingt-deux jours enfermée. Une voix dans mon cerveau ordonne de sauter à l'arrière d'un taxi garé devant l'hôpital.

Tout en écoutant la radio, je repense au couple belge. Pour me tirer de mon étourdissement, ils m'ont fait respirer du parfum. Comme rien ne s'est produit, ils ont essayé avec du dissolvant. En vain. Ensuite, ils m'ont porté sur le canapé en épongeant ma sueur avec une prévenance et une douceur si inattendues, qu'elles m'ont d'abord paru suspectes. Alors seulement je réalise qu'il n'y avait rien de suspect, et qu'en plus, les rares Belges reçus chez moi ont tous été charmants. Sam et Any sont devenus des amis. Il y a une fidélité et une tendresse entre nous trois qui ne fait aucun doute. Etsy la chanteuse, revient me voir régulièrement car chacune prend part aux pensées de l'autre. Mes amis l'ont rencontrée. J'étais fière de ces présentations. Bien sûr, il n'y a pas qu'avec les natifs de Belgique que de telles sympathies ont eu lieu. Par essence, l'amitié n'épargne ni ne priorise personne. Mais j'ai souvent trouvé chez les Belges, une brusquerie assez tendre pour ouvrir mes portes fermées.

Via l'application Airbnb, je décide de rembourser le couple.

« Ajoutez une note pour expliquer votre geste », requiert le site. *De quoi j'me mêle.* Je complète ce virement de quelques mots pour les remercier. Ce geste entraîne un commentaire aux singulières épithètes : « Hôtesse délicate, présence substantielle, literie excellente. »

J'ai cinq heures de retard quand Omar me reçoit dans son cabinet. Je me justifie en écrivant le malaise vagal. Il appréhende les ennuis en retour. Je m'allonge, il m'ausculte et se met en colère :

— Vous vous êtes mouchée ?

Bien sûr que j'ai éternué. Comment y résister avec ces chenilles dans les narines ?!

— Vous avez fait une hémorragie nasale !

Il regarde l'intérieur de ma bouche, et de nouveau, se désespère.

— Vous avez touché à votre attelle ? C'est elle qui maintient les disques que vous avez déplacée en chutant d'une falaise !

Pris au dépourvu par ses propres mots, il détourne le regard en fixant son matériel.

— Vous ne voulez pas rester comme ça, alors suivez mes consignes pour mettre toutes les chances de votre côté.

Il change les bandages, resserre l'attelle, resserre la minerve et nettoie mon nez avec une douceur qui n'écarte pas ma douleur. Il me regarde claquer des articulations. Le deuil de ce visage lui rappelle ses nombreuses et longues années d'études.

— Je ne peux rien retirer aujourd'hui, vous en aurez encore pour des semaines, il va falloir un peu de courage.

Le courage ? Par quelle force croit-il que je n'ai pratiquement ni mangé ni dormi en trois semaines, si ce n'est pour mieux regarder mes blessures en face ! Le courage fait des ravages, non merci, je préfère m'effondrer. C'est un cauchemar qui m'écrase la gueule comme le fait déjà ce plâtre. Après l'opération, la crainte d'être défigurée à vie me tourmentait. Aujourd'hui, je donnerais tout pour retrouver les fonctions élémentaires de respirer, de dormir, de sourire. Quelque chose picote mon nez. Une émotion impossible à contrôler teste mes conduits lacrymaux. Une détresse me gagne, mais aucune larme ne vient. Juste des sons qui s'écoulent de ma bouche comme les derniers gouttes d'une source qui meurt. Dans ma vie d'enfant et dans ma vie d'adulte, j'ai toujours eu des dispositions pour pleurer, comme d'autres ont des dispositions pour chanter. Pleurer ne m'a apporté ni récompense ni compassion. La cause de mes tourments suffisait pour éterniser des heures de larmes, qui suffisaient à peupler ma solitude. C'était bon. J'en suis à ce souvenir quand Omar pose sa main sur mon épaule. « Laissez-moi vous ramener chez vous, Nafissa. » Elle avait raison l'aide-soignante, Omar, c'est le meilleur.

Deux jours plus tard. Objectif, place de l'Opéra. Puisque Airbnb a insinué que mon accident n'avait peut-être rien à voir avec *la vérité*, je me rends dans leurs bureaux. Dehors, rien ne m'est épargné. À peine sortie, quelques jeunes du quartier me remarquent. D'ordinaire, à cette heure de la journée, ils dorment. Ce matin, ils tiennent les murs. En me voyant passer, ils font un bond en avant. Impossible de résister. Un premier lance l'assaut : « Théma la gueule ! » C'est le mouvement qui entraîne les autres parties de la machine : « 3919 femmes battues ! », « Wesh Elephant Woman ! » Les joyeux lurons. Il y a quelques semaines, certains d'entre eux me draguaient jusqu'à l'épuisement. « Miss chabine, tu m'ignores toujours, pourquoi ? » *Parce que je n'imaginais pas la ruine de mon physique qui m'occupait tant.*

Arrivée sur place, je pousse la lourde porte de l'immeuble et monte les escaliers. Au dernier étage, la porte est entrouverte. J'entre discrètement dans le local Airbnb. Zen et concentrés, les employés travaillent depuis leurs alcôves habilement aménagées dans une belle lumière. Je ne les connais pas, mais je les reconnais sur-le-champ. Exactement comme je me les figurais ; des trentenaires aux allures d'intermittents du spectacle, en plus chic et polyglotte. Une certaine confiance m'enhardit à m'approcher d'eux. Des airs de jazz ajoutent au charme de l'ambiance veloutée. Sans prévenir, une toux étranglée corrompt le décor. En voulant l'arrêter, je suffoque double. Un bloc de silence s'installe dans le lounge. Ma beauté remarquable fixe tous les regards. Une blonde à la coupe garçonne pose sa tasse de thé, se lève, et s'approche avec curiosité.

— Vous cherchez quelqu'un ?

Sa voix s'étrangle, mais elle me sourit amicalement. Elle me dit qu'elle s'appelle Zoé. Je lui ouvre mon cahier à la page de présentation.

— Vous ne pouvez pas parler ?

Je secoue mon menton. Mon handicap a pour effet de développer sa sympathie. Une série de questions m'est posée dans la plus grande patience. Peu à peu, elle se soulage de mes réponses et comprend. Toute sa réflexion se fixe sur un point : Qui pourra gérer mon affaire ? Sa collègue finlandaise, Pétra.

Zoé me conduit à travers une dizaine de pièces dont les portes ont l'inscription *Bien vivre ensemble au travail*. La déco se veut vintage par des anciens livres, des téléphones à cadran sans leurs fils, des meubles de toutes dimensions chinés aux puces. Les murs sont crépis de slogans peints au pochoir. L'un des employés s'y colle, aussi proprement qu'un colleur d'affiches. Après ça, il les contemple avec un mouvement de vanité. *Live like a local. Not stranger anymore. Welcome home. Belong anywhere. Saint-Maclou, évidemment.*

Ce qui suit est curieux. Le bureau de Pétra est un espace pour enfants. De ceux qu'on trouve dans les salles d'attente des médecins ou des dentistes. Un tableau noir avec ses craies, un grand boulier, deux nounours bruns et des jeux magnétiques forment l'îlot éducatif. Pétra est affectée dans un minuscule bureau d'écolière qui soutient un MacBook dernière génération. Elle ne nous voit pas, absorbée par sa conversation dans un parfait portugais. Sa personnalité dégage une fièvre permanente. C'est comme une bataille qu'elle livre au téléphone. Son visage n'est jamais immobile et ses bras se tendent dans toutes les directions. « Un promoteur essaie de nous assigner en justice », m'explique Zoé. L'agressivité de Pétra doit lui crisper les nerfs. Elle raccroche puis renverse sa tête en arrière, éreintée. En la relevant, Pétra remarque sa collègue mais c'est moi qui la surprends.

— *My God, what's going on ?*

— Nafissa est une hôtesse française qui vient d'avoir un accident. Pourrais-tu l'aider à annuler sans frais ses futurs résas ?

Pétra m'adresse un regard navré, puis rapidement, me fait une place près d'elle. Avant de régler le problème, elle voudrait me sonder sur un sujet.

— Allez-vous redevenir comme votre photo de profil ?

Aucune idée. J'ai déjà ressenti des indifférences aussi sceptiques, celle-ci bat des records. Je tape du doigt l'écran qui affiche mon calendrier, dont il semble bien que ce soit ma seule préoccupation sur terre.

Pétra règle le problème en assénant le dernier mot dans cinq langues différentes. Comme je voudrais l'applaudir. Humour, négociations, efficacité, c'est plié. Sa pommade donne un goût d'obéissance à tous les voyageurs. Ma proximité à ses côtés me révèle chacune de leurs réactions au bout du fil. C'est l'Indienne, fortuitement, la seule qui s'entête à connaître la raison de l'annulation. Pétra répond qu'elle ne tolère pas une telle indiscrétion. Un tact peu commun chez un employé Airbnb dont les faveurs sont souvent tournées vers le voyageur.

Tout ce petit monde est maintenant relogé. Exceptée une Australienne qui a loué la chambre plusieurs semaines. Je crains qu'elle refuse de loger ailleurs. En ligne avec elle, Pétra tente d'être le plus aimable possible. *« There is so much accommodation in Paris, why are you so desperate to stay at Nafissa's place ? »* Oh, quelle question Pétra. Vous n'êtes pas dupe et moi non plus. C'est le bas prix de ma nuitée qui fait venir les voyageurs. Mais ça ne se dit pas. Encore moins dans ce contexte. L'Australienne va trouver une réponse aspergée d'eau bénite. *« Cause she's cheap »*, avoue-t-elle. Je ne douterai plus jamais de leur amour. Pétra s'indigne, mais n'en dit rien. Elle sait qu'Airbnb ne couvrira ni les frais, ni le complément d'une autre location. Ces frais reviendraient droit à l'Australienne. Les voyageurs ont leur enveloppe budgétaire : tant pour la location, tant pour les transports, tant pour la nourriture. C'est si précis que parfois, ils n'ont pas de quoi engager une dépense imprévue.

Pétra a une idée lumineuse : dire la vérité. Elle évoque le fiasco que serait un séjour avec une hôtesse invalide qui souffre de tous les coins du visage qu'elle a perdu. Pétra est au maximum de son tact. Cela dit, mes douleurs internes se réveillent et le martèlement de mes tempes se fait de plus en plus vicieux. Tout ressurgit. Le Skenan les aurait avalés, mais ne m'aurait pas permis d'arriver jusqu'ici. Je me serais évanouie dans ces mirages du bonheur.

Ma réalité s'impose enfin dans l'esprit de l'Australienne. « *Did the host have an accident ?* » *No kidding*, chuchote Pétra. Le mince filet de voix à son oreille l'agace en même temps qu'il la désarme. Forcée dans ses retranchements, Pétra commence à admettre qu'il n'y aura pas de solution. « Elle dit qu'elle a aussi eu un accident... elle comprend votre état... s'engage à être très discrète... c'est vraiment vous qu'elle veut...» Dans un autre corps, j'aurais saisi le téléphone et fait trembler le flegme affecté de l'Australienne. Dans ce corps-là, mes carences s'étirent. Je n'ai ni le cran ni, concrètement, assez de crocs pour riposter. D'un geste professionnellement doux, Pétra pose sa main sur mon bras. Il laisse entendre que malgré cet insuccès, je n'allais pas me plaindre. Il va de soi que je m'en tiendrai à l'esprit Airbnb : la culture de la collaboration.

Je me retire un fœtus tout noir du fond des narines. La forme de son crâne est parfaite. On dirait un petit bouddha couvert de sang séché. Mes narines s'en trouvent aussitôt libérées et mon nez respire. Mais tandis que le fœtus bouge dans ma main, je me découvre vieille dame aux cheveux filasses.

Il me faut quelque temps pour réaliser qu'un rêve n'est qu'un rêve. Que j'en suis aussi peu responsable que de mes origines ou de la direction du vent.

En remarquant des affaires qui ne m'appartiennent pas sur ma table, je cherche l'Australienne. Il y a quelques heures de ça, la douleur m'a prise jusqu'au vertige, aussi furieuse qu'une meute d'hyènes. J'ai dû avaler un demi-comprimé de morphine pour m'écrouler dans une douleur murmurée. À ma demande, ma voisine Sarah a réceptionné la voyageuse et l'a fait entrer pendant ma léthargie.

Personne dans la salle de bain ni dans la chambre. La porte du salon se referme à l'instant. J'y retourne et mes yeux chassieux clignent pour s'accommoder à la lumière. L'Australienne vient de tirer mes rideaux. C'est une femme d'une soixantaine d'années aux formes minces. Sa figure sans rides offre deux fentes bleu pétrole lui servant de regard derrière ses lunettes. Elle tique devant mon portrait. J'imagine qu'elle resitue l'exorde de Pétra, oubliée quelques jours plus tôt, mais actuellement d'une grande vérité.

— *G'day, I'm Suzie.*

Elle me raconte sans débordement et avec humour, son accident qui l'a aussi déformée. Chute de quatre mètres, randonnée dans un parc de Tasmanie, en solo, mais avec une balise de détresse qui l'a sauvée de la déshydratation. Aucune marque sur son visage ne renseigne cet épisode. J'essaye de prononcer une syllabe, aucun mouvement n'est possible. Suzie me dit de ne pas m'en faire, que ce masque n'a aucune raison de me mettre dans cet état mental. Que tout reviendra comme avant. En réponse à ce soutien, je lui tends la main.

— Mufasa ?

Je cherche mon cahier, j'y écris mon prénom.

— *Na-fi-ssa, ok, I've got it !*

Sur la table, un guide des sommeliers de Paris et des kits de broderie au point de croix. J'en prends un et le tripote. Suzie sourit en voyant mes mains associées à ses ouvrages. Ces derniers semblent la rappeler pour qu'elle les achève, alors Suzie s'y rue avec passion. Je la regarde et me concentre sur le va-et-vient des aiguilles sur la toile. Son enthousiasme à broder la fait parler seule, jusque-là, rien d'anormal. Sauf qu'elle ponctue ses phrases de cadences et de rebondissements comme si elle récitait une fable de Phèdre. À ma consternation, on sonne. Suzie rejoint sa chambre.

Derrière ma porte, Céline et Linda. Linda est aussi une amie du collège. Je l'aime autant que Céline, mais différemment. C'est une grande Antillaise plantureuse, agressive, baptisée, prude, véhémente et volontaire. Il y a deux ans, elle fut mutée à Nouméa dans le cadre d'une restructuration de son entreprise. À son retour en France il y a deux mois, Céline et moi l'avons accueillie à l'aéroport. Bien qu'elle ait récemment eu les échos de mon accident, la surprise est de taille pour Linda, et en excellente masochiste qu'elle est parfois, Céline a cru bon de me faire une surprise en me la ramenant.

— Surtout, ne t'en fais pas Naf. Je vais verifier si les bandages ne t'ont pas fait une peau de lépreuse, si c'est le cas, je pense déjà à un gommage que je te préparerai moi-même.

Linda travaillant depuis des années pour le même leader pharmaceutique, sa présence est devenue un déploiement invasif de remèdes pour soulager les petits riens du quotidien. Il lui suffit d'observer votre silence, de sonder le gouffre de votre vie et de vous jurer qu'il n'y a plus le chaos. Car Linda vient de vous attribuer des solutions innovantes et éthiques en partenariat avec les laboratoires. En me dévoilant difforme, je pensais reculer les assauts de son enthousiasme. Il demeure intact. Linda pense déjà à un générique pour les troubles de la paralysie dont elle m'avoue l'efficacité à retard, sauf si elle change les compositions.

— Je vais t'enlever tous les excipients à effet notoire et augmenter la dose d'énoxaparine, ok ?

Ok. Repousser des individus comme Linda, c'est stimuler leurs griffes. Céline se tait en me laissant à ses prises. Ça lui permet de naviguer dans son ailleurs, en compagnie de gens beaux et formidables tout en restant ici avec nous. Mais après sa traversée, elle revient. « Et si on lui offrait un peu de gaieté ? » C'est ce genre de démonstration que Linda appelle dans son indulgence, *la fraternité des nazes*.

— Elle pèse 48 kilos, elle est défigurée et risque d'être sujette aux dépressions ad vitam eternam. Ok ?

Ok. Toujours ok avec Linda. Jusqu'à ce qu'elle balance ses cheveux sur son épaule, qu'elle se racle discrètement sa gorge pour préparer ses mots, qu'elle pointe son menton et qu'elle tape du pied pour reprendre le tempo.

— À présent Naf, as-tu une assurance responsabilité civile ?

Elle m'a posé la même question quand je suis revenue d'Amazonie et lorsque je me suis inscrite sur Airbnb.

— Si oui, as-tu la garantie d'une indemnisation en cas de paralysie faciale ou d'invalidité ?

Non, je ne sais pas.

— C'est dommage, mais ça n'est pas grave. Pourquoi ? Parce que je suis ici en qualité de professionnelle qui travaille avec des avocats spécialisés dans la protection juridique…

Elle s'interrompt, quelqu'un la parasite. Elle tourne son visage et remarque sur le bord du salon, une femme trop âgée pour être ma mère, trop jeune pour être ma grand-mère et trop caucasienne pour être de ma famille. Suzie, et ses yeux bleus pétrole, s'approche de nous en exposant ses œuvres brodées. Elles sont terminées, et ce que je pensais être des fleurs sont des représentations de Paris. Sur un carré de toile, la tour Eiffel entourée de trois mots : *Oh la la*. Sur un autre, une 2CV bleu blanc rouge, conduite par une bombasse vêtue d'une robe de la Révolution. Sur le troisième carré, une brasserie parisienne entourée de réverbères éclairés à l'huile, bordée de pavés ronds et dorés comme des brioches au levain.

— *Beautiful, how do you do that ?*

Céline ne s'adresse pas à Suzie. Elle donne la réplique à une partenaire de théâtre pour l'exciter dans sa mise en scène. Elle fait toujours ça quand elle s'ennuie.

— *I can teach you, I'm Suzie !*

— *Wonderful ! I'm Céline !*

Suzie offre un carré de toile à Céline. À Linda, un sourire. Celle-ci la regarde comme une égarée en cage aussi cloche que les broderies qu'elle étreint dans ses bras.

— Elle est sérieuse, la meuf ?

Linda s'interroge dans une alternance de scandale et de pitié. Comme si elle avait la complicité d'un public prêt à huer Suzie. Puis son regard noir en amande et sa mâchoire carrée font le reste. Devant eux, Suzie décide de s'éloigner.

— T'es dure, elle ne dérangeait pas.

— Céline ! Elle est ici parce qu'elle a loué une chambre, pas pour autre chose.

Devant la colère de Linda, Céline bat en retraite. Un instant, elle a songé à la tempérer. Mais ça la piègerait dans un discours sentencieux et moralisateur. Elle serre les dents et se dirige vers la cuisine. C'est bon signe, j'ai si faim. Linda pose sa main sur ma jambe avec un frisson de crainte.

— Naf, ne sous-estime jamais les travers de ces étrangers.

Sa figure s'assombrit au fur et à mesure qu'elle se rappelle sa seule expérience de sous-location via un ancien concurrent d'Airbnb, depuis racheté par l'entreprise. En juin dernier, Linda a loué son deux-pièces de Courbevoie pour six nuits. De quoi rembourser une amende de mise en fourrière. Quand elle réalisa que ses deux touristes brésiliennes n'étaient pas deux amies de fac, mais bien deux prostituées associées qui recevaient leurs clients, elle se jura de ne plus réitérer l'expérience.

De la cuisine, s'exhalent des effluves subtils d'échalotes et d'huile à la truffe. Je ne sens rien, mais je connais Céline et ses talents de cuisinière. Elle finit de sublimer les trois assiettes.

— J'ai préparé ce matin du thon rouge et son méli-mélo de légumes, avec une tarte au citron comme tu les aimes, très meringuée et peu amère.

Ce n'est pas sa spécialité, mais nul doute qu'elle l'ait mijotée avec les plus belles intentions. Elle me déplace du clic-clac jusqu'à la table avec la même vigilance que pour un aveugle. J'y découvre un buffet joliment dressé. Discrètement, Linda demande à Céline le prix d'un thon rouge entier. Pendant ce temps, j'agrippe ma fourchette en essayant d'avoir l'air reconnaissante. Je me jette dans cette chair et me voilà aussitôt trahie par cette bouche qui ne s'ouvre toujours pas. La nourriture s'y écrase, elle s'émiette sur mon visage, dégouline sur mes vêtements et roule jusqu'au sol pour finir dans la gueule d'Oslo. Apothéose du clou de la cerise, un filet de bave coule sur mes lèvres en souvenir de l'excitation de l'espoir. Mes deux copines me fustigent du regard. Elles posent leurs couverts. Dilemme. Faut-il laisser refroidir par solidarité, ou m'éponger par civilité ? Qu'il est loin le temps où l'on se consultait gaiement sur l'introduction de nos premiers tampons. En dépit de ses efforts pour passer inaperçue, Suzie gravite autour de nous et assiste à cette scène pathétique. Elle regarde la découpe parfaite des aliments qui ornent nos assiettes. Brusquement, elle retourne le merveilleux dressage de Céline. Légumes et poisson sont aplatis et découpés dix fois. Suzie passe le tout au mixeur. Une fois la bouillie dans mon assiette, elle tire les tiroirs, fouille, trouve une paille qu'elle glisse entre mes lèvres. J'aspire. Wouaw ! Je reprends ma respiration dans un grognement, et regarde de près ce petit tube qui vient de m'offrir les joies de la vie. Suzie regarde le fond de mes pupilles dilatées. Je pointe du doigt les deux autres assiettes qui feront ma ripaille. J'aspire les plats de Céline et Linda qui n'existent plus pour moi.

Je suis un chien qui se roule sur le dos. Qui montre son ventre et vient se coucher au pied de son nouveau maître, Suzie.

Dire que je suis un chien est exagéré. J'ai juste frétillé comme l'animal. Et j'avais mes raisons. Suzie est une créature entre l'ange et l'étrangère. Au fil des heures, elle m'a retiré les clous qui me crucifiaient aux murs. Suzie dilue mes nuits brumeuses. Je l'attends paresseusement au réveil pour le même rituel : aspirer ses repas mixés avec amour vache et lait écrémé. Suzie me sait dans ces moments remplie de délices et dénuée d'orgueil. C'est son subterfuge pour me nettoyer les croûtes du nez et les déjections des yeux. Et moi, je laisse faire sans ressentir de honte. Elle viendra plus tard, comme le recul.

Ce matin, j'en apprends plus sur elle. Je sais que Suzie n'est pas venue en France pour Paris. Quand elle ne s'occupe pas de moi, elle court dans toutes les directions, égarée et indécise comme un fleuve qui inverserait son cours subitement. Suzie est venue en France dans l'espoir de retrouver la tombe de son grand-père paternel, mort au combat en 1917. La chambre ressemble à une salle d'enquête préliminaire avec carte ferroviaire et photo aérienne. Au mur, sont scotchés une dizaine de documents identiques, du moins lisible au plus lisible. Depuis sa ville de Perth, elle a contacté le ministère de la Défense qui lui a fourni une copie d'un document d'époque, signé par des soldats de la même compagnie. Elle doit donc se rendre dans un cimetière, mais lequel ? Cette femme qui lave et nourrit son hôtesse depuis cinq jours, aura besoin de moi. Je poserais une bombe pour elle. Je déterrerais toutes les sépultures jusqu'à retrouver le même bleu pétrole.

Après avoir étudié les documents de Suzie, je réfléchis. Il me faut quelqu'un qui ne pose pas trop de questions et qui m'aime assez pour venir immédiatement. J'appelle mon petit frère qui en arrivant me découvre dans de vives stupéfactions. Il comprend vite mon incapacité à parler, alors je lui écris le topo sur mon cahier. Il prend le combiné, je mets le haut-parleur, et Suzie est à nos côtés.

— Bonjour, je suis bien au bureau des lieux de mémoire et des nécropoles ?

— Oui monsieur.

— J'aimerais savoir si un ancien combattant est enterré chez vous ?

— À l'office non, mais dans un mémorial peut-être. Nom et prénom s'il vous plait.

— Riley Maister.

— ...

Mon frère et moi regardons la photo du grand-père dans son habit de soldat, un poil trop serré sur sa gorge. Suzie nous regarde mon frère et moi et assure que nous avons un air de famille. Surprenant : elle ne sait toujours pas à quoi je ressemble.

— Il n'y a rien dans l'annuaire à ce nom-là. Vous avez le nom de la ville où le décès est enregistré ?

— Alsace.

— Dans ce cas, contactez la DMPA ou le ministère de la Défense d'Allemagne.

— Quoi ?

— En 1917, l'Alsace était annexée à l'Allemagne. Votre Riley est peut-être enterré en Allemagne ou à la frontière. Ils s'occupent des soldats français morts à l'étranger. Ce sera tout ?

J'écris rapidement une autre question sur le cahier.

— Attendez.... Et si le combattant n'est pas français ?

— Si vous avez peu d'éléments, vous trouverez votre bonheur dans le fichier national des morts pour la France.

Nous continuons les recherches. Notre piste nous amène au cimetière militaire de Guebwiller, que Suzie décide de visiter le lendemain. Elle aura besoin d'aide, de conseils, de traduction. J'imagine mal les anciens mineurs de la potasse parler anglais avec elle. Enfin, je peux me tromper. Je demande à mon frère d'accompagner Suzie moyennant quelques billets. Malheureusement, il a mieux à faire. Déçue, j'écris sur le cahier qu'il n'a rien d'autre à faire. Il m'affirme qu'il n'a pas que ça à faire. Je double la somme, j'explique que je dois bien ça à Suzie. Il me répond qu'il n'a rien à faire dans un cimetière militaire. Il termine mes jus de fruits, me prend quelques DVD et repart. Pourquoi les gens refusent avec une énergie épouvantable, ce qu'on aimerait qu'ils fassent naturellement ?

Avant son départ, j'écris les indications à Suzie pour aller depuis gare de Lyon jusqu'à Mulhouse, puis par bus jusqu'au cimetière de Guebwiller.

— *Okay ! Thank you, Safina.*

Je n'aime plus écrire de pitchs pour la télévision. Mes meilleures idées sont refusées, les autres sont réécrites avec des coscénaristes imposés. Pour un programme TF1, où les histoires sont censées être vraies, où la famille et l'amour se trouvent toujours associées à la vertu, j'ai proposé une aventure aussi grisante qu'enragée au sujet d'un bijou volé. Après sa lecture, Edwige, la directrice d'écriture, m'a convoqué sur Skype. Derrière son écran, elle a mimé un repassage. Je ne saisissais pas. Elle a recommencé une deuxième fois. Cette fois, sa main tenait fermement un fer à repasser imaginaire qu'elle glissait de droite à gauche sur une planche imaginaire, le regard captivé sur un point imaginaire. Alors j'ai compris. Edwige trouvait mon histoire de bijou trop alambiquée. Le programme étant diffusé à 11 heures, c'est l'heure à laquelle les ménagères repassent. « Évite les énigmes ! » Pour connaître Edwige, je sais que c'était dit sans aucun mépris. Comment le pourrait-elle ? L'auteur est une ménagère comme une autre, mais à la différence d'elle, lui est incapable de se révolter.

Suzie doit être arrivée à Guebwiller. Je l'imagine dans le cimetière, jouant à saute-mouton au-dessus des croix blanches, alignées comme devaient l'être les soldats avec leur baïonnette. Je pense : *j'aurais pu en ressusciter un.* Venu d'Australie, yeux bleu pétrole, forcé d'intégrer les combats en France. Mais toute cette épouvante l'a fait détaler à temps. Il savait que les rêves ne suffisent plus quand une chose nous est confisquée à jamais. Et quelle est la portée réelle d'une mort pour une patrie qui n'est pas la sienne ? Un soldat acheta le silence d'un général (qui le repéra sur le point de déserter) en lui tricotant des moufles en velours. Ce général craignait plus les gelures que l'ennemi. Le soldat prit le plus grand risque de sa vie pour ces moufles en velours. Puisque les autres recrues se moquaient de lui en le voyant agiter ses aiguilles, il décida de tricoter en no man's land. Là, personne ne le dérangeait sauf les obus et les insectes. Autour de lui, flottait un voile de moucherons et de bourdons que ses aiguilles n'arrivaient pas à percer. Son uniforme était crotté et deux fois il fut enlisé jusqu'au cou par la boue. Mais intacte, était la paire de moufles qu'il protégea de la vase et des barbelés. Quand le général les enfila enfin, il le laissa partir.

Ce soir-là, je n'entends pas Suzie rentrer à cause de mes voisins. Installés en terrasse, ils propagent leur agitation paillarde d'alcooliques. Suzie semble être l'une des leurs. Elle me lance un bref regard puis comme à son habitude, sort Oslo, et me prépare une bouillie avec mille bienveillances. J'aspire un potage. Aux épinards je crois. Dieu merci, il y a plus de crème fraîche que de branches. Ensuite, elle se dirige vers son sac avec la foulée d'un sprinteur. Elle en sort un coffret de caviste noir et design. Une silhouette d'homme à la James Bond tient une flûte d'où s'échappent mille bulles. Immatriculé 68500, Guebwiller. Elle prend une bouteille entamée et se verse un verre aussitôt vide. Les autres m'enchaînent à elle. Suzie se parle : « Les trains français sont à l'heure. » « Les taureaux ont peur des capes, pas du rouge. » « Rire des autres n'est jamais sans conséquence. » « Les poissons rouges ont une mémoire de trois mois, pas trois secondes. » « La basilique de Montmartre n'est qu'une meringue. » « Un Château-Latour accompagné d'un camembert est l'œuvre de Dieu. »

Après ces maximes empruntées à Kant, Suzie est bienheureuse. Dans sa respiration, monte le désir d'une nuit épaisse. Son corps déploie ses ailes jusqu'au parfait abandon. Au lit, le sommeil tombe sur elle comme une chape de plomb.

Le soleil est flamboyant comme une boule rouge ce midi. Après mon jus de raisin, je questionne Suzie au sujet de la tombe. Elle sourit en me disant qu'elle va tout répéter. Que je ne devais pas être attentive hier soir. Et moi j'acquiesce, car je suis troublée par la couleur du bleu pétrole qui étincèle au soleil.

— *The guard of Guebwiller contacted the city hall for me. They gave me that.*

C'est l'adresse et les horaires du cimetière de Bayeux. Cette fois, elle est sûre que son grand-père y est. J'ai foi en elle. J'inscris l'itinéraire depuis la gare Saint-Lazare, et elle repart un peu secouée.

Cet après-midi, je vais mieux. J'ouvre la bouche pour accueillir plus qu'une paille. Je peux y glisser trois doigts. Mes yeux sont presque des yeux. Un Singapourien m'envoie son troisième interrogatoire de la journée. Il veut venir à Paris, et est indécis sur le logement qu'il réservera. L'expansion du nombre d'hôtes Airbnb à Paris, a abouti à la création d'une catégorie de voyageurs particulièrement chiants, imbus d'exigences sans jamais les doser avec de la complaisance. Quelle est la taille du lit ? La pression du pommeau de douche est-elle assez forte ? Mon immeuble est-il sécurisé ? Quelle est la vitesse du WiFi ? Mon gel douche est-il sans sulfate ? Bien loin des questions des tout premiers voyageurs : Votre chien est-il joueur ?

Pourrions-nous déjeuner ensemble ? Voudriez-vous quelque chose de mon pays ? Émue et pressée de les rencontrer, je portais instinctivement la main à ma joue et répondais. Aujourd'hui, je traite les questions du Singapourien comme une automate, par une mécanique associée à une politesse artificielle.

Vers 22 heures, Suzie rentre. Ses bras et son front sont hâlés. Elle me salue d'un sourire qui révèle une journée pleine de surprises. Elle sort son appareil photo et s'installe près de moi. Défilent de très belles images de verdure, de volets verts sur une longue demeure recouverte de rosiers grimpants qui ressemblent au jardin de Monet. C'est Giverny. Toujours pas de cimetière. Mais la photo d'une maison banale, dans un village banal du Pas-de-Calais.

— *My grandfather is here.*

Railey serait dans une maison ? Suzie insiste, *« here »* ! Son doigt précise un lopin de terre. Railey serait sous ce lopin de terre en face de cette maison ?

— *No cemetery. Just a place for them.*

Les yeux entrouverts, les lèvres grandes ouvertes, on dirait que Suzie dort et rêve. La paix recouvre son visage. On peut y lire une certaine indifférence. De celle qui représente l'idéal de vie. Le grand-père de Suzie n'a jamais eu de tombe. Il a été jeté dans une fosse commune, puis exhumé dans le mémorial australien de Bullecourt avec d'autres soldats.

Ce matin, j'attends devant le cabinet d'Omar. Un garçon de 5 ou 6 ans, accompagné de son père, entre dans la salle d'attente. Je les ai vus à l'hôpital juste après l'accident dans le massif. Les infirmières parlaient souvent du pauvre enfant renversé par un chauffard. À la sortie du bloc, il a hurlé et pleuré pendant deux jours. Son nouveau visage est tel qu'il devrait quitter notre société et s'en aller chez les Waraos ou les Ifugaos. Si le mien est comme le sien, c'est chez ces tribus que je me tournerai. Je détourne mes yeux du garçon quand je vois le regard incendié du père. Il peut bien me fixer comme ça, son garçon et moi sommes dans la même situation. Omar sort du cabinet et m'appelle.

Quand il me retire les bandages et une partie du plâtre, je ne m'évanouis pas. Je n'ai pas la tête à ça. Ce que je vois est un visage qui essaie de se remettre en place comme une vérité renversée. Ma mâchoire et ma pommette droite se redéfinissent. J'ai l'air d'une boxeuse très amochée. Qui porterait non pas un, mais deux protège-dents. La chair saine de mon visage est bien devenue celle d'une lépreuse. Linda avait raison. Hâte de faire son super gommage. De petites ecchymoses bleuâtres persisteront quelques semaines, des cernes plusieurs mois. Je peux retrouver un peu de vie sociale sans me cacher, me dit Omar. J'aimerais tellement lui parler de Suzie, son assistante officieuse. Comment font les autres patients pour guérir sans elle ?

— Essayez de parler un peu.

— Fessavyez dfe parler un pfeu.

Trop contente.

Je résiste mal à l'envie de lui sourire.

— Pas encore ! On dirait une grimace de gargouille.

Sûr qu'il exagère. Je l'ai déjà entendu plaisanter de la sorte avec les aides-soignantes. Sauf que là, Omar prend un air grave qui me convainc d'abandonner mon sourire.

En sortant de là, je cours. Car je suis pleine de promesses d'actions pour Suzie.

Deux jours après, je l'emmène sur les hauteurs de la tour Montparnasse. Nous arrivons devant les caisses et ma CB a disparu. Elle a dû glisser. Je la cherche encore, pendant que la guichetière se demande comment mon mec peut me tabasser toute la nuit et me laisser au petit matin visiter la tour Montparnasse. Quand Suzie comprend ma détresse, car c'est le mot, elle hausse les épaules et me dit que ce n'est rien. Bon sang, je voulais juste l'emmener au-dessus des gens ! J'ai envie de me gifler, mais mes poings serrés et déterminés me rappellent que j'ai d'autres surprises pour elle.

Paris est pleine de choses amusantes pour les gens simples : je l'emmène boire à une fontaine d'eau pétillante. S'approcher d'une source et boire son eau, n'est-ce pas l'allégorie d'un conte ? Comme je pense aux fées de Perrault, j'imagine Suzie m'offrir à boire, à moi, femme assoiffée en guenilles, en réalité magicienne qui octroiera un don à sa bienfaitrice. Suzie voit les choses autrement. *« Sparkling water ? Oh la la, Paris is so funky ! »*

Arrivées près de la fontaine, nous constatons une pancarte dressée devant nous telle une stèle funéraire : Hors d'usage. Je m'y refuse. Je contourne la fontaine et espère fort. Deux cyclistes qui ont eu la même idée essuient leur sueur et leur déception. Frénétiquement, j'appuie sur la pompe pour faire jaillir quelque chose. Allez, allez ! pour Suzie et ses 15 000 kilomètres ! Rien de rien. L'un des cyclistes m'observe, s'étonnant qu'en plus de me bastonner toute la nuit, mon mec me prive d'eau. Ils repartent, je me désole. La volonté du cœur peut bien mijoter, rien n'est plus hurlant de vérité qu'un panneau. J'aimerais dire à Suzie que, d'habitude, je ne suis pas aussi bancale. Mes émotions s'égarent, celles de Suzie, fixées comme à un essieu, restent implacables.

— No drama, I just want to be with you.

Nous continuons notre balade jusque dans le nord de la capitale, où là aussi, il y a des portes cochères, des rues solidement pavées et des lampadaires sur les artères. Mais aussi des cris et des mégots qui s'échappent des fenêtres, et ses habitants qui entretiennent une relation ambiguë avec Paris. Nous marchons jusqu'à la lente éclosion des étoiles et Suzie me promet qu'un jour, c'est à Perth que nous marcherons. T'en fais pas Suzie, j'ai tout le talent pour te croire.

Deux jours plus tard au Grand Palais, il y a foule pour un artiste mondialement connu. Autour de moi, j'entends les commentaires des visiteurs. Majoritairement des étudiants en arts qui semblent ressentir un truc qui dépasse toutes leurs expériences personnelles de corps et d'âme. Suzie est rentrée hier dans son pays. Voilà, Suzie est en Australie et moi je suis ici.

Après son départ, je pris la résolution de ne recevoir que des Suzie. Mais vite, je rappelais à mon esprit, ce besoin de hasard qui est bien souvent l'enjeu de ma vie et qui me semblait, dans ce quotidien d'hôtesse, à jamais capricieux.

CHAPITRE 9

Ce trimestre, Airbnb voit son chiffre d'affaire croître de 40 % par rapport à l'année dernière. C'est le nouvel ogre du tourisme en ligne, croisant sans crainte sur sa route d'autres ogres : Amazon, Yahoo, Facebook. L'usage qu'en fait ses membres évolue ; l'hôte et son annonce deviennent une vitrine désirable et garnie. Il se doit d'être à la hauteur de tous les badauds virtuels qui s'y arrêteront. Parfois, il attend le voyageur de longues journées. Si l'hôte patiente tant d'heures de sa vie dans l'espoir d'être choisi, c'est qu'il consent au trouble d'une rencontre inconnue. Si au contraire il compte les heures sur sa montre dans l'espoir d'être booké, c'est qu'il est indifférent à l'inconnu, mais qu'il en attend le résultat financier. Bien entendu, il y a d'autres profils d'hôtes que celui du romantique et du mercantile, mais je pense que ce sont les deux qui font respectivement profil haut et profil bas.

En observant certains membres, il est possible de savoir comment ils s'accomplissent dans leur vie. Certains d'entre eux veulent se sentir moralement proches d'autres membres, en se définissant nettement dans leur personnalité. Sur Airbnb, pas d'exhibition compulsive, pas de frénésie : tout ce qu'on allègue sur soi sera vérifié dans l'intimité d'un logis.

Les chiffres de la start-up, eux aussi, changent : 140 millions d'utilisateurs dans 191 pays. Dans ces chiffres insolents, des liens se créent. Et parfois, le passé mort en apparence, réapparaît un peu.

Lors des dernières portes ouvertes Airbnb, des participants échangeaient sur leurs rencontres, les cadeaux de bienvenue, les coups de cœur, leurs causes communes. D'aucuns faisaient des efforts pour dissimuler la cruauté de la solitude que provoque l'absence du voyageur. Je me suis rapprochée d'une vieille dame au serre-tête jaune qui a été hôtesse à San Francisco. Le message de son profil tenait en une phrase : *I'm in love with the universe*. Elle me raconta comment elle avait mobilisé une grande partie de la baie californienne pour un seul homme. Cet homme, elle l'a reçu chez elle dans sa maison victorienne. C'était un vieux monsieur cubain qui avait vécu dans les Painted Ladies cinquante années plus tôt avec une dizaine d'ouvriers en colocation. Il lui fallait absolument revoir une maison précise, mais il n'en disait pas la raison. Depuis la Géorgie où il vit actuellement, c'est elle qu'il avait choisie dans le quartier d'Alamo Square, et elle s'est rapidement senti investie d'une mission. Le vieux Cubain et la dame au serre-tête retrouvèrent difficilement la maison parmi les milliers d'autres. Il fallut encore du temps à l'hôtesse pour convaincre les nouveaux propriétaires pendant que le vieux attendait sur le porche. Enfin, ils le laissèrent entrer. Il savait où diriger ses pas. Il monta au plafond à l'aide d'un escabeau, gratta précisément un peu de peinture près des câbles de la suspension. Le blanc rosé s'écailla et, à la place, vinrent des tétons tout rosés. Il gratta encore et une chevelure se déploya. Sous la peinture, se cachait une fresque murale qui recouvrait tout le plafond de la salle de réception. Le vieux avait peint toutes les femmes qu'il avait aimées, mais surtout celles qui ne l'avaient pas aimé. Pour ce faire, il avait utilisé des peintures aux pigments capables de résister au temps. Les propriétaires n'avaient jamais entendu parler de cette fresque. Ils n'étaient pas nés il y a cinquante ans. Ensuite, le vieux eut envie d'aller s'égarer dans les grands vignobles de la vallée californienne, avec son hôtesse. Là, je demandais quel genre de suite le vin avait donné à cette effervescence. *« Oh, it's awkward sweetie ! »* Certes, elle m'a trouvé maladroite, mais elle a hoché la tête deux trois fois en rougissant. Je n'en ai rien déduit, moyen infaillible de toujours imaginer. Après le Cubain, la dame au serre-tête jaune n'a plus voulu recevoir d'autres voyageurs.

Parfois, je me repasse les images de leur rencontre. Dans un long silence, je me demande : Pourquoi avoir arrêté après lui ? Y aurait-il un pacte tacite qui s'établit au premier regard entre deux personnes ? Comme je prends cela très au sérieux, je lis un ouvrage sur la synchronicité, concept d'un docteur suisse sur ces rencontres du hasard qui surviennent à des moments précis pour changer le cours de notre vie. Tandis que je relis quelques passages pour affiner mon intuition, une nouvelle réservation apparaît sur mon téléphone. C'est une Française, Nadine. Elle justifie sa venue d'une phrase intrigante : « J'ai un rôle à jouer dans Paris. » C'est une Picarde d'une soixantaine d'années, gérante de supermarché, écrivain public et coach en séduction. C'est en l'honneur de son troisième métier qu'elle vient pour animer une conférence. Je regarde son univers résumé en photos. Sur chacune d'entre elle, du fard à paupière et de la terre de soleil qui ne camouflent pas ses rides. Nadine est dans un club d'Hammamet entourée de jeunes hommes qu'elle dépasse tous d'une tête et de trois tailles. Nadine a écrit un livre d'entreprise. Nadine est le mois de juin du calendrier du CE de son supermarché. Comme la dame au serre-tête jaune, sa personnalité tient aussi en une phrase : « Je m'améliore pour les autres tant que les autres vivront. » Je surveille d'un œil intrigué les photos de cette Nadine. Avec son menton maculé de victoires au champagne, on dirait qu'elle s'acharne à exister quand d'autres s'acharneraient à la détruire. Un plasticien un peu kitsch en ferait une œuvre d'art : la jument Maybelline.

Nadine est en retard. Ce qui m'arrange, car au pied de l'immeuble, les jeunes du quartier ont un nouveau jeu qui leur donne le visage de l'extase : détourner les bouches d'incendie pour en faire des fontaines. C'est pour eux un moment d'euphorie qui pourrait décrocher un sourire aux habitants du quartier, mais qui risque d'inquiéter un voyageur de passage pour son côté ghetto de jeunes Africains découvrant l'eau potable. Je regarde le spectacle donné en première loge, par une troupe à demi-nue, isolée du reste du monde, givrée par chaque éclaboussure. Nadine m'appelle pour que je la récupère au métro. Mais quand je sors de l'ascenseur, je l'aperçois de dos devant le portail. Elle porte une robe de soie qui se tend dangereusement sur la couenne de ses décennies, une main posée sur la hanche et agite un éventail de l'autre. Elle est concentrée par la piscine improvisée qui force les cyclistes à faire un écart sur la route. Un ado passe devant elle, immensément grand, sculpté comme un éphèbe. Buste imberbe, postérieur irréprochable. Il est maintenant à la hauteur de Nadine, admiré par la troupe en retrait pour son arrivée. Il pousse un hurlement de guerrier qui tord ses muscles et lutte en plein soleil contre la puissance de la bouche d'incendie.

— Bonjour Nadine !

Elle se retourne dans un demi-cercle parfait en gardant son bras sur sa hanche. Son sourire n'est plus celui d'une jument. Elle repousse ses lunettes de soleil que sa coupe en brosse maintient facilement et son sourire est celui d'une personne qui ne s'est jamais cassé les dents.

— Vous êtes Nafissa ?

— Bienvenue !

— Dis donc, c'est animé par chez vous ! Que fait la police ?

Elle s'approche de moi et j'aimerais lui proposer d'aller patauger avec les ados tant elle ressemble à un homard ébouillanté. Mais je lui serre la main.

— Vous avez trouvé l'adresse facilement ?

C'est une règle de base : toujours les détourner sur un autre sujet quand ils en abordent un sensible.

— Qui paye les frais de réparation ?

— Ils ne font ça que pendant la canicule… ils ne vous rappellent pas l'ambiance de ces films new-yorkais ?

Nadine se perd dans un flashback. Je pense qu'elle aussi revoit la scène d'introduction du film *Sleepers*, lorsque des gamins du Hell's Kitchen de Manhattan jouent avec les bouches d'incendie.

— Exact, avec De Niro et Brad Pitt ! Ces enfants semblent si heureux et innocents en s'arrosant… Vous avez raison, c'est de leur âge.

Arrivées à l'appartement, elle retire ses talons, se dirige vers la cuisine et y provoque un remue-ménage comme si tous les accessoires se répandaient en cascade sur le sol. « Vous embêtez pas, j'ai une formidable intuition concernant les ustensiles de cuisine. » Elle prend mon verre favori, boit sans remords mon demi-litre de jus de nopal qu'une mère et sa fille mexicaines m'ont offert et que je prenais soin de garder pour une occasion spéciale. Je la dévisage, surprise de l'aplomb avec lequel elle me défie chez moi. Avec pour seule arme, ce sourire.

— Ça fait du bien… y a un ventilateur dans la chambre ?

— Pour vous j'ai un tuyau d'arrosage.

Elle hésite puis éclate de rire. On ne me la fait pas : je sais d'avance qu'elle me démolira dans son commentaire.

— J'ai été très étonnée en découvrant votre profil, Nadine…

— Ahhh…

Elle me répond d'une voix suave un peu grossière en humectant ses lèvres. Elle se remet une couche de rouge à lèvres un peu trop rose, se repoudre le visage contre la sueur mais ne touche pas au diaporama de couleurs autour de ses yeux.

— Étrange ce jus, on trouve tout à Paris !

— Vos métiers m'intriguent, Nadine.

— Manager et écrire, c'est à la portée de tous aujourd'hui… c'est mon métier de coach en séduction qui vous intrigue ?

Je la scrute sans pitié. Elle n'aime pas ça, fixe mes cheveux en s'amusant :

— Alors quoi, ça la défrise ?

— Seule l'averse me défrise. Revenons-en à nos moutons, vous disiez donc être coach en séduction…

— Ne vous emballez pas, j'ai mis des années à construire ma réputation. Aujourd'hui je vise la réussite à 92 %.

Elle porte ce dédain avec l'impudeur qu'on rencontre parfois chez les femmes qui n'ont plus rien à prouver, mais qui attendent la première brèche pour verser leur flot de vérité.

— Attention toutefois… un trop grand désir de vouloir se faire aimer peut gâcher cette ambition. Il ne faut pas en faire un acte social ou romantique. Moi, je n'en sauve qu'une poignée.

— À quoi ressemblent vos clients ?

Elle caquète avec joie. Comme s'ils étaient là, languides devant le maître.

— Aucun ne se ressemble, mais tous ont l'impression de n'être jamais aimés... une déshumanisation sentimentale, vous voyez ?

Je vois très bien. Elle me décrit très certainement sa propre jeunesse. Malheureuse de déplaire involontairement, jusqu'à ce que la soixantaine soit l'âge de la revanche.

— Vous voulez dire que si vous n'intervenez pas dans leur vie, ils sont incapables de...

— Incapables tout court ! Ils sont comme ces pandas en Chine, une espèce faible et menacée qui se porte mieux depuis qu'ils sont dépendants de la main de l'homme.

— Et l'homme, c'est vous ?

— Dans ce contexte, on peut dire que je suis l'homme.

Cette femme n'a aucune faille.

— Il vous arrive d'en profiter ?

— Jamais. Je les aide à provoquer et à se provoquer. Devinez qui est mon dernier client ?

Elle cherche à présent à m'amener à un état d'émerveillement.

— Le P.-D.G. de Leclerc...

Ça m'impressionne malgré moi.

— Vous n'êtes pas tenue par le secret professionnel ?

— À qui iriez-vous dire ça ?

— C'est bien payé ?

— Je chéris mes trois carrières. J'ai passé ma vie à me restreindre, à voir les autres se restreindre. Aujourd'hui, je sais que l'homme a un potentiel qu'on lui cache.

Elle s'enfonce dans le fauteuil, se lamente d'une carrière compliquée, mais Dieu merci, pas infructueuse.

— Pour ma génération et celle de mes clients, tous ces changements de comportements, dont l'arrivée des sites de rencontres, sont des procédés qui nous dépassent et qui renforcent nos solitudes.

— Vous n'êtes pas à l'aise avec ça ?

— Avec la solitude ou les sites de rencontres ?

— Je parlais plutôt des sites.

— Disons que ces rencontres virtuelles sont comme un saut dans une piscine chlorée en comparaison d'un bain de soleil. Oser aborder dans la vraie vie, ce n'est pas acquis pour tous. Mes clients les moins timides, quand ils tournent autour d'une personne, n'arrivent jamais à trouver la phrase d'accroche. Vous savez pourquoi ? Le génome ! Les Picards, par exemple, ne sont pas loquaces, c'est dans leur ADN... Vous, par exemple, quelles sont vos origines ?

Je lui réponds avoir des grands-parents maternels du Maghreb, et paternels du Cap-Vert. Nadine me regarde maintenant avec la tâche d'un physionomiste, suspendue entre admiration et surprise.

— Quelque chose dans votre sang, Nafissa, favorise l'impulsion. C'est une force qui doit vous entraîner à tous moments : génial !

On ne m'avait jamais parlé comme ça de mes origines. Nadine continue de m'observer. Si je lui montre ma langue, me fera-t-elle un pronostic sur ma carrière de scénariste ? J'ai beau essayer encore de me moquer un brin d'elle, ma curiosité n'est pas passée. Elle s'est propagée dans mon cerveau et je n'ai plus aucun réflexe d'hôtesse ordinaire. Il me faudrait voir Nadine à l'œuvre dans ses méthodes.

— Nadine ?

L'eau des fontaines a astiqué le quartier. Les bouches d'incendie sont vidées, le calme est revenu.

— Oui ?

Elle se lève et se déplace entre mes deux fauteuils, lourde du demi-jus de nopal qui flotte dans son estomac. Le miroir incliné l'attire. Elle s'approche et il lui rappelle qu'elle est ici en mission. Qu'elle maintient cette allure ferme pour ses disciples, non pour une auditrice curieuse.

— Voici vos clés.

Après tant d'échanges intéressants, je retourne aux tâches bêtes et monotones de l'hôtesse. Nadine visite sa chambre, ravie de la propreté et des draps en lin. Elle consulte sa montre en soupirant vulgairement, avale trois comprimés et tire les persiennes.

— Vous siestez ?

— Ma conférence est dans quelques heures, je dois préparer une dernière fois mon speech d'intro et travailler ma voix... Il faudra qu'elle porte, la salle sera grande et je déteste les micros.

Finalement, la fatigue l'emporte. Je l'entends donner libre cours à ses instincts de ronfleuse sans que disparaissent de son corps, des braises sur le point de s'enflammer.

Je me demande si, comme elle, je pourrais un jour déterminer ma valeur en fixant un prix. C'est vulgaire et en même temps, je me sens à l'aise dans cette pensée. N'importe quelle femme serait à l'aise après avoir rencontré Nadine. Elle voudrait intimider, elle fait mieux : elle décomplexe. En écoutant ses ronflements, je prends conscience du déroulement de mes pensées : *impulsion, force, génial*. Avec tant de franchise,

Nadine m'a faite conquérante de mon monde. Il est 14h20, je prends mon ordinateur et file dans un café rue Paul-Bert. Au calme et seule en terrasse, l'heure est venue de faire part de mes prétentions salariales, que j'exprime dans un email auprès de ma productrice Angèle, car soudain, je me sens effrontée, chanceuse de l'être, et suprêmement confiante. Je me reconnais bien là, permettre à mon esprit mille illusions en me dupant moi-même.

De nouveau chez moi, j'entends les pas lourds de Nadine et sa silhouette apparaît près du salon. Son sourire et sa vitalité sont toujours terrassants et sa main ne lâche pas sa hanche. Elle s'est changée et porte une tenue cartésienne définie par une veste tailleur et une jupe crayon.

— J'ai été réveillée par un camion de pompiers juste en bas de la fenêtre… ce n'est pas vrai qu'ils sont plus beaux, ils portent juste un uniforme. Les clichés sur l'apparence seront un des thèmes abordés ce soir.

Elle épingle sur le revers de sa veste son badge de coach officiel et fixe droit dans les yeux le miroir de l'entrée.

— Si vous ne faites rien ce soir, passez me voir à la conférence.

L'invitation ne passe pas par le regard. Mais oui, je peux dire qu'elle a converti une incrédule dont la méfiance s'est muée en fascination.

— Avec plaisir, Nadine.

Son téléphone sonne, elle répond un peu affolée. Un taxi est en bas de l'immeuble et l'attend. Tout ce qu'elle dit à présent sort dans un excès de précipitation qui ne me donne aucune information sur le lieu de sa conférence : « Je dois vérifier l'éclairage de l'auditoire, le design de mes diapositives, est-ce que j'ai mon badge ? oui il est sur moi, allez c'est parti ! »

En relisant ces messages d'arrivée, je peux voir que Nadine cite le parc de la Villette. J'ai l'adresse, et après ? Il m'est parfois arrivé de lancer des invitations dans l'espoir qu'elles soient déclinées. L'initiative en elle-même suffisait à flatter celui ou celle à qui elle était adressée. Sauf que… elle n'a pas pu me parler autant de son métier de coach sans laisser planer le souhait d'avoir une auditrice en plus.

Au parc, je regarde les nuages bas se carapater de l'autre côté. Le terrain de Nadine sans doute. Je traverse un jardin protégé du vent et du bruit par des massifs de bambous. Il doit y fait sombre même à midi. J'arrive dans le plus grand bâtiment de la cité. Je suis dans l'aile nord et les conférences se déroulent dans l'aile sud. Des vigiles traînent dans les couloirs, moi dans les étages, et les portes sont silencieuses. Mais au bout de ce couloir, du bruit dans une salle allumée. Et des gens entrent. Je m'y faufile en regardant leur besoin d'être aimé. Ce sont de jeunes quadras qui ont tous l'air d'avoir 150 ans. Quand des talons claquent sur les marches de l'escalier, nous regardons tous à travers les vitres du couloir. Un homme efféminé entre, ongles manucurés, des lunettes à verres teintés. Il se présente comme intervenant dans cette conférence sur les arts et sciences occultes. Je ressors discrètement.

Nadine n'est nulle part, ou alors je ne sais plus chercher. Je me donne encore de la peine dans ce parc immense en accostant un employé qui passe plusieurs appels dans son talkie-walkie. Aucune trace de la conférence de Nadine. Il me suggère de retourner à l'accueil. Là-bas, je donne l'identité de Nadine, et la réceptionniste me tend un plan en entourant au stylo une parcelle du parc. Je n'arrive pas à visualiser l'endroit, bien qu'il soit entre les numéros 21 et 22, car il me semble qu'il n'y ait que du gravas par là-bas. Alors la réceptionniste me répète à voix plus douce, sur un rythme qu'elle espère convaincant : « C'est entre la folie Observatoire et la folie Argonaute, d'accord ? » Une seconde, j'ai l'air d'une effarée à la limite de l'absurde et de la saturation.

Cette fois, il fait nuit. Des ronces qui se nouent comme elles veulent, traînent leurs branches épineuses sur mes genoux. D'après le plan, je suis arrivée entre les deux folies qui sont en fait des bâtiments rouges vifs disséminés dans le parc. Aussi loin que je regarde, il n'y a aucune salle, aucun abri qui pourrait recevoir une conférence. Rien n'est éclairé dans les alentours. À une cinquantaine de mètres, il y a même un groupe qui se tient dans l'ombre. Je m'y avance dans un dernier effort et je pense reconnaître la voix de Nadine. En me rapprochant, je goûte à la certitude que c'est elle. Dans une paillote démontable que les organisateurs de la Villette improvisent l'été, Nadine est là. L'éclairage est si tamisé qu'il ne laisse voir qu'elle et un tableau sur un chevalet. J'avance jusqu'à être dans son champ de vision. Si elle m'a vu, elle ne m'accorde pas la moindre attention. Dans la paillote, deux rangées de quatre participants parlant peu, séduits par un plaisir qu'une présence extérieure gâcherait. Quant à Nadine, elle est comme je l'imaginais, sereine et totalement identifiée à sa méthode *Se faire aimer en sept étapes*, devant huit âmes qui ne cherchent qu'à être convaincues et à plaire sans dissimuler leurs travers apparents.

Au petit matin, Nadine quitte l'appartement sans un mot pour prendre le train direction Saint-Quentin. Alors, un événement aussi inattendu que fabuleux se produit. Juste après, Angèle m'envoie un contrat d'option pour l'écriture d'un long-métrage qui m'occupe depuis des mois. D'abord, une peur. Peur de ce qu'elle va enfin m'offrir. J'étais trop fébrile. Tous ces avantages, cette exclusivité comme on l'appelle dans le milieu, je ne sais pas comment les recevoir. En lisant, je sue. Sur une période d'un an, une rémunération me sera versée tous les mois par Angèle. Ce moment où l'on quitte le silence pour crier victoire, j'ai préféré le taire. Où est l'auteure modeste et travailleuse ici ? Nulle part. Il n'y a qu'une nana faite de trois fois rien. Toujours remuante, qui a besoin d'un bout de papier pour garder sa foi. Tout le contraire de Nadine. Hier, j'ai pensé que j'étais en droit de la railler, aujourd'hui, je me sais indigne de l'élan qu'elle m'a apporté.

Je n'ai plus jamais reçu de coach après elle.

CHAPITRE 10

Montorgueil n'est pas encore réveillé. La fraîcheur de la nuit glisse sur les pavés que les riverains mordront plus tard. Je pourrais offrir des douceurs à Jocelyne pour accompagner ma surprise. Je ne me souviens plus des dernières nouvelles que j'avais données, sinon reçues. Simplement, je me demande si le temps ne déteint pas trop sur sa personne. Toutes ces affres rencontrées en poésie, doivent bien représenter une réalité. Ma seule certitude à présent, prendre des nouvelles de Jocelyne.

Chez *Charles chocolatier*, c'est après l'avoir posée que ma question me fait honte :

— Quels chocolats aiment les vieux ?

C'est l'ouverture. Le vendeur est encore tendre. Il ne relève rien et se plaît à me montrer les douceurs les plus appréciées de sa clientèle du troisième âge. Derrière la vitrine, toutes ces gaietés chatoyantes m'envoient des lueurs.

— Les orangettes sont une valeur sûre. Les nôtres sont faites avec des oranges à peau épaisse non traitées. Vous goûtez ?

Je me méfie du mélange chocolat noir et écorce d'agrumes. Mais puisque Jocelyne est dans son cœur de cible, « Donnez m'en 500 grammes ! » Le vendeur s'acquitte de son affaire en choisissant un ruban en accord avec le ballotin. Coordonner et assembler lui procure les distractions du bonheur. Près de la caisse, des verrines de confitures attirent mon attention. Un bon vendeur sait suivre le réflexe d'un client.

— Ces merveilles nous viennent de Lorraine... les pépins ont étés ôtés des groseilles par une plume d'oie qui déflore la peau du fruit sans rien endommager de sa pulpe.

C'est vrai que ces groseilles ont l'air de pierres précieuses. Étourdies et flottantes, comme des étincelles avant la nuit.

— Le caviar de la groseille ?

— Depuis le XIVe siècle ! Marie Stuart, Victor Hugo, Poincaré en raffolaient... Hitchcock en dégustait chaque matin sur une cuillère de glace à la vanille.

Une routine aussi chic exprime quelque chose d'une personnalité, me dis-je en repensant à la silhouette pachydermique d'Alfred.

— Et aujourd'hui, quels ambassadeurs pour ces confitures ?

— Pfff...

J'aimerais en prendre une. Juste parce qu'il est bien gentil ce vendeur. Hélas, à 35 euros les 100 grammes, le caviar sera pour les yeux. Je lui promets d'en parler à mes touristes qui achètent régulièrement des souvenirs dans le quartier. Il me laisse dix cartes de visites et m'offre un cannelé.

— Si vos touristes viennent m'acheter des confitures, je leur dirais qu'elle doit se ranger dans la valise en soute, et pas en cabine sous peine de se la faire prendre !

— Vous êtes très gentil. Je l'ai pensé il y a quelques secondes sans oser vous le dire.

— Alors revenez, juste pour dire bonjour !

C'est le genre de visite qui aide à se lancer dans l'engrenage d'une journée.

Je cogne doucement à la fenêtre de Jocelyne. Des pas lourds et massifs répondent. La porte s'ouvre, Hercule apparaît. Après quelques tâtonnements, je demande s'il est le fils de Jocelyne. Mais non ! Elle n'a qu'une fille dont elle m'a raconté toute la vie : Ida. Comme la fille de Chagall. Derrière l'homme, je ne vois plus la reproduction de *Taureau violoniste et jeune fille au bouquet*. C'est la première chose qui saute aux yeux en entrant chez Jocelyne.

— Je suis le propriétaire. Vous êtes... ?

Taureau violoniste et fille au bouquet décorait tout le mur du fond. Il est remplacé par un triptyque de la tour Eiffel en poster plastifié.

— Je suis venue voir l'ancienne locataire. Elle est partie ?

— Oui.

Il se retourne pour se moucher. Ça me laisse le champ libre pour découvrir que tout a changé. La cuisine, autrefois un îlot central qui se transformait en petite salle à manger, est devenue une surface pour étagères et rangements. Tout y est fait pour optimiser l'espace au maximum.

— Vous revenez vivre à Paris ?

Cette fouille-merde est incompatible avec mes intérêts, se dit-il sans pouvoir savoir qui je suis. Quelques mots errent sur ses lèvres qui sortent avec difficulté.

— Je dois réintégrer mon studio.

— Désolée pour vous.

— Comment ça ?

— Vous viviez dans un domaine du Var. C'est un changement.

— J'ai... besoin de me retrouver seul.

Il y a une, deux, trois, quatre paires de chaussons près du

paillasson. Je pourrais lui demander s'il souffre de dissociation de la personnalité. Car enfin, tout est pensé pour quatre ici, quatre assiettes, quatre couverts, quatre sets de table, quatre tabourets encastrables qui ont remplacé le fauteuil en rotin suspendu au plafond, et deux couchages placés sous la mezzanine avec une serviette de bain pliée sur chacun. Finalement, nous serons deux à jouer la comédie.

— Vous avez été confronté à un choc récemment ?

Ma présence est un souci. L'enjeu pour lui est de contrôler le passage de sa personnalité de normal à déviant.

— On peut dire ça...

— Tout s'explique. Quand il a subi un choc, le cerveau du malade souffrant de troubles dissociatifs se fractionne en « alters ».

Il me regarde avec autant d'appréhension que le capitaine Nemo découvrant le calamar géant collant ses tentacules au hublot de son vaisseau. Ensuite, il dépose sur l'étagère quatre mugs *I love Paris*. C'est un rappel. Ses troubles altèrent les fonctions comme la mémoire ou la perception de l'environnement. J'avertis :

— Lorsque l'on reste seul trop longtemps, il est possible de souffrir d'amnésie dissociative.

Il comprend que le jeu continue, mais ses interventions sont encore timides.

— Vous êtes bien renseignée.

— C'est surtout que vos maux m'inspirent de la compassion.

— Merci. Je dois prendre mon traitement. C'est terminé ?

— Presque. En repoussant ces identités qui prennent le contrôle sur vous, seriez-vous capable de vous souvenir où est partie Jocelyne ?

— Non !

Il refuse de jouer le jeu avec elle. Il s'en fiche. Il y a autre chose dans son avenir : un maximum de touristes Airbnb dans le studio. Sûrement qu'il ne sait plus rien de Jocelyne, mais le mince espoir que j'ai la concernant ne s'accommode pas de si peu de réponses.

— Elle a été votre locataire pendant dix-huit ans. Vous ne savez pas où elle a pu aller vivre ?

— Je sais seulement qu'elle a vendu tous ses biens.

D'un coup, il claque ses doigts.

— J'ai envoyé le chèque de caution chez sa fille... elle y est peut-être.

— Vous avez l'adresse ? Jocelyne n'a pas de portable.

Pressé et dérangé, il cherche ce qui pourrait me faire dégager. Il ne trouve rien. Il me permet d'entrer pour écrire mon numéro sur un post-it.

— Vous m'enverrez l'adresse ?

— Je vais essayer.

Il n'en fera rien. Au moment où j'allais prendre congé, je remarque des règles affichées contre la porte.

— Speak s'écrit s.p.e.a.k. Speck, c'est de la charcuterie. *Speck slow and after midnight*, annonce que le jambon des Dolomites se mange lentement avec du chocolat à la menthe. C'est dégueulasse.

« Ça en a l'air », qu'il dit en arrachant les règles. Il rit contre son gré, ne sachant pas si c'est la réaction que j'attendais. Ce rire forcé, ces mouvements brusques, de ceux qu'il a pu avoir pour régler son affaire, et puis cette voix, ce dosage de retenue et de réticence, tout ça m'empêche de rester ici une seconde de plus, et alors, je repense à la surprise que j'ai souhaitée, à ce vendeur qui savait quelle saveur lui donner, et tout ça s'enfuit, tout se fait si vite et la vie est folle. « Bon… au revoir ! » lâche-t-il en me fermant la porte au nez.

Bientôt 83 ans, où vis-tu Jocelyne ? Tu t'étais harmonisée une niche délicate et gaie, qui s'accordait à toi. Tu vivais dans ton oasis qui contrastait avec les vomis des alcooliques en terrasse. Comme ils doivent te paraître tolérables maintenant ! Il y eut une conséquence : ton bras cassé. Lorsque ta fille l'a appris, elle n'a pas daigné se déplacer. Ida, j'ai fini par la connaître en t'écoutant. Si elle est telle que tu me l'as dépeinte, tu n'es pas chez ta fille. Où alors ? Cette question sans réponse provoque mon impatience. Quand je me prends pour une frégate qui fend l'espace vers sa cible, je me plante. Quand j'imite l'impassible araignée guettant le signal d'une vibration sur sa toile, je me plante aussi. Autant se prendre pour la frégate.

Traversant rapidement la Seine, je sonne à l'interphone du 46bis Edgar-Quinet. Par chance, c'est un stagiaire qui m'ouvre. « Bonjour, je sais qui je cherche. » Je m'enfonce seule dans le couloir qui dessert les petits bureaux. Tout me réapparaît avec la netteté d'une photo. Monsieur camemberts n'est plus là. Seules traces de son passé, les cartes des logements. Son absence est louche. Il semblait si investi dans son travail. La vie lui a-t-elle offert une autre carte ? Pour ne pas attirer les regards, j'arpente les allées sur la pointe des pieds. Je fais un vœu pour qu'« elle » y soit. Il s'est réalisé. Dans le cercle lumineux de la lampe, l'Antillaise aux rubans est à son bureau. Elle n'a plus ses rubans. Elle est changée, sans exaltation, morne et vieillie. À quelques heures d'une retraite, attendue ou crainte, je ne saurais dire. Je lis qu'elle s'appelle madame Martial. Je me présente à elle par de miséreux souvenirs. *Sans logement, hiver 2009, grand froid.*

Elle s'efforce de cacher sa pitié. Tout avait bien fini pour moi, elle s'en souvient.

— Vous avez rendez-vous ?

Une frégate ne prend jamais rendez-vous.

— Je pense qu'il est arrivé quelque chose à madame Péliard. Est-elle venue vous voir ?

— Mon devoir est d'aider tout locataire menacé d'expulsion. Pensez-vous que Jocelyne est dans ce cas ?

— Je pense que son propriétaire a flairé le potentiel du studio à poutres.

Elle se laisse choir sur son fauteuil en promenant son regard intrigué sur moi. Cette suspicion me donne une furieuse envie de partir. Comment allais-je assumer cette irruption déclenchée par une émotion ?

— Vous avez vu son propriétaire dans le studio ?

— C'est pour Jocelyne que je suis ici, pas contre lui.

— Pas contre lui ?

Son esprit se raffermit, et instantanément, elle suit le cheminement de ses doutes. « Depuis l'arrivée de cette start-up américaine, un logement à Montorgeuil est devenu une unité de production... pensée pour un maximum de rendement », reprend-elle d'une voix basse et lucide. Me voilà coincée dans une indécision absolue. Secourir Jocelyne, c'est charger le propriétaire. Dans le filigrane de cette accusation, c'est Airbnb que j'attaque. Madame Martial sent mon embarras. Contrairement à sa nature patiente et vertueuse que j'ai pu découvrir il y a six ans, elle ne cherche plus à comprendre, et l'idée que je me taise à présent serait si inconcevable qu'elle y verrait une lâcheté. Elle continue :

— Notre association agit pour ces cas précis ; je ne suis pas certaine que le propriétaire de Jocelyne soit dans son droit puisque son bail n'était pas précaire. Sauf s'il prétend habiter le studio… C'est le cas ?

— Oui.

— Pensez-vous que c'est pour le louer via cette plateforme ?

— Peut-être que oui, peut-être que non.

À force de malaise, ma voix est atone et découragée. Madame Martial, elle, ne résiste pas à me souffler au visage :

— Seriez-vous d'accord pour faire une attestation de témoin ?

— Non !

Je n'ai pas trouvé d'autres mots pour motiver mon refus. En fait, j'aurais dû en dire moins, mais on ne revient pas sur une chose dite. Madame Martial refoule sa colère au bord de son corps. À la manière dont elle serre son poing droit, je sens sa nature militante prendre le dessus et cet effort ne fait qu'augmenter sa faiblesse.

— Avec ou sans vous, l'association va assigner la plateforme en justice. C'est la seule manière de réglementer le bazar qu'elle est en train de mettre dans Paris.

Une frayeur me serre l'estomac. Il ne me faut pas longtemps pour déclarer avec la rapidité de l'éclair :

— Airbnb permet à beaucoup d'entre nous de payer les factures : moi par exemple.

J'ai essayé de contrôler ma voix, mais ma peur a dû me trahir, car madame Martial reste muette. Ses yeux épuisés ne me lâchent pas, son corps reste aussi immobile que l'air de la pièce. J'en ai encore trop dit, et bien que la plupart des hôtes Airbnb tiennent leurs activités très secrètes depuis que nous sentons venir un vent nouveau de délation, je ne veux pas me démentir.

— Les hôtes n'ont pas tous le profil de ce propriétaire, ni ses intentions.

Sur son visage, je lis maintenant le désespoir et le souvenir de Jocelyne. C'est si sincère et peiné à la fois que j'en ai honte. C'est pourtant une évidence, jamais nous ne reverrons Jocelyne. Madame Martial l'appréciait, elle était sensible à ses engagements. A-t-elle besoin d'apprendre que ses succès furent fugaces et sa défaite éternelle ? Je réfléchis et j'ajoute :

— Aussi, je n'ai pas oublié ce que vous avez fait pour moi : voici des chocolats !

Elle regarde mollement le ballotin, et moi, en sachant ce qu'il contient, je pense à Jocelyne, me disant : *Tu vis désormais heureuse en campagne entourée d'hirondelles.* Je résiste comme je peux à ce mensonge et soudain, j'y crois, je le vois si bien que je cherche à l'avance, les mots que je lui écrirai dans un courrier qui la féliciterait du tour de passe-passe qu'elle m'avait joué en disparaissant.

Madame Martial cherche à me dire un dernier mot, alors rapidement, je la salue.

— Je vais devoir partir.

Ma voix est à présent celle d'une citoyenne, dégonflée mais délivrée. En se mordant les lèvres, elle me reconduit jusqu'à la porte. Ne pas se regarder dans les yeux est ce qu'il y a de mieux à faire pour chasser notre gêne. Alors que j'ai mis un pied sur le trottoir du boulevard Quinet, madame Martial me retient :

— Vous ne voulez pas savoir ce qu'est devenu monsieur Cochin ?

Ah, monsieur camembert. Entendre ce qu'est devenu ce conseiller ne changera plus grand-chose à mon existence. Surtout, j'hésite à écouter plus longtemps madame Martial, surprise par l'appétence et l'impatience qui se lisent sur sa bouche.

— Eh bien, comment va-t-il ?

— Ce qu'il est devenu n'arrangera pas vos affaires !

L'effet qu'elle veut produire par cette mystérieuse remarque l'affecte jusque dans sa posture. D'un coup, elle s'anime. Elle dodeline de la tête, croise ses bras sous sa poitrine, se la joue menaçante, mais c'est un effort et non pas une nature chez elle. Dans quel but ? Souhaite-t-elle me faire porter ma lâcheté ?

— Monsieur Cochin a été engagé par la mairie de Paris comme agent assermenté. Avec sa brigade, il traque les locations d'Airbnb et les gens comme vous.

Bien des mots m'ont déjà terrassée. Si effrayants, je n'en connaissais pas. Quand j'ai assez de force pour avaler la pilule, le corps de madame Martial se sent renaître. Soit son sang retrouve le chemin de ses veines après une petite carence en fer, soit Airbnb la ressuscite d'une mauvaise passion. Sa colère contre la start-up lui tire de petits grondements rageurs, elle devient un orage gonflé. Ses mots lui brûlent la bouche, mais elle ne s'arrête pas de maudire la start-up dont l'image est actuellement représentée sous mes traits. Ça finit par me démanger sévère. À chacune de ses piques et menaces, le peu d'assurance qu'il me restait s'écroule. Bon sang, qu'est devenue la Nafissa courageuse qui soutenait les femmes et les enfants face aux traditions les plus sévères ? Est-ce-possible que ce sac d'angoisse muselé aux pieds d'une spécialiste du logement soit l'ambitieuse d'autrefois ? Un sursaut d'orgueil me redresse, mais mon ennemie a d'autres dagues à retourner contre moi.

— Grâce aux dénonciations, Cochin se rend sur les lieux pour confronter les touristes avec les propriétaires, ou pire, les locataires !

« Dans quel but ? », je demande en essuyant sa salve de postillons.

— Ah ça vous intéresse ! Réfléchissez.

— Chaise musicale puis partouse.

— Ça vous amuse ?

— Non.

Des collègues de madame Martial ont entendu notre différend. Leurs joues et leurs fronts s'agglutinent derrière la fenêtre.

— Cette start-up est un danger pour notre ville déjà raréfiée en logement ! Heureusement, il est facile de regrouper des preuves. Si l'activité est clandestine, savez-vous la suite ?

Cette fois, elle jouit avant les préliminaires.

— Cochin envoie un dossier au tribunal !

Je ne vais pas bêtement répondre que ma chambre des quartiers oubliés ne doit pas inquiéter la mairie de Paris. Ni qu'une brigade, j'ai bien entendu le mot « brigade », aurait mieux à faire. Je pense ça, je n'en sais rien. Les plus petits ne payent-ils pas toujours avant les autres ? N'est-ce pas ainsi que tourne le monde ? Tout est si incertain que ça m'écœure et mon incertitude semble exalter madame Martial. « Ce que vous faites est malveillant et illégal », conclut-elle.

Tout à coup, je me sens insultée. Que sait cette dame de la vie que je mène ? Quel mérite s'octroie-t-elle à triompher ainsi sur moi ? Brian, Yolanda, Pétra, délivrez-moi de madame Martial. *Qui ça ? Elle n'existe déjà plus. Ce n'était qu'une plume. Nous, nous sommes la roue du paon. Nous avons conquis ceux et celles qui nous regardaient de loin. Madame Martial n'est qu'un duvet. Ôte-la du plumage, ça ne change rien à la parade.*

— Ils ont raison, vous êtes une plume !

Bien qu'elle n'ait pas pu le comprendre, mon affront lui reste dans la gorge. Cette fois, je m'éloigne du 46 bis. En me retournant, je vois la colère envahir le visage de madame Martial. Comment en arrive-t-on à autant de tensions, d'hostilité ? Elle essaie de rentrer à l'intérieur du bâtiment, mais trop sonnée, ses pas ne la soutiennent pas. Je reviens pour l'aider, mais ses collègues s'élancent vers elle, ne pouvant s'empêcher d'improviser une petite mise en scène de grands sauveteurs. L'un d'entre eux me fixe entièrement. N'ayant pas d'attaques toutes prêtes, il me claque la porte au nez.

Plus loin, je me laisse tomber sur le trottoir. Au-dessus de moi, les nuages passent. Un vent discret les change en une longue traînée colorée pour nous rendre la lumière plus douce… dans l'indifférence absolue. Car en bas, ça s'affaire. Devant moi, le marché Edgar-Quinet dans son habituel désordre. Des vendeurs s'agitent devant les clients, des clients s'affolent devant les vendeurs, des vendeurs et des clients exhibent leurs galères avant qu'elles n'apparaissent. Je n'entends que ça. Des espoirs et des craintes tassés sur les trottoirs qui nous soutiennent, impatients de tout renverser pour tout recouvrir. C'est ça. Ça n'a jamais été que ça. Tout ce que j'ai toujours redouté de la vie et de ses vaines attentes. Et derrière moi, une femme se remet sur pied. Spécialiste du logement, militante anti-Airbnb ou salariée exténuée, une femme exprimait ses dernières résistances avant d'être poussée vers la sortie. Et après ? Comme Jocelyne, la rue recouvrira madame Martial d'un glacis de bitume, de fiel, de boue. Elles d'abord, moi plus tard.

Le lendemain matin, un violent soubresaut me réveille. Dans ma tête, la voix de madame Martial se rallume. Paris peut-elle interdire Airbnb ? Il y a quelques mois, un gros titre annonçait un bras de fer entre elle et certaines villes. New-York, San Francisco, Tokyo et Berlin, commençaient à révéler les premiers symptômes d'une irritation. Pour l'instant, Airbnb semble éternelle comme Rome. Jusqu'à quand ? Je ferme mes paupières à la recherche d'obscurité. Ça ne marche pas. Derrière, je vois le monde extérieur dans sa nudité triomphante. Mon téléphone sonne. Il est loin, quelque part dans la pièce. Sur le point de tirer la couverture sur mon visage, je réalise que je passe peut-être à côté d'une occasion de chasser ces pensées. Je saute du lit pour répondre.

Sur l'écran, un appel manqué de Céline. Je la rappelle avec hâte et crainte.

— Nafissa, j'ai besoin de toi.

— J'arrive.

Ses mots me déconcertent en même temps qu'ils me rassurent : d'une manière ou d'une autre, nos bouts d'amitiés enchevêtrées parviennent toujours à se rejoindre.

Moins d'une heure après, je suis rue des Pyrénées. En sortant de l'ascenseur, je vois la porte de Céline entrouverte. J'enlève mes chaussures et elle m'accueille avec un sourire exquis qui parvient à me rassurer. Elle rejoint sa terrasse et s'installe confortablement. Son bras se berce : « Viens ! » Je traverse la grande pièce à vivre du studio, toujours lumineux grâce à ses portes vitrées. Derrière, une pergola sublimée par des grappes de glycine qui s'entrelacent. En face, le cimetière du Père-Lachaise sans vis-à-vis. Sur la table bleue en acier, un plateau de cakes salés, de kouglofs mielleux, des œufs mimosa et du jus détox. Comme d'habitude, c'est moi qui mangerai tout. Une gorgée de jus suffira à Céline. Elle l'avale en regardant au loin. Résolue à faire ce qu'il faut faire.

— Je me suis décidée…

… je dois trouver. En vérité, il n'y a jamais de secrets avec ses amis. Si on les connaît bien, on est averti par des signes, légers, mais qui ne devraient pas nous échapper.

— À voyager ?

— Non.

— Te marier ?

— N'importe quoi !

— Dis !

— Je vais tenter Airbnb.

Mon excitation retombe. À la place, un sentiment d'habitude et de légèreté qu'on a parfois en sortant des toilettes. Sauf qu'en fermant les yeux, la matinée d'hier s'agite à nouveau dans mon cerveau. J'en fais un récit détaillé à Céline. À quelques détails près. Dans ma version, c'est moi qui claquais la porte à Hercule et à madame Martial. Cette variante me rend ma nature rebelle d'autrefois. Il s'agit aussi de Céline. Je l'avise des risques. Mais rien des menaces de madame Martial, ni de la brigade anti-Airbnb n'anéantira ses souhaits.

— Veux-tu vraiment sous-louer ton studio ?

Son regard s'immobilise dans le mien.

— Oui, je le veux.

Elle s'enlise dans une longue explication sur la contrainte de payer ses factures, parce que, dit-elle, faut plus rêver, on est pas destinés à aller plus loin dans la vie, et qu'on est tous devenus ce qu'on s'était jurés de ne pas être, mais qu'au fond, je suis l'unique personne qu'elle connaisse qui conserve véritablement sa liberté. Inutile de la contredire. Un jour, les vérités réunies lui révèleront ma soumission librement acceptée envers la société. En attendant, quand j'aime, je ne détrompe pas.

— Alors il faudra prendre des précautions.

— C'est pour ça que j'ai besoin de toi.

Son annonce est déjà en ligne et trois demandes sont en attente. Je conseille de refuser celle du couple avec jeunes enfants. Un défilé de valises puis de poussettes intrigueront les voisins. Restent, le Belge qui vient pour la garde de sa petite fille, dont l'ex-femme vit dans le quartier, et un couple de Liverpool *just married*. Aucun des deux n'a de commentaires d'hôtes. Il faut donc trancher sur d'autres critères. Cette fois, Céline est sceptique.

— À trois ans et demi, on pisse encore au lit...

— Les Anglais aussi souilleront ton lit, mais ces taches-là ne filtreront pas à travers ton matelas.

Elle se redresse. Une réflexion écœurante envahit son esprit. Suivant mes instructions, Céline, qui flotte entre deux impuretés, opte pour les Anglais. Ensuite, je commence le travail dans une délicieuse ivresse qui me prend jusqu'à midi. Tout ce qui se rapporte au désencombrement et à la poussière d'un univers, est devenu ma véritable voie. Une fois que j'ai terminé, elle formule une ultime demande.

— Pourrais-tu procéder au check-in ?

Quelques heures plus tard, j'attends calmement les Anglais. Il est 18 heures et Céline est en train de répéter *Rhinocéros* de Ionesco. Elle y joue madame Bœuf. Entre deux scènes, elle m'appellera : aujourd'hui, sa liberté d'actrice sera restreinte. Il lui faudra réinterroger sa pratique. Elle aura été une pauvre matière que son incroyable metteur en scène iranien, Ralofsou, n'aura pu modeler. Sa voix brisée et son souffle court l'auront empêchée de se libérer sur scène. Tout ça à cause de cette première réservation Airbnb qui l'agite complètement. Jusqu'à ce que je la tranquillise et qu'elle se mette à rire de ses angoisses. Conséquence, madame Bœuf en Céline se fera chair. Elle en sera choquée, puis calmée. Elle prendra sa douche au théâtre et sautera dans le RER H. Sa grande sœur Hélène et son ami qui vivent à Enghien-les-Bains, l'accueilleront pour six jours.

Céline a toujours été une locataire gâtée. Elle n'a jamais revu ses désirs à la baisse. C'est pourtant inévitable dans une ville comme Paris. Quartier mixte plébiscité, immeuble bourgeois bien entretenu, terrasse au dernier étage, fenêtre dans la salle de bain. Ce grand studio obéissait à tous ses critères. Pour ne rien gâcher, le charme qu'elle lui a donné est très réussi. Des meubles anciens aux couleurs naturelles, cadeaux de ses parents brocanteurs, soutiennent des fragments d'art qu'on pourrait imaginer de l'Extrême-Orient, mais qui viennent en réalité des Baléares dont le père de Céline est originaire. Maroquinerie, verrerie, objets délicats d'un autre temps où des vies de langueurs et de souffrances poussaient les gens à inventer de telles fantaisies.

Sur le mur du fond, la bibliothèque d'un bleu profond fait ressortir les couvertures jaunies de sa collection de NRF. Entre les rangées des vieux ouvrages, Céline a infiltré un cabinet de curiosités. Des papillons et libellules sous verre, du corail vermeil sous cloche, une poubelle de table Vallauris calée sur Sartre, une pelle à grain, une pie bavarde, une ventouse en verre, une ancienne bouchonneuse, un T.rex en gomme et une ancienne pipe Jacob. Tous ces objets directement ramenés de sa chambre. Céline a quitté son foyer il n'y a pas si longtemps, alors que j'ai quitté le mien à 18 ans. Parfois, s'affranchissant de ses parents, elle venait dormir chez moi. Chez moi, c'était une chambre de bonne rue Vaugirad. Céline y restait une ou deux nuits, pour, selon ses dires, sa conquête d'indépendance. Puis elle repartait. Convaincue qu'elle n'aliénait pas la sienne en retournant dans la maison familiale.

L'interphone sonne. « *Good morning Kris and Lio, I was looking forward to you ! Please, come up to the seventh floor.* » Dans ma voix, un sérieux d'hôtesse exagéré par l'effort que je me donne pour réussir la première réservation de Céline.

Qu'ils sont heureux en découvrant les lieux. Main dans la main, ils sont dans un petit musée rien que pour eux. Avec en prime, un coin chambre *cottage* digne d'un roman de Jane Austen. Le couple conspire sur le lit, s'emballe en cuisine, médite sur la terrasse, range ses affaires dans la penderie, inverse deux vases à sa guise. Étrange, cette tendance acquise des voyageurs à projeter dans un logement inconnu, leurs propres tendances.

Céline n'a pas pu profiter des services du photographe magique. C'est maintenant payant. 100 dollars à verser à Airbnb ou à déduire de ses revenus. Ça n'est pas plus mal qu'elle ait fait sans. « *Better than pictures !* » se réjouit le couple. Sur Internet, exposer la vérité est toujours payant. Céline a suggéré plutôt que montré. Elle utilise aussi cette méthode pour les sites de rencontres : exploiter le sentiment de surprise pour provoquer l'admiration.

L'inventaire locatif se fait par photos. Meubles, gazinière, literie, vaisselle, bibelot. Rapide et efficace. Pour s'acclimater avec le quartier, les Anglais n'auront qu'à feuilleter le classeur d'adresses que Céline a imprimé spécialement pour eux. Pour finir, je leur souhaite de profiter du bonheur d'être à Paris, mais en toute discrétion. « *Of course, thanks !* »

En partant, j'ai l'impression d'avoir réussi mon embauche en qualité d'extra. Selon ses volontés, j'appelle Céline pour lui faire part de mes impressions. Dans le RER H, elle demande poliment à ses voisins de parler moins fort pour entendre chacun de mes mots. Sur une autre ligne du RER dont la lettre se rapproche du début de l'alphabet, elle se serait pris une baffe. Je fais court. « Tes Anglais seront respectueux et discrets. Bonjour à ta sœur. »

« Les comédiens travaillent sous une part importante d'imprévus. » C'est d'après ce constat que je dois aussi procéder au check-out. Un taxi attend les Anglais pour les emmener gare du Nord. Je vérifie l'état des lieux : tout est en ordre. Lorsque des voyageurs ressentent des bonnes intentions à leurs égards, lorsqu'ils savent qu'ils n'ont pas été floués par une annonce, alors souvent l'hôte peut être assuré de leur gratitude.

Je fourre draps et serviettes au fond du tambour de la machine, lustre le lavabo, balaie la terrasse, dépoussière la bibliothèque et y cherche un livre d'un quelconque intérêt jusqu'au retour de Céline. En repérant une couverture neuve, ma surprise est telle que je m'écrie : « Ça alors, Claude Régy ! » Je m'assois en terrasse et ouvre le livre au hasard. « Je travaille avec cette idée qu'on atteint les gens au-delà des gens qui sont matériellement là, et cela, par l'intermédiaire justement des gens qui sont là. » Au bord du malaise, je n'entends pas Céline rentrer. Au contraire de ce que j'attendais, elle m'ignore. Elle me voit, mais sous la forme d'une silhouette confuse. Elle va et vient d'un bout à l'autre du studio en le contrôlant minutieusement. L'expérience est nouvelle et intense pour Céline. Son visage se plisse et donne à sa bouche déjà fine, une raideur soucieuse. Si elle pouvait parler à la gazinière, aux bibelots, aux bougeoirs, elle dirait : « Tout va bien, maman est revenue. »

Elle refait l'inventaire, se livrant à l'inquiétude, à l'espérance et finalement, à l'enthousiasme.

Mais tout ça l'a fatiguée. Elle pose sa tête lasse sur mes genoux et j'entends son cerveau ronronner. Ce regard désolé qu'elle me lance, suffit à me faire sortir de la tête des reproches qui battaient des ailes. Alors nous prenons le parti d'en rire. Et carrément, de nous moquer l'une de l'autre. C'est un jeu que nous apprécions sans nous avouer qu'il est l'occasion de nous balancer quelques vacheries déguisées en taquineries.

— T'es vraiment une angoissée de la raie.

— Que veux-tu, quand on tripote mes meubles, je suis en proie à une crise de folie.

— J'ai vu. C'est aujourd'hui que tu es née en tant que comédienne.

— Faux. À l'hôpital, n'étais-je pas excellente dans mon numéro d'amie inquiète pour toi ?

— Cette prestation ! Pas étonnant que les réalisateurs bataillent pour que cesse ton indifférence.

— Tu sais bien que je repousse la célébrité.

Rien de plus facile que de nous soutirer des rires de notre condition d'auteure et de comédienne.

— Pourquoi repousser la gloire ?

— Ma gloire serait la punition de mon talent et la punition de l'absence du tien.

Un bref instant, l'ambiance m'a plongée dans une immobilité spectrale. Jeu ou pas, il y a des choses qui ne se disent pas. Je reprends les rênes pour finir en beauté.

— Cette solidarité crée une telle sensibilité entre toi et moi…

— … qu'on ne peut plus rien se cacher jusqu'à notre dernier soupir.

Une bruine se met à tomber sans interruption. « Super ! Reste dîner s'il te plaît. »

Grâce au versement Airbnb, Céline est au zénith de son inspiration et désire me faire goûter une nouvelle recette. C'est toujours par la nourriture que la séduction commence. Son regard, à travers ses sourcils roux cendré, contemple sa cuisine, l'éclat joyeux de son service en porcelaine et la brillance intacte de son plateau laqué. Sa petite tête se balance dans tous les sens en signe de joie. Elle va dans la salle de bain pour son rituel pré-cuisine : placer son visage sous le robinet d'eau fraîche et fredonner de gaité. Pendant une seconde, un silence règne dans la pièce. Brusquement, Céline crie si fort que je plaque mes mains contre mes oreilles. J'avance jusqu'à la salle de bain et suis la direction de son regard. Sans comprendre encore. Elle est à genoux devant ses tiroirs, les bras pendants sur le carrelage. Sa bouche est ouverte, mais sans respiration apparente. Son visage est exorbité par une sorte de dégoût, et, incroyable mais vrai, ses taches de rousseur ont pris la forme de petits crânes. « Quoi Céline, quoi ? » D'une bouche tremblante, elle crie à nouveau :

— LES FILS DE PUTE DE LEUR RACE !!!

Je recule. Jamais, Céline n'avait éclaté en injures comme cela. Nous avons reçu la même éducation stricte qui ne permettait pas de transgresser la langue à ce point. « Qui y-a-t-il ? », je demande en cachant mon effroi. Elle finit par tourner son visage vers moi. Sa colère donne à sa chair rousse une carnation vermillon.

— Les bâtards de leur mère m'ont volé toutes mes crèmes...

Je réponds par des bégaiements dans un état de semi-idiotie, tant je repense aux sourires doucereux des Anglais, qui minaudaient leur adieux en jouant d'avoir été les parfaits invités. Non contents d'avoir profité d'un logement à 40 euros la nuit, ils en sont repartis plus gagnants encore. Car contrairement à son intérieur décoré d'antiquités, les crèmes de Céline sont à la pointe de la technologie. L'une d'entre elles, dont la texture la fascinait, était à base d'algues millénaires. 375 euros. Une autre de ses cosmétiques antirides venait de l'archipel d'Okinawa, qui paraît-il, recense des milliers de centenaires. Le prix de cette texture était plus raisonnable : 290 euros. Des mois d'économie ont été nécessaires pour s'offrir ces quintessences. Céline emplit ses poumons d'air et se met à hululer longuement : « Pourquoi, pourquoi, pourquoi, pourquoi ils m'ont fait ça ? », jusqu'à ce qu'elle lise l'impuissance avouée sur mon visage. Que pourrais-je répondre ? Me perdre dans des banalités ? En revenir encore à la nature humaine ?

Céline continue de bouillir en fonçant dans le salon. J'essaie de tempérer la rage qui s'engouffre en elle. Sans résultats. Avec entrain, elle ouvre les tiroirs du meuble TV et tous ceux du semainier. Heureusement, les larcins n'ont pas dépassé la salle de bain. Elle va et vient comme une lionne en cage et sans ses crèmes, sa ride du lion réapparaît avec toute sa crinière. « Je vais porter plainte ! », « La police va les retrouver !», « Ils vont tout me rembourser ! » Assaillie par des utopies qui jaillissent une à une dans son esprit gonflé par la vengeance et qui lui donne une sorte de toute-puissance passagère, Céline parvient à se modérer. Pendant un temps, nous n'échangeons plus un seul mot. Je regarde cette créature fantasque aux réactions souvent étonnantes. Pour elle, il faut être joyeuse quand elle est gaie, groupie quand elle est en colère, patiente quand elle s'impatiente, en forme quand elle veut partir à la montagne.

Nous sommes si différentes, et pourtant nous nous ressemblons tellement. Elle se redresse avec une petite moue écœurée.

— Rassure-moi, ça t'est arrivé aussi ?

— Plusieurs fois.

Dont une par une mère et sa fille anglaises. Je n'en dis rien à Céline.

— Mais... sont-ils tous comme ça ?!

— Non, c'est une minorité.

C'est vrai et heureusement. Se plaindre d'un vol auprès d'Airbnb est à peu près aussi sensé que de tempêter contre le soleil ou l'humanité. Une seule condition peut réparer le dommage de l'hôte lésé : le voyageur doit avouer être l'auteur du vol ou d'un objet détérioré. Après l'indignation, le comble de la frustration.

— Je crains de ne pas m'en remettre...

— Il faut te donner un peu de temps.

— J'aurais du mal à redonner ma confiance.

— Il le faut. Sans elle, on ne fait rien de beau.

— Elles me manquent.

— Pour te consoler, fais-toi un kif de Nivea.

Du revers de sa main, elle écarte ma farce comme un moustique.

— Combien de temps as-tu mis pour accepter ?

— Quelques jours, en passant par différentes phases.

— Laquelle fut la plus douloureuse ?

— La colère.

— Comment l'as-tu soulagée ?

En ruminant dans des crises d'M&M's et d'aligot.

— Grâce au yoga Bikram.

Aucune de ces paroles consolatrices n'est assez habile pour

la contenter. Discrètement, je regarde la pendule en formica bleue : une heure et trente-huit minutes depuis son premier hurlement. Céline a été promptement soulagée, mais sa déception n'a pas de bornes.

— Si tu m'avais conseillé le Belge et sa petite fille, rien de tout ça ne serait arrivé.

Un soupir, semblable au soupir de la fatalité, dépasse ses lèvres désormais pâteuses.

— T'as rien de mieux à dire ?

À mon grand dégoût, elle hoche la tête en faisant *non, oui, non, oui* en m'imitant quand j'avais le masque sur le visage. C'est si brusque que ses joues et son décolleté sont colorés par la course de son sang.

— Moi, je ne sais pas relativiser, je vis tout comme un absolu et je vois que ça me pose des difficultés, alors que toi, toi, tu sais ridiculiser les petites merdes du quotidien, toi, tu as vécu des choses qui te permettent d'encaisser !

Pour peu que ce soit un compliment, c'est dit dans un tel état d'énervement qu'elle s'essouffle. Elle attend que son hoquet passe pour finir.

— Depuis tes missions ONG, tu n'as plus la même sensibilité aux évènements.

C'est faux. Mais j'ai là une possibilité de réorienter ce dialogue.

— Relativiser est un mythe. Quand on m'a volé mes BD, j'étais en colère et j'ai aussi eu besoin de réconfort. Ma vulnérabilité est la même qu'avant mes années de volontariat. Laisser des inconnus approcher sa vie, c'est exposer sa fragilité, c'est inévitable.

Elle se donne un air raisonnable et triste. Là, un déclic intervient.

— Alors que faire ? Se dire, D'accord, j'ai enduré ça, je l'admets, maintenant j'ai besoin de m'en défaire car le temps glisse et je le perds comme si j'en disposais à volonté.

Je jette un coup d'œil à mon amie qui reste silencieuse. Peut-être entrevoit-elle dans mon passé, des expériences qui instruisent à jamais. Peut-être est-elle en train de massacrer le couple d'Anglais. Peut-être que de tous mes mots censés faire du bruit, elle n'entend que celui du couteau dans l'os. Des tics nerveux remuent ses yeux puis tout son visage. J'essaie d'en déterminer la cause. Un pressentiment ? Un éreintement ? Un torticolis ? Possible : elle incline sa tête défavorablement. Mais ce n'est pas un spasme de douleur que je vois. C'est un simulacre de sourire.

— T'as lavé des enfants violés au rasoir en Inde et tu chiales pour des BD ?

Elle est parvenue à me sortir cette horreur sans effort, sans secousse dans la voix. Pire, elle en ressent un effet salutaire. Elle se lève et marche vers sa cuisine en caressant le plan de travail. Autant que possible, elle met de côté ses sentiments de colère et de défi pour maintenir son foutu dîner. De plus en plus clair : c'est insoluble. Tout à coup, je réentends toutes ces insinuations amères sur ma vie qu'elle arrive toujours à glisser dans mes oreilles, qui m'avaient embarrassée et qui trahissaient une méprise de sa part. Ça m'en fait dresser les poils des bras. Depuis combien de temps des vagues de plâtre s'abattent-elles sur nous ? Autrefois, Céline et moi, c'était du sucre. Il nous glissait des mains et laissait des cristaux à s'en lécher les doigts.

Mon regard se fixe sur la porte. Plus je la regarde, plus il me semble que fuir nous porterait un coup fatal. Et après ? Notre vie à tous nous emmène ailleurs sous des forces fatales. Et parce qu'elle ne peut s'organiser sans rencontres, la vie tisse toujours de nouvelles amitiés. Insolites, évidentes, brèves, étranges. C'est d'autant plus vrai quand votre quotidien vous prépare le terrain pour envisager l'inconnu.

— J'me tire d'ici.

Céline pivote sur elle-même.

— Hein ?

— J'me tire de chez toi.

D'abord prostrée, elle se précipite ensuite vers un placard et arrache la porte tant elle l'ouvre avec fracas. La porte dans une main, elle s'excite en fouillant avec l'autre de quoi cuisiner. Je mets mes chaussures à l'envers tant mes jambes tremblent. Céline brusque les siennes pour me retrouver près de la porte. Elle est là, les bras ballants comme deux choses mortes, incapable de parler, mais capable de gémir. La pointe de son nez rougit, ses dents claquent entre elles. Je lui tourne le dos et dévale quatre par quatre les escaliers tapissés en m'accrochant à la rampe.

Dehors, la bruine se jette sur moi et me perce comme une amitié perdue.

CHAPITRE 11

Brian est tout près de la webcam, son torse bodybuildé occupe tout l'écran de mon ordinateur. Sa respiration est forte : « J'ai rencontré le premier adjoint de la mairie de Paris, et cette ville que j'adore m'a fait part de ses préoccupations. Je vais donc trouver un plan d'action pour nous mettre en conformité avec ses souhaits. »

Ce flair donné aux visionnaires, lui permet d'augurer le danger qui menace son entreprise. Surtout qu'il est identifié : la mairie de Paris. Il y a quelques années, Airbnb s'y est établi avec l'ampleur de son organisation. Bactérie visible et vorace. Maintenant, c'est la mairie qui est devenue la flore bactérienne. Privée de Paris, Airbnb ne vivra qu'avec un seul poumon. Pourtant, Brian ne dévoile aucune contradiction. A-t-il déjà un antidote ? Pourquoi pas un antibiotique qui coulerait dans les dorures de l'Hôtel de Ville ? Ça vaut mieux qu'une guerre.

La grande agilité d'Airbnb tient aussi dans le maintien de ses troupes. À la fin de sa vidéo, Brian salue longuement, son regard élargi s'empare de moi, avec une loyauté qui tranquillise. Mais beaucoup d'hôtes se sentent encore menacés. Je viens de le découvrir en lisant les messages d'inquiétude de la communauté. Cette brigade nous fait bien flipper. Il n'y a pas qu'elle qui cabale contre Airbnb. D'autres détracteurs moins puissants, mais plus haineux, font une caricature du collaboratif qui « ruine l'économie d'un pays et les économies des hôtes ». Cette habile phrase est celle de Céline, postée il y a deux jours sur Facebook dans un appel au boycott. En toussant, elle a provoqué une pandémie. « Airbnb retient mon argent depuis 21 jours, rendez-moi mon argent, voleurs ! » Ou bien, « Des barbares ont saccagé ma maison, Airbnb s'en lave les mains ! » Mais encore, « Retirez vos logements de la Cisjordanie occupée par les colonies israéliennes ! » En revanche, je ne saurais expliquer par quels mystères des liaisons, Talleyrand apparaît dans les commentaires des internautes comme comploteur qui a trahi l'Europe pour favoriser le retour de Louis XVIII.

Malgré toutes ces menaces qui ne cesseront sûrement pas, Airbnb consomme toujours la vie. C'est ce que nous voulons tous, non ? La mairie de Paris cherche à récupérer ses fruits que Brian a ôtés d'une main trop assurée. Elle aimerait régner sur ses terres et que lui tangue sur une route incertaine. Elle ignore que sous un ciel assombri, Brian repère toujours l'éclaircie pour mettre le cap. Ce n'est pas tant qu'il nargue ses ennemis, c'est simplement qu'il brave toutes prévisions, par la conscience qu'il a de son ascendant. Airbnb vient de s'associer au Louvre pour sa soirée de lancement des *Expériences*. Dans un courrier signé Yolanda, je suis conviée à un cocktail dînatoire entre hôtes (à ne pas confondre avec les hôtes-location) presse et sponsors, qui aura lieu au prestigieux Café Richelieu.

Sur l'esplanade du Louvre, me revoilà dans l'essaim. Trois ans plus tôt, j'y avais mis un gentil coup de pied. Airbnb n'était qu'un article dans un magazine, aujourd'hui industrie solidement reliée à la terre. Je ferme les yeux, bloque ma respiration et m'enfonce dans la foule. Entre ces murmures, une poignée, puis des dizaines, puis des centaines de visages d'anciens voyageurs me traversent l'esprit à une rapidité inquiétante. Les arrêter reviendrait à enlever le bouchon d'une baignoire et ordonner à l'eau de s'arrêter. J'ai déjà oublié pourquoi je suis ici tandis que les murmures s'éloignent, comme assourdis par de la ouate. Je reprends ma respiration, râpeuse et fuyante, qui évoque le son d'un drapeau dans le vent. Quand je rouvre les yeux, je suis au-dessus de la pyramide inversée. Trois ans plus tard, je m'aperçois que c'est un sablier qui s'écoule.

J'ai un passe ! Je double en crânant et me présente au guichet temporaire d'Airbnb. Un agent vérifie mon nom sur la liste et m'enfile un bracelet. Les allées du musée ne sont plus encombrées de touristes à cette heure, je trouve l'aile Richelieu et m'introduis dans la cour Marly. L'harmonie, la luminosité, les jeux d'ombres, le décor statuaire, l'incroyable verrière : rien n'a échappé à l'ambition esthétique de cet endroit. Je flâne, je flâne.

J'arrive au café Richelieu le nez en l'air et en bâillant. Cet air de vivre au hasard et sans hâte contraste avec l'ambiance. Autour de moi, une foule impeccable comme du marbre se déplace méthodiquement. Parmi les hôtes se trouvent des historiens, des photographes de mariage, des musiciens d'orchestre. En tendant l'oreille, je constate l'étendue de leur culture marketing. Eux cherchent des sponsors, les journalistes cherchent des représentants Airbnb, moi je cherche le banquet. Bouquets de fleurs séchées, coupes de champagne, pancakes au caviar et kaki, tempura de langoustine, bouchées de homard à la truffe et dragons de la vigilance. Tout le long de la table, le personnel silencieux épie sans en avoir l'air.

Une voix dans un micro détourne mon attention. Dans une longue robe scintillante, une responsable communication Airbnb s'adresse aux invités. D'un mouvement imperceptible, elle nous attire dans son espace scénique. Sa voix et son aisance me font penser à Yolanda, et je pressens dès les premières secondes, qu'elle sera plongée dans les mêmes extases. L'examen de la foule lui permet d'asseoir ses convictions : « Tous ici représentez un gisement de richesse. À l'heure triste des objets interchangeables, certains métiers sont sclérosés alors qu'ils ne devraient pas l'être ! » Un petit homme, rabougri et ventru, portant un pull à losanges, tape dans ses mains avec puissance et lenteur, sans se préoccuper du silence de la foule. Fait-il partie de ces « métiers sclérosés » ? Yolanda avait parlé de ces professions amenées à disparaître. L'idée était de perpétuer leur savoir-faire, éventuellement, les remettre au goût du jour, comme on le dit pour une commode ou le topinambour. La maîtresse de cérémonie finit son discours sous des applaudissements incertains et quitte son espace. Elle a beau essayer de se dissoudre dans la foule comme une vapeur d'air, elle n'en demeure pas moins en longue robe scintillante.

M'interrogeant sur la présence des sponsors, je m'approche de l'un deux qui fait connaissance avec un violoniste. À la clé, une petite salle de concert pour son petit orchestre. Son expérience : « Vivez une journée dans la peau d'un concertiste. » J'écoute. Je ne savais pas qu'un musicien pouvait à ce point se passer de parler de musique pour négocier sa carrière. « Budget de communication, opportunités d'adaptation, stratégie d'innovation. » Après tant de style, le sponsor et lui échangent une poignée de main spontanée ou sceptique, de celles que font les politiciens quand les enjeux sont encore insoupçonnés.

D'échos en échos, je finis par comprendre quelle expérience sera la plus répandue. *French cooking experience*. La cuisine, c'est sacré. Heureusement, c'est une religion qui autorise la concurrence ; ils sont une vingtaine de rivaux contraints de trinquer ensemble. Désir mondain, regard moqueur, un point commun : nicher leur ambition, se pavaner face à un public chinois, allemand ou finnois qui n'aura d'autres choix que de noter cinq étoiles l'expérience d'une inoubliable dégustation. Dans ce superbe café, ces futurs hôtes sont à leur place, formant un ensemble assorti que rien ne pourrait dépareiller. En les observant, difficile de retrouver l'origine du projet. Sous l'aile de Yolanda, je tourbillonnais pour savoir quelle forme il aurait, maintenant que j'y assiste, j'ai du mal à voir ce que je vois.

Certains sont venus avec leur book qu'ils étalent comme à un vernissage. En m'approchant d'une œuvre dûment titrée, je sens mes zygomatiques s'activer, signes avant-coureurs d'un fou rire que ma main essaie de mater sans y parvenir. Sur d'autres visages plus discrets, je lis le même désir réfréné. Le créateur de l'œuvre le remarque, ce qui ne l'empêche pas de garder un sérieux admirable. C'est mon visage que ses yeux fouillent : « Mon plat vous fait marrer ? », demande ce trentenaire à la moustache hautaine d'un officier, moins comme une question que comme une menace. Je ne me dégonfle pas.

— « Noirette de veau », c'est parce que « blanquette » c'est déjà pris ?

Il redresse son col de chemise avec des gestes sobres d'homme indifférent à la moquerie.

— Noirette de veau, car à la place du nappage blanc, je verse de l'encre de seiche. C'est plein d'oméga-3, bien moins gras que la béchamel de la blanquette.

Sur la photo, on a l'impression qu'un poulpe a craché sa haine sur le plat.

— C'est à cause de la concurrence que vous vous êtes réapproprié la recette ?

— Aucun rapport. Ma noirette n'est pas une tactique, c'est une innovation. La blanquette de veau est une recette antique. Airbnb emploie des nouvelles têtes pour détrôner le traditionnel, comme elle l'a fait avec les locations.

Je viens de comprendre qu'Airbnb provoque inconsciemment un optimisme chez ce futur hôte. Il en conçoit le prestige, dans l'attente des mérites en tout genre qu'il obtiendrait sous son effigie. Erreur. Quelque chose me retient de lui dire, peut-être parce que son visage maintient cette expression d'avidité qui lui vient de son book. « Vous voulez voir mes desserts... ? », demande-t-il. Pas plus que ça, mais l'hôtesse que je suis est exercée à dissimuler son manque d'intérêt. Il me dévoile la dernière page de son book. La photo révèle un célèbre gâteau en forme de barre dans son moule, recouvert d'un beurre onctueux, doré et moelleux à tous les coins. C'est une pâtisserie simple et populaire, ce qui prouve bien l'utilité du traditionnel dans une carte. Je fais semblant de m'illusionner.

— Quel superbe quatre-quarts !

— Pas un quatre-quarts ; un katkaroyak.

Sa diction soutenue me pousse à vérifier l'orthographe. Sur la page du book, est bien écrit katkaroyak.

— C'est pour rappeler l'origine bretonne ?

— Aucun rapport. C'est un quatre-quarts au beurre de yak.

Devant moi, il tressaille de plaisir. Un tel exotisme culinaire libère.

— Mais... est-ce que... est-ce que ça change le goût ?

Ma naïveté décuple son plaisir.

— Ah mais ça n'a rien à voir ! Ça-n'a-rien-à-voir…

Il remarque qu'un journaliste se libère d'une interview. Rapidement, il me salue en redressant son col, cette fois, avec ces airs de jeunes dirigeants d'entreprise aux hautes exigences. Bonne chance monsieur Moustache, l'espoir international de la cuisine gothique tibétaine.

Curieusement, c'est en croisant deux femmes au buffet que j'ai la définitive impression que chacun ici fait partie d'une fiction. Ces rôles qu'ils finissent par tenir oppressent certains quand d'autres affichent un visage éclairé par le rayonnement d'un dénouement heureux. Derrière les corbeilles de fruits qui étincèlent à la lueur de deux grandes chandelles, deux femmes essaient de faire amie-amie. La première, petite et robuste, a dressé un chignon sévère lui tombant sur la nuque. Plus elle bouge, plus il se déstructure. Au lieu de garder cet effet bohème, elle s'empresse de resserrer l'élastique, guindée plus encore par cet excès de sérieux ; impossible d'atteindre le naturel pour elle. Sa tenue de gala la vieillit bien qu'elle ne doive pas avoir plus de 30 ans. La jeune femme boit beaucoup d'alcool. L'autre est sophistiquée et spontanée, plus grande de dix centimètres, plus fine de dix kilos et plus âgée d'une quinzaine d'années, malgré son teint fleuri qui lui donne l'air de n'avoir jamais subi d'épreuves. Cette quadra ne boit que de l'eau. Sans cesse, elle agite sa masse de longs cheveux noirs. Respectivement, Chignon et Toison. Chignon interroge Toison sur son école de cuisine. Réponse de Toison : l'institut Bocuse et Tante Marie Culinary.

Chignon ramasse sa mâchoire. Son diplôme, elle l'a obtenu au CAP d'Évry. Les douches froides s'enchaînent pour elle. Toison peut recevoir des groupes de dix participants dans sa cuisine de 17 m^2 à Solférino. C'est la taille du studio de Chignon au Raincy. Toison a investi dans une armoire de fermentation. Chignon dans une armoire Conforama. Mais tenace comme du cuir sous sa robe en polyester, la jeune cuisinière a un joker : son coq au vin serait un chef-d'œuvre. Intéressant... et excitant, rétorque Toison, qui a hâte de traduire la recette du plat pour les touristes en anglais, en ne manquant pas de mentionner le mythe du coq au vin sous Jules César. « Rassure-moi, tu connais le mythe ? » demande Toison. De rose pcurpre, le visage de Chignon devient pâle et abattu. « Je parle mal anglais et ne situe plus Jules César... », avoue-t-elle. S'est-elle laissé décevoir par le feu d'Airbnb qui a allumé en elle un feu de paille ?

Défaite, elle se traîne jusqu'au balcon du café et je la suis sur la terrasse. Quand je suis derrière elle, je lui touche l'épaule. Surprise, elle se dérobe avec l'agilité d'un chat, enfin, de siamoise un peu ivre, si l'image est concevable.

– Ouais, quoi, qu'est-ce qu'y a ?

Il lui reste juste assez de sobriété pour deviner mes bonnes intentions ; elle essaie de compenser, par un regard calme, la rudesse de sa réaction. Comment faire tenir en quelques mots tout ce que je pourrais lui dire, d'avis objectifs et de vérités spéculatives ?

– Je t'ai entendu parler avec cette femme, et tu dois savoir que si l'anglais est un plus, il n'est pas indispensable... sur Airbnb, ceux qui récolteront approbations un jour, peuvent chuter le lendemain. Ceux qui peinent à décoller, peuvent se faire une jolie réputation... avec de la bienveillance auprès des clients...

par exemple, une tarte au citron plus meringuée qu'amère...

Je m'enlise, mais elle ne s'en aperçoit pas. Au contraire, elle semble dépasser sa peine et son incertitude. Puis, doucement : « Merci, t'es sympa ! » Pour abréger, je m'apprête à dire une expression que je tiens en horreur, mais c'est la plus conforme, qui plus est, adéquatement incarnée par l'esprit Airbnb :

— ... Et il y en aura pour tous les goûts !

Ça y est, la pression sociale qui avait coulé en elle redescend. La lueur éperdue de son regard s'est envolée, remplacée par une lueur chaude qui lui donne d'incroyables reflets violets, me dis-je sous l'effet de la surprise — avant de comprendre qu'ils proviennent des éclairages de la terrasse. Toujours est-il qu'elle a repris ses couleurs. Ça n'a donc pas été pure perte de la réconcilier avec Airbnb.

— En t'écoutant, je réalise qu'Airbnb n'est pas pour moi.

Après un court silence, elle poursuit :

— Je vais rester dans la voie classique de la restauration. L'ambiance des cuisines, l'adrénaline, l'esprit de groupe, c'est pour ça que j'ai choisi ce métier. C'est dur, mais je tiens le coup.

Elle demeure avec moi quelques minutes avant de m'interroger par politesse « sur ma place dans Airbnb ». Sa curiosité augmente quand je lui dis recevoir des visiteurs qui dorment chez moi. Elle me demande si j'ai déjà accueilli des cas extrêmes, déviants sexuels et autres tarés, auquel cas j'obtiendrai son audience. J'affirme que non. Pas convaincue, elle m'avertit : « Les gens sont fourbes et bizarres, fais attention, on les connaît jamais. »

Chignon craint de n'avoir pas nourri sa chatte et logiquement, craint de me dire au revoir. Elle se précipite dans mes bras, et par cette vigoureuse accolade, revient la confiance. Elle peut désormais quitter la soirée, l'esprit libre. La terrasse s'étant remplie le temps de notre discussion, Chignon se dégage de la foule qu'elle bouscule avant de s'offrir une haie d'honneur pour son coup de sifflet final. Je regarde un temps les pyramides depuis cette hauteur, et retourne au café.

Le Richelieu s'est transformée en cour de récré. La foule s'amuse des exploits d'une jongleuse en robe fendue, qui maintient l'équilibre d'un verre plein sur son front, tout en lançant et relançant le plus haut possible trois bouteilles de vin. Par quelles profondeurs mon cerveau imagine-t-il un groupe d'Iraniens lapider cette femme à coup de tomates jusqu'à ce que gaspacho s'en suive ? Juste après, une employée rachitique distribue des viennoiseries au beurre d'Isigny qui débordent d'une corbeille en osier. Des viennoiseries à 23h55 ? « Le plus savoureux des souvenirs de Paris ! » braille-t-elle comme en distribuant des tracts. Je vois. Elle n'est pas une employée du café, mais une future hôtesse dans sa période préliminaire. Toute cette opulence ne doit pas lui coûter tant de sacrifices, me dis-je en comptant ses côtes. 0h02 sur mon portable, c'est déjà l'heure du lendemain. D'après l'ambiance de cette soirée Airbnb, c'est l'heure des étranges glissades, car une nouvelle race accouche ici. Celle des humains qui se crée des besoins étranges, artificiels, illogiques. *Les gens sont fourbes et bizarres, fais attention, on les connaît jamais.*

CHAPITRE 12

Pendant trois mois, impossible de recevoir le moindre voyageur chez moi. Ce qui me fit basculer dans de longues alternatives d'apaisement et de déprime. J'ai dû réapprendre à surmonter l'ennui insondable et le vide. Seul écrire des histoires pouvait combler un peu. Ça tombait bien, une boîte de production m'a embauchée comme scénariste.

Les premières minutes de l'entretien furent si désastreuses qu'il me fallut réunir de gros effort pour ne pas m'effondrer devant les trois producteurs impassibles. Leur silence était l'avant-propos d'un *merci on vous rappelle*. J'ai dû m'arc-bouter contre le mur du fond envahi de posters de José Garcia et d'Anny Duperey. Ils avaient l'air de me dire que je ne les reverrais plus jamais. Peut-être était-ce un signe. Après tout, mes expériences pour la télévision m'avaient laissé un goût indigeste. Mais brusquement, rien d'autre n'était plus important. J'avais le cœur gonflé. Je voulais ce poste de scénariste. En revoyant la salle d'attente remplie de trentenaires qui savaient que ce travail conviendrait admirablement à leurs talents, je me trouvais des qualités soudaines que les recruteurs appréciaient en soulevant leur cloche de verre. Puis j'affirmais mon désir de rencontrer d'autres auteurs afin de travailler en alchimie. Pur baratin. Mais dans la profession, un scénariste isolé est une herbe folle. Je sentais la sueur sous mes aisselles. J'étais lancée, mon regard halluciné devenait plus explicite que mes compétences. Finalement, l'unique femme du trio m'avoua qu'ils recherchaient un scénariste qui n'avait pas été façonné par les écoles d'audiovisuel, « un diamant brut ».

Je fus donc embauchée, et au deuxième entretien, découvris le projet. Il s'agissait de réadapter une série US sur le football américain, une série culte outre-Atlantique méconnue en France. J'étais en charge de la note d'adaptation en remplaçant le football américain par le foot, le quaterback par le meneur, le coach par l'entraîneur, les supporters par d'autres supporters, l'Afro-Américain par le Franco-Africain, la pom-pom girl par la majorette, la ville fictive du Texas par une ville fictive équivalente en France profonde. Il fallait créer un univers distrayant avec des évènements qui le rendent exportable. Ça, c'était les impératifs de la production. Moi, j'avais l'ambition de me lier intimement avec tout plein de téléspectateurs accros à mes histoires. Je me glisserais sur leur canapé le soir pour goûter leurs visages stupéfaits et ils se demanderaient « Mais comment fait-elle ?! » Mon ambition d'auteur retrouvait le sens originel du conte.

Le monde du foot devint une matière très riche qui se formait dans mes mains et retombait comme un déluge sur mon clavier. Bien entendu, c'est un travail pour la TV, il ne fallait pas manquer d'être unidimensionnel. Et toujours, cette histoire d'identification des personnages via le public. Pour lui, la production voulait absolument du sexe et des trahisons. Je leur demandais pourquoi une telle alliance était vendue comme audacieuse. Aucun n'a pu me répondre. J'en profitais pour leur suggérer du vice à la place. Les gens sont bien plus vicieux que sexuels. Le pilote écrit et réalisé, nous attendions avec les deux autres scénaristes la suite des évènements. Ils avaient déjà l'esprit à d'autres projets quand je me contentais d'attendre.

En rentrant seule chez moi durant cette période, je ressentais une solitude bénéfique. Je m'en remettais à elle comme à une compensation de toutes ces semaines passées en groupe. Puis elle devint sans recours et sans lumière. Ouvrir ma porte me manquait. Je n'osais plus regarder des films d'horreur, je me savais seule toutes les nuits. Le matin, je n'achetais plus trois, mais un seul croissant. Je croisais toujours autant de touristes, l'atelier de la production étant vers les Champs-Élysées. Mais ils étaient chez d'autres hôtes.

Quand enfin, j'ai pu rouvrir mon calendrier, j'étais contente. Airbnb aussi, qui ne m'avait pas oubliée et venait régulièrement aux nouvelles : « Chère Nafissa, nos équipes ont observé dans votre région une forte augmentation des recherches, êtes-vous sûre de vouloir suspendre votre activité ? »

« Elle est jolie votre chambre », croit nécessaire de m'écrire un voyageur. Il précise qu'il s'appelle Marc et qu'il connaît bien mon arrondissement. Marc vient de créer son profil. Sa photo est un coucher de soleil. Ça doit être un gentil monsieur entre deux âges. Moins de dix minutes après la demande de Marc, deux amies espagnoles voudraient réserver pour la même nuit. Premier arrivé, premier servi, comme me l'a pu dire un vendeur Leboncoin au sujet d'un joint de porte pour frigidaire.

Quand Marc passe ma porte, il a mal partout et surtout au souffle. Je recule dans l'entrée pour lui faire place. Il s'écroule, accoté au mur en se débarrassant de tout l'attirail qui aggrave cette respiration d'enfant mourant. Il me regarde et je vois des yeux petits et rompus, sans cils ni sourcils. Juste des paupières qui semblent peser lourd sur son visage lisse d'eunuque. Il porte un costume froissé dont le col est rentré à l'envers, sa chemise est boutonnée dans le désordre, ses ongles longs et gris, ses chaussures délacées… c'est typiquement le genre d'adulte qui me mettait en joie quand j'étais enfant. Il me sourit à pleines dents beurrées et ce sourire semble renseigner la fragilité ou la folie. À ses pieds, plusieurs sacs-poubelle et un immense étui en carbone qui doit renfermer un instrument de musique. Marc ne peut pas encore se redresser, ce qui me permet de voir son crâne chauve absolu et je me demande si c'est la calvitie ou une récente tempête.

— Bienvenue… ce sont des sacs-poubelle ?

Marc ouvre la bouche pour me répondre, mais ne dit rien. Dans un état second, il fixe ces sacs comme si quelqu'un ou quelque chose pouvait en sortir.

— Jamais eu de valise… jamais voyagé.

Il parle lentement, avec le rythme de quelqu'un qui ne veut surtout pas être bousculé. Sa voix est très aiguë, je pense qu'on lui a arraché le larynx. Il lui faut toute la force du monde pour se soulever et réunir ses paquets. Je l'aide et il me suit jusque dans la chambre où il se déchausse pour mieux remuer ses orteils. Enfin, il trouve son calme. Il soulève le couvercle du gros étui et apparaît un saxophone baryton gravé et rangé dans le velours rouge creusé pour sa forme. C'est très beau. Mais une chose me dérange encore.

— Tous ces sacs-poubelle pour une nuit, c'est bizarre, Marc.

Il se plante une roulée entre les dents en caressant son instrument avec paresse.

— Je peux ?

— Dehors, oui.

Il la tord jusqu'à en faire des miettes puis retourne à son état d'hibernation comme une plante qu'on met à l'ombre. Je sors de la chambre et cela semble le surprendre et l'affecter. Arrivée au bout du couloir, je me sens examinée du coin de l'œil. J'entends un sifflotement, celui d'avant une déclaration.

— Je suis à la rue !

Je reviens aussitôt dans la chambre tandis qu'il regarde, sans hâte, le guide de Paris, celui pour les touristes. Il me regarde, gêné d'avoir eu le courage de son postulat.

— Ma femme m'a demandé de partir… elle est aussi proprio.

— Et demain, où irez-vous ?

— Ici c'est possible ?

Sa mine s'éclaire.

— Là comme ça, je ne sais pas… Votre femme ne veut plus vous revoir ?

C'est comme s'il n'entendait pas. Il m'interrompt avant même que je puisse poursuivre.

— Ça fait dix-huit jours que je dors dans des foyers… je mérite cet endroit… quelques jours ici, pour reprendre des forces et de l'hygiène, qu'en pensez-vous ?

— J'en pense qu'on doit tous pouvoir supporter une crise temporaire.

Je suis fière de ma phrase, optimiste, et sans répondre directement à sa question. Mais emporté par un sentiment de colère ou d'injustice, Marc se frappe la poitrine d'un poing serré.

— Mais les musiciens font déjà tout ce qu'ils peuvent pour éloigner la dèche.

Il se regarde gravement dans le miroir, et aucun de mes mouvements ou regards ne peut l'en arracher.

— Je mérite mieux que le dégoût...

Des mots comme ça, ce sont des mots qui me passent tout près du crâne. J'ai l'instinct de lui refuser sa requête et de m'en limiter à la seule nuit réservée, attitude que toutes les hôtesses seules et censées auraient consentie. Mais je pressens que cette demande a sa raison d'être et il me semble imprudent de ne pas la soutenir. Tout ça me fait vibrer. Je sais la réalité pour des êtres comme lui et moi, qui avons vite fait d'être recrachés au lieu d'être compris. Son sort est aussi mon sort. Il s'est glissé chez moi pour s'appuyer sur la solidarité discrète des gens qui ouvrent leur porte. « Que faites-vous dans la vie, Nafissa ? », me demande-t-il, de plus en plus endormi. « J'écris pour la TV », dis-je d'un ton détaché. Il sourit. Il doit penser que c'est un chouette métier. Libérés de ces formalités, Marc et moi parlons de jardinage, des marais, de l'automne. Des sujets qui ne passionnent pas, mais apaisent par leur pérennité. Finalement, Marc enfonce sa tête contre l'oreiller. Son visage devient une pâte molle, les poings contre sa poitrine et les jambes recroquevillées, il se torture encore pour exagérer son rôle. Je ferme les rideaux et allume une bougie. À côté, je coupe une part de brownie pour son petit-déjeuner. Avec un peu de volonté, il croira au réveil que c'est son anniversaire.

Je retourne dans le salon en vérifiant encore ma boîte mail. Aucun signe de la production. Un message d'eux, une merveilleuse nouvelle, une date de diffusion, tout ça me permettrait d'aborder différemment ce Marc chez moi. Pour me distraire, je glisse dans mon bain et cherche à l'accompagner d'images apaisantes. Comme souvent, je n'en vois jamais. Juste derrière le mur de la salle de bain, il y a Marc. Je l'entends suffoquer à en avoir la gorge à vif. Pour m'affliger.

Ce matin dans la boîte aux lettres, une enveloppe de la production recouverte de dizaines de publicités. Je reconnais l'adresse tamponnée du boulevard de Courcelles, datée de plusieurs jours déjà. J'ouvre l'enveloppe avec un frisson qui me glisse le long des vertèbres. Il y a un CD emballé dans un papier bulles et un mot m'apprenant qu'il y a dessus, la première saison de la série US. Rien sur la suite de la collaboration. Le courrier est écrit à la main et signé par la coordinatrice de production qui me souhaite un bon visionnage. Je claque les petites bulles entre mes doigts. Je reste longtemps comme ça, en me demandant ce qu'elle cherche à ralentir.

En remontant chez moi, j'entends la voix de Marc qui s'amplifie à mesure que je m'approche de sa chambre, sans pouvoir affirmer toutefois s'il s'agit bien de lui, tant cette voix est grave et débordante. Mon humeur est étrange. L'étrangeté s'accroît encore lorsque Marc se déforme sous mes yeux en une image de producteur tout-puissant, nabab et invincible. Un Dieu suprême d'Hollywood qui ajoutera mes initiales sur sa colline et dans tous les génériques de ses films.

— Salut Nafissa !

Il est différent d'hier. Sourire splendide, dents rutilantes. Grâce à un aspect minéral scintillant, ses yeux offrent davantage. Il me parle joyeusement et je n'en perds pas une miette.

— J'ai déjà deux visites dans la journée dont une dans un superbe corps de ferme, loin de Paris. Regardez un peu !

Avant d'atteindre les images de l'annonce sur son téléphone, Marc doit faire défiler des dizaines de photos ressemblantes d'une même femme. Certainement la sienne. Il effeuille les images avec son pouce, et son mouvement pressé donne l'illusion d'un être vivant qui s'adresse à nous. Une femme élégamment vêtue bouge ses lèvres au fur et à mesure que les photos apparaissent sur l'écran. Lorsqu'une grande demeure campagnarde surgit devant mes yeux, j'ai l'impression de ne pas avoir saisi à temps le message de cette femme.

— Regardez, elle date du XVIIIe... y a plus de 20 hectares de bonnes terres... et vous voyez cette dépendance, c'est ma visite.

— C'est où ?

— À Champlieu... il y a tout plein de chemins de randonnée.

Il plie soigneusement le papier sur lequel il vient de noter des adresses. Il l'embrasse et le glisse dans son portefeuille sans quitter sa crise d'enthousiasme. Il s'approche pour me prendre les épaules avec une infinie précaution. Il me fait sept bises. En ce moment de bonheur, rien ne lui paraît exagéré.

— Hier soir... j'ai dû vous inquiéter un peu à propos de ma situation... heureusement que ma femme ne m'a pas vu... Et voilà le résultat d'une seule nuit chez vous !

J'aimerais lui dire qu'il aurait été accueilli même après, mais il continue de s'épancher en douces cadences, comme accompagné par son saxophone.

Je range le CD, jette le courrier à la poubelle, et ces petits gestes accusent qu'il ne faut pas rester enfermée ici aujourd'hui, qu'il vaudrait mieux épouser l'optimisme de mon invité. Quand je vois Marc réunir ses paquets, je lui propose de les laisser ici le temps de ses visites.

— Non merci, si je suis le locataire idéal, je m'installerai immédiatement.

Dans sa fierté, il est déjà de l'autre côté de la porte, emporté par l'excitation d'un avenir moins flou. Il balance ses sacs dans l'ascenseur, et pour une raison inconnue, nous nous souhaitons tous les deux « bonne chance ».

Courageusement, je compose le numéro de la production et la standardiste reconnaît mon identité.

— Rosa Rosenwick est là ?

Elle me transfère à elle, qui ne répond pas. C'est à nouveau la standardiste qui me répond.

— Souhaitez-vous qu'elle vous rappelle, Nafissa ?

— Inutile, elle ne rappelle jamais.

— Désolée... vos deux collègues sont passés il y a quelques jours, Rosa était absente.

— Savez-vous ce qu'ils voulaient ?

— C'est au sujet de l'adaptation de la série, mais en détail je ne sais pas.

On s'est demandé toutes les deux s'il y avait quelque chose à rajouter, mais ce n'était pas le cas, alors j'ai remercié et raccroché. Toujours à deux pas du néant, je décide de réagir mieux et contacte aussitôt la source, NBC Universal, les producteurs de la série originale. Je m'attends à une musique d'attente entraînante, j'ai droit à une mélodie tellement formatée qu'elle calme immédiatement les battements de mon cœur.

— *NBC Universal, how can I help you ?*

— *I'm Rosa Rosenwick from the French agency, can I speak to Mister Grazer ?*

— *Mister Grazer isn't in I'm afraid. Would you like to speak to his assistant John?*

— *Yes.*

Voix d'homme très faiblarde au bout du fil.

— *John speaking.*

Je me concentre péniblement pour comprendre les mots de

ce John qui ont un goût de non-sens, de laideur et de cruauté. Le créateur de la série originale refuse l'exploitation de l'œuvre parce qu'il n'est pas convaincu d'une version française. Et ce, sans même l'avoir lue. Cette série a tellement occupé mes jours et mes nuits qu'il me paraît suspect qu'elle appartienne en réalité à un autre auteur vivant si loin. Quelle claque. J'ai le choix entre crever là maintenant ou traverser la boue stagnante de mon cloaque. Exprès, je brouille cette histoire de footeux jusqu'à ce qu'elle devienne vaporeuse dans ma mémoire. J'aimerais rester mazoutée sur mon canapé avec cette bonne vieille sensation de loose, mais Oslo me harcèle pour sa promenade pipi.

Une fois dehors, j'écoute le vent. Il souffle fort et dans une seule direction. Comme un train sur ses rails. Si seulement il pouvait me pénétrer et introduire avec toute sa puissance, une subtile modification. Que dalle. Juste des petits coups de fouet sur la face. Oslo peine à marcher, un saucisson brimbalant qui refuse d'avancer plus. Pour la première fois depuis longtemps, je le porte contre moi. Je lui couvre le visage, le regarde droit dans les yeux… il m'aide dans ses silences qui n'agitent rien.

En rentrant en fin de soirée, je découvre un mot scotché sur ma porte : « Un ami à toi est chez moi. » Ça me galvanise. Si j'ai le désir de rayer ces heures sinistres, j'ai encore plus le désir de méditer ma poisse seule. Et puis, quel ami ? Je n'ai que deux amis masculins. Le premier est Éric, rencontré à l'ambassade du Népal en faisant des photocopies. Susceptible d'aller raconter sa vie à une voisine en m'attendant, mais je sais qu'il est encore en mission en Centrafrique. Le deuxième, Mohaka, éducateur pour autistes, m'aurait écrit le mot lui-même.

Je frappe à la porte de ma voisine plusieurs fois avant qu'elle m'ouvre. Elle somnole sur son paillasson. Ses mouvements sont lents et las. Par-dessus son épaule, je vois la tête de Marc. Lui ! Je reste piquée sur place, avec une curieuse envie d'éclater de rire et d'applaudir. Mon ami, Marc ! Ventru et bouffi. Qui se tient serré sur un tabouret. Qui redoute l'instant où on lui demandera d'en partir, pour en serrer un autre. Ignorant de son sort. Et moi, quelques minutes avant cette vision, j'étais fouettée par le vent, attendant que ses bourrasques me frottent pour nettoyer la partie sale de ma vie. Une métaphore à la con, que j'avais trouvée sensée sur le moment, mais illusoire. Car la voilà ma vie, c'est me cogner à ça, à eux.

— Merci Ghislaine... ça fait longtemps qu'il est là ?

— Je sais plus, cinq minutes... deux heures ?

Marc passe entre nous, douloureusement enfoncé dans sa gêne. Il porte son étui en carbone et un seul des trois sacs-poubelle. J'ouvre ma porte et il s'engage à l'intérieur comme sur un lac gelé. Je referme la porte derrière lui. Je parle un peu avec Ghislaine, histoire de la remercier. Sa voix tranchante résonne dans le palier minuscule et mal éclairé.

— Il est diminué ton copain... il sent le Jack Daniels si tu vois c'que je veux dire.

Je ne dis pas qui il est. Ghislaine pourrait me dénoncer à une autorité judiciaire au pouvoir de repression : monsieur Camembert. Puis, elle reconnaît le jingle de son émission favorite et consent à me libérer. Elle ferme sa porte à double tour et je l'entends désodoriser son appartement.

Dans mon salon, Marc tente de m'expliquer avec brièveté son retour impromptu. N'y arrivant pas, il me présente deux billets de 10 euros.

— Pour deux nuits, c'est possible ?

— Laissez-moi compter : 15 euros x 2 font 30. Vous obtenez

le même résultat ?

— Oui… sauf que, sur 15 euros, Airbnb vous en prend 3 de commission. Je me suis dit qu'au lieu de 12, vous pourriez me faire une ristourne à 10 euros la nuit… ?

— Cette transaction ne passe pas par Airbnb, donc pas de commission. C'est 15 euros. Et même comme ça, vous êtes gagnant Marc, puisque le site vous fait payer 21 euros la nuit avec les frais.

Marc se matérialise au milieu de la pièce comme un spectre venu troubler mon repos.

— La vérité, c'est que je n'ai que 20 euros sur moi. Et j'ai vraiment besoin d'aide.

Allons bon, je dois compatir maintenant. En me donnant les billets, il prend ma main avec un regard de chien battu, mais confiant. Mal à l'aise, je la retire. Un sourire confus aux lèvres, il fixe un motif du tapis. Ça fait pendouiller ses bajoues. Puis d'une voix calme, presque anodine :

— Ma vie est un roman… vous devriez l'écrire, Nafissa.

Je ne relève pas. Alors son crâne satiné se plisse brusquement comme une pomme qui sèche. Impressionnant. Il commence à s'exaspérer, le comble.

— Dans quel monde on vit ?

— Dans celui qu'on se crée.

Ses yeux papillotent avec une expression vaguement effrayée.

— Je ne crois pas non.

— Marc, je ne veux donner aucune direction à cette conversation, si ce n'est sa fin.

— Je suis désolé de m'imposer comme ça, mais dehors, c'est difficile.

Il éternue bruyamment et se mouche plusieurs fois dans un sopalin qui doit être dans sa poche depuis des lustres. Je vais dans la cuisine et lui donne le rouleau.

— Restez pour deux nuits, mais je n'ai rien envie de savoir.

Il rit d'un ton réprobateur et déçu.

— C'est juste désastreux pour moi.

— Bien sûr ! Moi non plus je ne sais pas vivre, mais j'emmerde personne !

Je regrette aussitôt ce que je viens de balancer. Ce n'est pas moi qui parle, ce sont des blessures qui s'agitent. Marc s'avance vers moi, les yeux plus petits que jamais. Poliment, il me demande s'il peut jouer un peu dans le parking de l'immeuble. Il voudrait s'entraîner pour un poste de saxophoniste ténor au sein d'un célèbre orchestre, dont il déforme et le nom et la ville, comme si dans sa confusion, Marc ne savait plus ce qu'il disait. Mais un brusque frisson le secoue en regardant l'étui de l'instrument. Je le sens touché par cette émotion, qui peu à peu est en train de me gagner, emportant toute colère.

Je vais voir mes voisins Ahmed et Sarah du troisième qui ont un grand box pour leur break familial. Ahmed hésite gravement. Pour lui, un box c'est une maison version sous-sol, tout aussi précieuse que la maison d'en haut. La confier à un étranger, c'est risqué. Et puis il y a un autre problème : mes rapports avec lui et Sarah ont changé. Une méfiance nous a éloignés et j'en ai deviné la cause : j'ai perdu 70 % de ma valeur avec mon activité d'hôtesse. Activité qui me relaie au rang des femmes qu'on ne sait plus trop comment grader. « C'est pour qui au juste le box, un Africain, des homos, des fêtards, un Français ? » Il cite cette liste comme si elle contenait un ramassis de déchets tandis que lui-même serait un être supérieur. « Nafissa, t'es une femme, tu ne devrais recevoir que des femmes, c'est plus propre... » Cette catégorie de gens, plus répandue qu'on ne le pense, ne se sent vivante qu'en accablant ceux qui ne leur ressemblent pas. C'est une âpre façon d'exister, mais c'est la seule qu'ils connaissent. « Il s'appelle Marc, c'est un saxophoniste qui doit répéter. Il pourrait le faire dans ton box, oui ou non ? »

Sans échanger un mot, Marc et moi descendons au sous-sol. Je soulève la porte roulante du box, je lui tends les clés et lui demande de les remettre plus tard sous le paillasson d'Ahmed. Je remonte aussitôt chez moi. Tout ça m'a fait oublier l'échec de la série. Maintenant que j'y repense, je déplie mon clic-clac, mets des boules Quies et avale un somnifère. Les lumières artificielles et des bruits de télévision me gênent à tel point que j'en prends un deuxième.

Le lendemain matin, Marc n'est plus là. Le jour d'après non plus. Son instrument n'est plus dans la chambre, mais il reste son dernier sac-poubelle. Je cherche une trace, un mot. J'examine de près la propreté de la chambre. Merde alors, voilà que je remets ça ! L'éternelle inspectrice hygiène et propreté, alors que Marc s'est fait la malle sans thune et sans abri. Je range son sac-poubelle au cas où il reviendrait. En refermant l'armoire, je me dis que je devrais vérifier ce qu'il contient. Mais il saura que je l'ai ouvert. Tant pis, j'arrache les fils et déverse tout. Un duvet qui se déroule au sol, un pantalon de costume sans fermeture éclair, et d'épaisses chaussettes en laine qui couvriraient les orteils de ceux qui dérivent dans le grand vide.

Par contraste, je note le pragmatisme d'Airbnb, laissant aux autres les considérations théoriques : « Nafissa, qu'avez-vous pensé de votre invité Marc ? »

Une force me permet de ne pas me laisser dépasser par les évènements. Mon cerveau doit s'habituer aux échecs de mon métier. Mais il doit aussi comprendre que rien n'est irrémédiable. Leur histoire de foot, c'était nul. D'une nullité que seule la TV peut produire, donc privée de toutes les qualités qui séduisent mon esprit d'auteur. Autre chose, ayant côtoyé deux scénaristes d'écoles privées à 8000 euros l'année, ayant acquis après deux ans un diplôme non reconnu par l'État pour se retrouver à la même table qu'une autodidacte, j'en ai déduit avoir encore le sens de la lumière.

Oui, la suffisance d'une femme s'exprime sous suffisamment d'aspects.

Et puis aujourd'hui est un jour d'anniversaire ! Celui de l'arrivée d'Airbnb en France. Trois ans après, le bruit court que cette fois, elle va bouffer le pays pour de bon. Les petits commerçants de la capitale vont tous mourir, les Parisiens vont être priés de déménager et de planter leurs clous ailleurs, les hôteliers sur les nationales abandonneraient l'exploit de vivre de peu et revendraient à des promoteurs… déjà associés à Airbnb. Ces croyances renforcent si bien les rumeurs, que pour beaucoup, c'est la vérité.

Les syndicats hôteliers viennent de grandir les rangs des ennemis d'Airbnb. Une association vient d'être fondée, regroupant sous sa bannière toutes les organisations du secteur touristique. « On se laissera pas écraser », tels sont leurs propos amers. Quand je lis des articles sur le sujet ou tombe dessus tant ils prolifèrent, c'est à se demander si les journalistes ne sont pas en manque d'activation corticale. Auraient-ils voulu être reporters de guerre ? Ont-ils l'impression de participer à une expérience combattante ? Hier matin, dans un célèbre hebdomadaire : « Nouvelle étape dans la guerre contre la plateforme américaine. Le combat sera de longue haleine. La Fnaim, encouragée par la Snav et l'Unis, décide d'attaquer Airbnb dans le but de l'isoler. Votre envoyé spécial, Untel Untel. »

Une seule catégorie d'hôtel ne redoute pas Airbnb, parce qu'elle jouit d'un sentiment de sécurité profonde : les hôtels de luxe. Je viens d'arriver sur l'avenue Kléber, face à celui où travaille ma mère. Un portier m'ouvre les portes laquées et j'entre dans un autre monde. Qu'il est beau ce palace avec son élégance inimitable. Il vous séduit avec une telle virulence qu'on ne peut que céder. J'aperçois ma mère, perchée sur un escabeau, faisant briller un lustre. Sous elle, une femme de chambre qu'elle est en train de former. Son téléphone d'entreprise est attaché à la sangle de sa ceinture, il sonnera toute la journée. Elle ne peut pas se débarrasser de ce joyeux pic-vert accroché à son corps. Des appels incessants vibrent sur sa hanche, alors hop, sans m'avoir vue derrière son épaule, elle court à l'étage pour constater une tache de vin sur le parquet. Malgré ses mains handicapées, elle ne veut pas partir en préretraite ma mère. Jusque dans son ventre, elle est possédée par la peur du manque d'argent. À force de cirer, cirer, elle finira bien par voir l'image inverse de sa vie dans le parquet. Elle finira bien par les goûter, ces profondeurs. Après, il ne restera plus qu'à creuser.

— Quelle surprise, ma fille ! L'autre femme de chambre de la famille !

Rien ne me pousse vers la riposte.

— Bonjour maman...

Elle a bonne mine et déballe le cadeau que je lui ramène.

— C'est le drapeau de l'Argentine ?

— Non, une nappe du Guatemala.

Je n'ai plus de place pour les babioles des touristes. Je n'ai pas non plus le cœur à les jeter.

— Et... je range ça à côté du savon à la rhubarbe ?

— Tu en fais ce que tu veux maman, c'est à toi.

Elle incline sa tête vers mon sac comme s'il y avait autre chose à déballer, puis ses yeux myopes interrogent les miens. Depuis un moment, ma mère attend la reconnaissance de son enfant devenu grand. C'est une attente qui traversait les années et heurte toujours son esprit. À 11 ans, je lui ai promis une villa. C'est le genre de promesse qu'on ne peut pas tenir, mais elle y croit encore.

Elle veut que nous déjeunions ensemble, cachées dans l'office. Si ses collègues me voient, ils le rapporteront à la direction. Nous voilà donc dans une pièce exiguë aux miroirs brisés et au carrelage disloqué. Il y a même une baignoire sur sabot de secours, remplie d'accessoires cinq étoiles brodés à l'initiale du palace. Ma mère en réunit une dizaine qu'elle met dans mon sac.

— C'est pour tes touristes à toi !

Nous déjeunons serrées sur la coiffeuse baroque finie à la feuille d'or. Un meuble stupéfiant, mais imprésentable depuis qu'un gosse saoudien a rayé sa surface avec un couteau papillon. Ma mère se sert un verre de vin blanc, puis un deuxième, puis un troisième, ils la font déborder de compliments. « Ton docteur t'a sauvée, tu me ressembles presque ! » Ma mère est dotée d'un épatant visage chevalin. Son nez le divise en deux parties qui ne se connaissent plus dès lors qu'elle boit. Bien que sa jeunesse soit perdue, elle garde une ligne svelte qui la sauve des aspects courants de la vieillesse. On ne se ressemble pas, à cause du sang paternel qui a mélangé le sien. Je n'ai ni ses yeux clairs, ni sa ligne, ni ses cheveux lisses et châtains. Elle en déduit qu'en retour, j'ai hérité de son attrait pour le ménage. Souvent égarée dans des spéculations qui la font parler seule, ma mère peut paraître philosophe si on ignore que ce sont des formules de nettoyage qui occupent son esprit.

Une femme arrive si silencieusement dans la pièce qu'elle semble avoir surgi des murs. Je devine qui elle est sans pouvoir la nommer. Ma mère l'a toujours appelée tyran, serpent ou sarkozyste. C'est l'adjointe de direction. La lumière du soleil miroite sur son tailleur rouge satin. Ses yeux brillent d'ironie en nous découvrant planquées. J'ai juste le temps d'apercevoir l'embarras de ma mère. Dans de vaines simagrées, elle me présente à sa supérieure. J'évite son regard, comme on apprend à ne pas fixer dans les yeux un animal menaçant. Mais je ne veux pas que ma mère soit compromise dans son travail. Alors je passe devant elle en parvenant à réfréner ma gêne. Bravement, je m'adresse à l'adjointe de direction.

— Madame, c'est moi qui ai demandé à ma mère une entrevue dans un endroit discret. J'étudie la sociologie du tourisme, et je me demandais quel était le positionnement de l'hôtel par rapport à la concurrence d'Airbnb...

Son talkie-walkie dans la main, elle regarde ma mère sans changer de lueur le moins du monde.

— Dans ce cas, je serais mieux placée pour répondre à vos questions.

Bien que sa voix soit aussi glaçante que le reste, je trouve assez de ressort pour lancer un formidable « Formidable ! »

Dans les couloirs, elle marche comme une flèche lancée dans les airs. Je me hâte derrière. Nous descendons au rez-de-chaussée et traversons l'allée principale. À elle seule, c'est un musée d'œuvres d'art et de céramiques mayas. Nous entrons dans un petit bureau trop éclairé. Elle prend sa place et la lumière souligne ses traits. Je les remarque durs, crispés. Un relatif silence m'inspire de la crainte. Qu'allait-elle me dire au sujet de ma mère ? Ce qui m'éloigne d'elle m'apparaît à cet instant clairement. Ma mémoire se remplit de flashs : ses plaintes sur ses conditions de travail, son opération ratée, sa syndicalisation et l'aigreur que tout cela lui donne, brûlent mon cerveau. En face de moi, un léger sourire entrouvre les lèvres de l'adjointe. Elle ouvre les tiroirs les uns après les autres, jusqu'à retrouver un ouvrage qu'elle pose entre ses mains.

— J'ai étudié la géoéconomie qui m'a servi à contribuer au développement de l'hôtel.

Ma perplexité se renforce. Je me mets à grimacer, ce qui la déroute un peu.

— Cela vous surprend !

Brusquement, elle dégage tant de bonheur incrédule que ça la rend touchante.

— La sociologie du tourisme est passionnante à étudier, elle n'a jamais été autant contrastée depuis l'avénement du collaboratif, mais ça, vous le savez !

Ainsi donc, elle compte vraiment parler tourisme. Me voilà rassurée et inquiète de mon mensonge : cette femme doit être relativement au fait de l'actualité touristique dans le monde. Je rumine quelques questions qui lui tireront de longues réponses.

— Est-ce qu'Airbnb a impacté l'économie de l'hôtel ?

— Ni de l'hôtel, ni d'aucun des autres palaces et cinq étoiles...

Elle se prend naturellement à l'affaire et se lance dans un monologue mi-parlé, mi-rêvé. Selon elle, Airbnb serait une menace, oui, mais stimulante. La France va enfin renforcer sa position de leader, et nos dirigeants seront forcés de mieux soutenir l'activité touristique. « Y en a que pour le nucléaire ou l'aéronautique, ça suffit ! » Elle ne juge pas nécessaire de m'interroger sur mes prétendues études, elle ne souhaite pas non plus me rappeler ce que je sais déjà : le ministère du Tourisme en France est tout en bas de l'échelle et ne fait rien pour renforcer la filière.

— Il faut l'avouer, celle du tourisme est devenue une voie de garage pour ceux qui ne peuvent pas percer ailleurs. Attention, je ne parle pas de votre mère qui fait la fierté de notre établissement. Non, je pense aux taxis, aux garçons de café… combien ne parlent pas anglais !

Elle a sûrement raison. J'en ai trois dans ma famille, travailleurs acharnés qui se soucient beaucoup du gain et beaucoup moins de la qualité du service.

— Vous êtes jeune, je trouverais normal que vous utilisiez Airbnb au lieu de l'hôtel… C'est le cas ?

— J'utilise Airbnb pour louer ma chambre dans le nord de Paris.

— Oh, quel est votre taux de fréquentation, si je puis dire ?

— Satisfaisant.

— De quel pays viennent vos voyageurs ?

— De partout. Mes voyageurs ne seront jamais les vôtres.

— Aucun doute là-dessus. Mais dans une année ou deux, l'entreprise américaine va proposer la catégorie luxe. Au sein de la direction, on s'y prépare.

— Intéressant. Comment ?

C'est à son tour de grimacer. Secret professionnel ? Sûrement. Pourtant, en quelques secondes, elle relâche sa résistance. Sans s'inquiéter de savoir si elle en dit trop peu ou pas assez, elle me parle et j'écoute comme une étudiante. L'hôtel va mettre à disposition une cave de 20 000 bouteilles pour sa clientèle chinoise et russe, ainsi qu'un bateau pour voguer sur la Seine, un chef de renom, un chef pâtissier. Tous ces « petits plus pour nous maintenir devant la concurrence ». De temps en temps, elle a une réaction de retrait et d'inquiétude, qui donne une pâleur cireuse à son visage. Bien informée, elle pense qu'Airbnb dispose des meilleurs informaticiens capable de faire apparaître son nom dans Google, en tapant les mots « Villa », « Luxe », et même « Rêve ».

On en est au mot « Rêve » quand je me souviens de ma mère. L'adjointe de direction s'interrompt pour l'appeler et savoir où elle se trouve. J'écoute, toute étourdie, la transformation de sa voix ; d'une cadence légère et coulante. Nous nous quittons en nous serrant la main. « Au revoir ! » Même après ça, nous quitter prend quelques minutes de plus.

Je retrouve ma mère dans la buanderie. Sa première pensée en me revoyant est qu'elle a été mise hors coup. La méfiance est aussi dans son cœur. Je lui rapporte toute l'entrevue, mais elle n'y voit que des ragots. « Tu ne vas pas me parler d'Airbnb quand même ! Parle-moi plutôt de toi. » Lorsque je lui résume mon quotidien de ces dernières semaines, elle en conclut que je ne parle que de mon travail ou de mes voyageurs. « Depuis combien de temps n'as-tu pas été voir papi et mamie ? » Trop longtemps. « Une nounou était trop chère, ce sont eux qui se sont occupés de toi ! » Ma mère est incapable de me parler d'eux sans jouer ce refrain. Je promets d'y aller au plus vite.

— Tu vas faire mieux que ça, ils auront besoin que tu organises leur premier voyage.

Mon corps se campe comme au garde-à-vous. Pour une fois,

je sais exactement ce qu'on attend de moi. Je combinerai pour eux un parcours inoubliable par mon expérience et ma conviction affectueuse de petite-fille. L'idée d'organiser un voyage pour mes grands-parents me rend incapable de penser à autre chose. Eux, ces éternels modestes prêts à faire des dépenses en dehors de celles de l'entretien de leur maison ? « Calme-toi, tu ne les enverras pas en Alaska », me prévient ma mère. Je sais bien. Mais le Mexique ou le Sri Lanka sont envisageables. Le Kerala plutôt ? On y mange si bien et les étoiles ne sont jamais filantes. « De préférence un pays arabe et musulman », me rappelle ma mère. Suis-je bête. Papi et mamie sont mariés depuis soixante-quatre ans, leur relation est fondée sur la religion et ses barrières ; ils ne changeront pas au soir de leur vie et de toute façon, ils sont en droit d'espérer un voyage heureux. Je pense à un circuit dans les Émirats arabes unis. Ces deux derniers mots les convaincront. Le reste aussi : des villes qui manifestent luxe et volupté à proximité des caravaniers poursuivant leur transhumance millénaire dans le sable du désert. Comme j'ai hâte.

Quand ma mère finit sa journée, il est 23h50. Nous faisons une partie du trajet ensemble et nous nous séparons à Châtelet-les Halles, ma mère restant dans le RER A, et moi devant sauter du train pour récupérer le B jusqu'à gare du Nord, prendre la 2 jusqu'à Pigalle, puis la correspondance avec la 12, rapidement car Inès, une lycéenne originaire d'Alsace, a réservé sans donner d'heure précise de son arrivée, signalant seulement que « ça risquait d'être tard ».

Elle se pointe finalement à 1h59. Quand elle entre dans l'appartement avec une cape en velours et une robe corset qui écrase sa taille comme un étau, je me demande en cet instant précis pourquoi j'accepte ces allées et venues d'étrangers qui rendent mes journées interminables, qui paradent chez moi et se fichent de mon sommeil.

— Ça va, pas trop tard Inès ?

— Carrément ! Je me change et je reviens.

Elle ne traite pas ses paroles à la légère : elle est déjà sur mon clic-clac dans un pyjama de coton avec le sourire d'une collégienne qui sort de retenue. Elle porte un appareil dentaire du soir, prétendument invisible. Elle regarde mon salon de ses yeux noirs et ronds sous des lunettes à verres épais. Quelques minutes avant, ils étaient vert opaline.

— Je veux un appartement comme ça.

— Tu t'installes à Paris ?

Elle soupire des rêves lointains...

— Enfin !

... avant de froncer ses sourcils de dégoût.

— J'en peux plus de Koenigshoffen, ma place est ici.

Curieux comme Paris semble d'un grand intérêt pour la cause de ceux qui ne la connaissent pas. Elle me regarde en clignant des yeux comme une souris.

— T'es née où toi ?

— Dans le 12e.

— Ouuaah la chance !!!

Une émotion lui serre la gorge. Du reste, ses connaissances sociales sont d'une bêtise amusante, persuadée que les natifs de Paris possèdent tous une fortune qui les dispense de travailler.

— Cet appartement ne m'appartient pas, je le paie difficilement chaque fin du mois.

— Ah dommage. Moi j'ai six visites demain, trois dans le 7e, et trois dans le 16e.

Elle retire des bouloches de son vieux pyjama aux motifs sucre d'orge, et les fait rouler entre ses doigts maigres comme des clous.

— Tu visites ces appartements avec tes parents ?

— Naaan ! En fait, mon père est mort dans un accident de travail, j'avais genre 4 ans tu vois, il a été écrasé par une grue… et ma mère est alitée, elle est recouverte d'escarres la pauvre.

— C'est terrible. Tu sais les loyers dans le 7e et le 16e ?

— Tranquille… J'ai un budget de 1500 balles par mois.

C'est ce que je gagne en douze mois avec Airbnb.

— Si y'a un balcon, j'monte à 1800, si y'a une terrasse, 2000.

Rendue mythomane par ses malheurs, Inès se brode une vie fictive et romanesque. Ou c'est une pute.

— C'est quoi ton job d'étudiante, Inès ?

Son regard dérobé laisse entendre qu'elle n'est pas encore totalement à l'aise, mais vu les chiffres annoncés, elle me doit des explications.

— T'as entendu parler des camgirls ?

— Non, c'est quoi ?

Elle râle un peu car elle se demande par où commencer. Elle réfléchit et m'annonce :

— *Chaturbate*, le site, tu connais ?

— Cha-tur-bate ?

— Oui, c'est mon support de travail, comme toi Airbnb.

— Mais tu y fais quoi ?

— Du hot strip-tease, mais c'est pas ma spécialité.

— Attends, attends… c'est du porno ?

— En direct et fait maison.

— Du porno maison ?

— Oui. C'est moi l'actrice et la réalisatrice de mes numéros.

— Attends, attends...

Je la gêne par mes questions qui s'enchaînent trop vite. Alors je me tais et écoute. En se voyant écoutée avec ardeur, Inès distille ses mots goutte-à-goutte que je goûte comme les bonbons d'un visiteur.

— Depuis toute petite, je rêve de faire des shows sous une musique et des lumières que je choisirais...

Son corps d'enfant se balance, les bras noués autour de ses genoux.

— Tu travailles depuis chez toi ?

— Depuis ma room. Chaque camgirls a sa room, une pièce de sa maison qu'elle choisit. C'est vachement sécurisant !

Sécurisant. Je comprendrai plus tard pourquoi ce mot est important et essentiel dans les activités d'Inès. D'ailleurs, pour démarrer son activité, il a fallu un investissement.

— Toi, t'as acheté de quoi faire une jolie chambre pour tes voyageurs ?

— Et toi ?

— Une webcam haut de gamme qui effectue des rotations latérales, une qualité d'image HD même dans une ambiance tamisée, propice à l'érotisme des strip-tease.

La webcam est le lien entre les camgirls et les internautes, qui n'ont qu'à se connecter sur le site Chaturbate pour que débute la performance. Mais comme elle le dit plus haut, le strip-tease n'est pas sa spécialité.

— Mon truc à moi, c'est les sextoys. Et y'en a un qui me rapporte des milliers de tokens.

J'apprends que les tokens sont des jetons que les internautes envoient directement sur le compte des camgirls, transformés ensuite en argent réel.

— Mais vu la concurrence, je dois être inventive. Par exemple, plus il vibre fort en moi, plus je reçois de tokens.

— Et... tu aimes ça ou tu le fais à la demande des clients ?

— Au début j'adorais, puis j'ai attrapé une infection... j'ai mis le gode directement dans la bouche après l'avoir mis dans l'anus.

— Bravo !

— Je sais... on fait des trucs cons pour ses clients.

— Je sais, tu sais.

— Mais j'ai une autre spécialité : la fessée !

Une lycéenne comme elle qui parle de fessée, ça ressemble à peine à un châtiment.

— Plus je me claque à m'en faire mal, puis ils paient.

J'imagine un soleil qui jette ses rayons brûlants sur ses deux fesses non préparées.

— Les garçons de mon âge sont radins, je dois me fesser pour les clients plus riches donc plus vieux parce qu'il y a une forte demande des filles de moins de 20 ans...

Elle continue de parler et je reste surprise du ton uniforme qu'elle emploie, en apparence si différent et éloigné de ses propos. Elle achève et couronne ses propos par l'art du fist fucking, qu'elle pratique avec des « invitées » qui montent en scène avec elle. En touchant son avant-bras droit, elle remarque que lorsqu'elle ne met pas de vaseline dessus, il devient sec et raide comme du bois. Je lui indique la salle de bain d'où j'entends un tube de crème se vider. Elle revient toute aromatisée.

— Ça t'arrive de pas avoir de voyageurs ?

— Après les attentats de *Charlie Hebdo*, la chambre est restée longtemps inoccupée.

— T'y peux rien, c'est comme perdre de l'argent à cause d'une catastrophe naturelle... moi ma poisse, c'est les autres camgirls.

Le premier trimestre de cette année, sa room fut vide à cause de nouvelles arrivantes : des jumelles ont débarqué sur la plateforme en soulevant tous les hommes par leur simple apparition. Pour maintenir ses revenus, Inès a dû retravailler son identité visuelle, être meilleure en sexe et plus attractive que la veille.

— Ça paraît bête, mais si t'es gauche pendant que tu te caresses, personne ne vient visiter ta room.

Encore soucieuse de cette rivalité, elle me montre des photos de ces jumelles en espérant être rassurée.

— Franchement, elles sont mieux que moi ?

Deux trentenaires dans un rôle incestueux de sœurs fatales autour d'une barre de pole dance, prenant la pose avec une séduction surhumaine dans une *room* au décor baroque.

— Elles ont plus de clients que toi ?

— Ouais. C'est parce qu'elles les regardent dans les yeux.

— Pas toi ?

— Si, avec mon loup.

Elle part dans sa chambre et revient avec un loup noir en satin pailleté.

— Mets-le.

D'une obéissance docile et enfantine, elle retire ses lunettes, détache ses cheveux, enlève la veste de son pyjama et pose le masque sur son visage qui prend une autre forme. Elle s'éloigne un peu de moi, baisse le variateur de lumière, prend une chaise afin de mettre ses mouvements en valeur puis exécute quelques huit avec son bassin. Plus qu'un souhait de se dévoiler, il y là une générosité professionnelle.

— Dis, tu me reconnais ?

— Non.

Avec une expression satisfaite, elle se remet en place à mes côtés en gardant son loup.

— Tu sais, les internautes anonymes se transforment vite en pervers. J'ai très peur du bashing... Y a cette fille dans la communauté, elle a un sexe super beau, et en plus, elle est bienveillante avec les nouvelles, et bien cette camgirl...

... travaille à visage découvert car ses masturbations sont des chefs-d'œuvre reconnus par la corporation. Un soir, à la fin d'un orgasme, elle a bloqué dans sa liste noire un client régulier qui devenait érotomane, oppressant et tyrannique. Croyant être débarrassée, elle a eu droit à un déferlement de haine vindicative. Le type ne s'est pas contenté de la harceler, mais de la retrouver. Chez elle. L'histoire s'est finie au tribunal.

Inès ne doit pas compter que sur son loup pour sa sécurité, elle doit se forcer à ignorer certaines menaces pour ne pas être submergée. Il est déjà 5h20 du matin. Mais tirée du sentiment de fatigue, je sors des petits fours et allume ma bougie favorite. Celle qui donne l'illusion du travail nocturne en chambre. Je regarde Inès et je me revois dix ans en arrière. Mes audaces et mon inconscience n'étaient pas les siennes, mais je les ai tant poussées à leur comble qu'elles m'ont amenée à des actions dangereuses pour la jeune fille que j'étais.

— Tu sais ce que j'ai fait à ton âge pour de l'argent ?

— Raconte !

Nous avons fini à l'heure du petit-déjeuner. Nos deux parcours ont cheminé parallèlement, et les anecdotes ont ressurgi côte à côte avec les mêmes éclats de rire. Dormir au petit matin après de telles nuits est délectable.

Nullement fatiguée, Inès s'est rendue ce matin-là dans les 7e et 16e arrondissements pour arriver la première sur les lieux de visite. Son dossier étant vide de garant et de cautionnaire, elle n'a pas pu signer son bail dans les appartements qu'elle souhaitait. En revanche, elle a trouvé une colocation dans un grand duplex à Saint-Cloud avec deux étudiants qui ignorent tout de ses activités. Elle se donne quelques mois pour obtenir son permis et s'offrir la voiture de ses rêves grâce à ses revenus de camgirl. Après ça, elle pense arrêter. Elle n'hésite pas à payer de sa personne pour que le loyer et les charges soient toujours réglés, quand ses deux colocataires ne peuvent s'en acquitter.

Dans un inflexible brouillard, mes grands-parents ont décollé de Roissy sans aucune idée de la distance qu'ils allaient parcourir. Pour ceux qui les connaissent, c'est un choix surprenant. Leur intrépidité est au-dessus de l'âge et de la maladie. Peu avant leur mort et dans un impératif de survie, ils liquidaient leurs économies de petites sommes déposées sur leur livret A.

J'avais placé beaucoup d'espoir dans le soleil des pays du Golfe. Celui qui fait tomber de la neige blanche comme de la dentelle dans la limite du « royaume », comme le nomment les agences de voyage dans leurs stratégies d'attraction pour dépeindre les Émirats. Mon grand-père observerait un faucon pèlerin de la même taille qu'un pigeon, mais plus passionné. Le pèlerin du ciel tournoierait comme les cendres d'un feu de bois, avant d'être aspiré par la voix magnétique du fauconnier. Cloué par ce spectacle, papi tenterait de négocier une jeune femelle argentée pour avoir l'air d'un prince, disant au fauconnier que son âme était liée à la sienne. Ma grand-mère se ferait tatouer un tourbillon d'eau au henné par une artiste locale lui promettant la baraka. Elle aimerait aussitôt ce dessin, seule trace de son corps disparaissant avec un peu de savon. Sous ce soleil cannibale, elle chancèlerait au 19e jour du circuit, exigeant de son mari quelques jours de bien-être sur cette petite île au nord d'Abu Dhabi. Papi, aux poumons remplis d'amiante, dirait enfin oui, soulageant corps et os explosés par des décennies de labeur ouvrier. Dans la cure thermale, elles seraient masseuses, diététiciennes, esthéticiennes, choyant les deux corps comme des amis empressés, et mes grands-parents s'abandonneraient dans une expression de soumission inhabituelle, mais sans équivoque.

Complètement dupe, je me suis laissé hypnotiser par ce voyage. Maintenant, je goûte à la vastitude de mon absurdité devant une carte postale. Au verso, un affranchissement d'Arabie saoudite. Mes grands-parents sont partis vingt-deux jours compter les coquilles de cacahuètes de La Mecque. Le tombeau de Mahomet, le nombril de la terre comme l'a décrit… mais qui au fait ? Mahomet lui-même ? Les promoteurs ? La dynastie al-Saoud ? Une arnaque épatante qui repose autant sur le vice de ses auteurs que sur l'espoir de ceux qui se dépouillent pour elle. Et puisqu'ils n'étaient pas à une excentricité près, ils ont disparu durant les deux derniers jours dans je ne sais quelle coulisse de drames obscurs. Quand ils furent retrouvés à trois kilomètres de la Kaaba, ils expliquèrent aux ambulanciers que la joie de Dieu avait veillé leur fièvre de pèlerins. D'ailleurs, ce sont ces mots qu'avait serinés l'agent organisateur du pèlerinage. « C'est un voyage difficile, mais Dieu veillera sur vous… » À ces mots, les traits basanés et charpentés de mon grand-père s'étaient adoucis dans l'adoration. Il contemplait le type et fondait comme un cierge. L'autre jouait au charitable en imprimant le devis. « Mon bonheur passe par celui de mes frères », qu'il répétait en une psalmodie pour arriver à l'offre finale. Je remarquais mon grand-père fou d'amour, je sentais qu'il désirait presser l'agent dans ses bras, et alors j'ai ressenti une aigreur qui venait des racines de l'enfance ; jamais il ne m'avait regardée comme ça. D'un coup, une colère a fait gicler mon adrénaline. Je pensais qu'il m'était impossible d'injurier quelqu'un. Faux. J'ai fixé l'agent et j'ai maudit sa mère, son père, ses enfants, son agence, sa divinité et toute sa vénalité. La gifle de mon grand-père ne m'a pas sonnée. J'étais déjà abrutie par les chiffres du devis : 12 584 pour deux. L'addition s'il vous plaît : logement en terre sainte, 6 336 euros, visas 372 euros, coût des déplacements en terres saintes, 2 244 euros, taxe sur le logement des terres saintes, 450 euros, taxe sur la valeur ajoutée pour ces terres saintes, 379 euros, tarif des chefs de délégation, 511 euros, billet d'avion Paris-Riyad, 1300 euros, service supplémentaire, 308 euros, frais de la société des services et des résidences, 687 euros. Mahomet, pourquoi n'es-tu pas mort aux Maldives ?

À la sortie de l'agence, mon grand-père marchait avec la nonchalance d'une petite fille. La joie de se faire plumer restait sur son visage et allumait gaiement ses pupilles. Quand il me regardait, je maintenais des mimiques d'indifférence, mais en vérité, je le méprisais. Il devait le sentir, car pour me pousser à parler, disait : « Quoi, t'es catholique comme ton père ? » Il ricanait en faisant le signe de croix.

Nous avons cessé de nous parler pendant des mois. Puis un soir, je me suis perdue dans la forêt d'Arminvilliers. Quand j'ai enfin entraperçu une route, il me fallait pour la rejoindre, emprunter un sentier raboteux bordé d'arbres aux feuillages sombres ; je l'ai traversé en fonçant. J'ai réveillé des étourneaux endormis qui se sont envolés. Tous ces battements d'ailes à la seconde, comme un mouvement de la pensée, m'ont ramenée à mes grands-parents. Repenser à eux sous cette nuée d'oiseaux, c'était fondre, c'était accepter sans adhérer, mais accepter avec gravité leurs obsessions, car qui étais-je pour mépriser cet homme et cette femme qui m'avaient quotidiennement torchée lorsque j'étais un bébé ? Arrivée sur la route, la lueur qui éclairait le chemin a tout résolu ; cœur, esprit, caractère. J'allais réapprendre à aimer mes grands-parents, répondre à leur carte postale, sidérée de ne pas l'avoir fait plus tôt. J'avais très envie d'eux, une envie intense de les revoir, enfiévrée par des mois d'absence auxquels une nuée d'oiseaux venait de mettre fin.

Mes grands-parents s'arrêtent dormir une nuit chez moi avant de remonter dans leur village du Nord. Ils refusent que je les récupère à l'aéroport, car depuis leur pèlerinage, ils ne sont plus terrorisés par le métro. J'ai fait briller mon appartement. J'ai retiré du frigidaire les restes de charcuterie et de vin que les touristes adorent. À 30 ans passés et vivant seule avec un chien, il faut me présenter à eux avec certaines précautions.

Quand je leur ouvre la porte, je suis saisie par leur diminution physique. En revanche, je reconnais leurs vieux sacs de voyage lacérés, avec des restes de ce qui vingt-cinq ans plus tôt, a été un cuir noble d'artisan. On se couvre de baisers incestueux et instinctifs qui me permettent de voir qu'ils ont pu épargner leurs dents en or.

— Bonjour ma fille !

J'ai toujours été leur petite-fille préférée, puisque la première. C'est important pour moi cette préférence, la vie ne m'a pas tellement offert d'autres orgueils. Vêtus de leur plus beau regard, ils cherchent dans le mien l'honneur que je suis supposée leur rendre.

— Bonjour papi, bonjour mamie.

— Non, maintenant, c'est *haji* et *haja*.

Il est 13 heures et mon touriste est sur le départ au moment où mes grands-parents pénètrent dans l'appartement. Dans le couloir, c'est un embouteillage de bagages qui roulent au pas et se tamponnent. Le touriste jette un regard discret sur mes grands-parents, épaté de la diversité sociale et ethnique des voyageurs Airbnb. C'est un type des finances, venu de Lyon pour une réunion à Bercy. Un quinqua vigoureux qui tient à me faire trois bises, dont la dernière au coin des lèvres. Je n'apprécie pas du tout sa peau saturée d'après-rasage mais reste polie, c'est mon affaire.

— J'ai tellement bien dormi... merci Nafissa.

Un charmant embarras me monte aux joues et déforme ma bouche. Je lui souris comme si j'étais la dernière femelle de cette planète. Je lui touche le bras, c'est involontaire. Je veux qu'il se souvienne de ces dernières secondes. « Revenez quand vous voulez », je fais d'une voix allumeuse sans passion. Il se demande pourquoi sur le départ, là, maintenant. Moi aussi je me demande pourquoi ce manège. Ça m'intrigue ce côté poufiasse, la face cachée de l'hôtesse Nafissa.

— Je reviendrai vite à Paris.

Je lui envoie un baiser volé et referme la porte pour l'oublier aussitôt. Dans le salon, j'entends un rugissement en bruit de fond provenant de ma grand-mère, menaçante et figée en ma direction.

— C'est qui, ce monsieur-là ?

Je me tourne vers elle, étonnée de l'éclat guerrier que vient de prendre son œil droit. Je m'éloigne exprès dans la chambre pour ranger leurs affaires. Instinct ou discipline, elle me poursuit d'une manière cavalière comme lorsque j'étais l'enfant à mater.

— Nafissa, qu'est-ce que tu fais là ?

Elle se tient près de la porte en marmonnant quelques jurons arabes.

— Je prépare votre chambre pour cette nuit.

— Ça va pas non ! C'est la chambre des étrangers, elle sent sale !

Elle regarde les dépliants touristiques qui vantent Paris et le crayon en forme de tour Eiffel. Elle ignore les valeurs du tourisme, d'une chambre devenue culte qui sent bon l'assouplissant. Car elle cherche ce qui pourrait vraiment la rendre inconfortable, son point d'honneur étant : moins j'ai d'arguments, plus j'ai raison.

— Ça sent sale.

— Non !

— Si !

— Non.

— Tais-toi.

— T'as dormi avec des Turcs et des Guinéens trois semaines dans un dortoir, de quoi tu te plains ?

— C'étaient mes frères et sœurs !

Mon œil ! Je connais son racisme ordinaire, sa méfiance, sa peur, etc. J'ouvre leur vieux sac et mes doigts touchent la robe de chambre de mon grand-père. Je la déplie et c'est comme un parchemin qui me rappelle tous nos souvenirs.

— Laisse ça, c'est à mon mari. Viens voir tes cadeaux.

Mes yeux fascinés découvrent une petite fiole contenant un liquide mi-solide. Une étiquette m'indique qu'elle prévient la stérilité et la peste. C'est troublant, je suis la seule troublée parmi nous trois. Heureusement, il y aussi des dattes fraîches qui confirment que ma chair n'est pas complètement avariée. Puis, mon grand-père déballe un grand cadre doré et regarde une photo, très ému, comme s'il ne s'en était pas encore remis. Je m'approche. Ce sont eux, mari et femme déguisés en Saoudiens devant des gratte-ciel, des échangeurs, et La Mecque illuminée en toile de fond. Comme sur une photo d'identité, ils ne sourient pas, leurs oreilles sont visibles et ils ont l'air invisibles. Ils tiennent dans leurs mains un chapelet nacré, qu'ils veulent m'offrir aussi. J'accepte volontiers. Je me sens obligée de féliciter cette photo souvenir, en demandant si elle est pour moi, si oui je serai fière de la posséder. À mon soulagement, ils me répondent qu'elle n'a sa place que chez eux, dans le salon des invités.

Puis, leur fierté cesse. Mon grand-père redresse ses épaules et rive intensément sur moi son regard d'Arabe qui me paralyse parfois.

— Le monsieur-là, il est trop pauvre pour aller à l'hôtel ?

— Les hôtels sont complets.

— C'est ça ! Et les hommes-là, ils t'embêtent jamais ?

— Pourquoi ils feraient ça ?

— Je sais pas moi. Ils t'embêtent jamais ?

Repenser à Nadeem me donne des envie de plaisanteries grivoises que je refoule.

— Jamais papi.

Après de longues minutes boudeuses, ma grand-mère décide d'élever le niveau des échanges.

— Ta mère dit que tu partages ta chambre avec des hommes de tout partout !

— Il y a aussi des femmes et des couples qui viennent ici. Et puis, je dors dans le salon, mamie.

— Quand même, c'est sale !

— D'accord mamie.

Je me tais. J'aimerais juste être en paix avec eux à présent.

— Quoi d'accord ?

Elle me pose la question en buvant ce que Céline appelle « thé à la menthe chaud, sucré et intensément parfumé », périphrase ampoulée pour désigner le Nar Nar.

— Rien mamie, rien.

— Et oui, toi, tu sais jamais rien.

Je la regarde me regarder et je me sens piégée. J'avais oublié ses préjugés et son manque de tolérance qu'un pèlerinage, deux pèlerinages, cinq pèlerinages ne suffiront jamais à atténuer. Il faut que je réplique. Un truc si rapide qu'il ne manquera pas d'être pertinent.

— Ça s'appelle le collaboratif, c'est une nouvelle ère, mamie.

Lentement et dans tout son corps, elle commence à laisser sa rigidité partir pour s'imprégner peu à peu de son activité préférée : raconter.

— C'est pas nouveau, ça existait y a loooonnngtemps…

À son visage rempli, je sais qu'elle s'aventure loin en arrière.

— Ma machine à laver, elle a lavé tout le village. C'est une Vedette que j'ai achetée en 72, ah oui…

Elle reste les mains croisées sur l'estomac, avec une voix qui ne ressemble en rien à sa voix habituelle.

— J'ai fait des annonces avec ta mère pour la partager, on

les collait sur les arbres et les gens venaient pour laver leurs vêtements. Les gens étaient contents et j'étais contente de les rendre contents.

En effet, elle semble très heureuse et fière de cela. J'ai toujours essayé de réinventer la vie de ma grand-mère, je sais que l'ensemble de sa vie sociale fut peu développé et de courte portée. J'écoute ces histoires pour la première fois.

— Et la voiture, *haja*.

La voix assurée de mon grand-père prouve qu'il connaît son sujet. C'est un syndrome étrange chez lui, si on ne le consulte pas, il reste dans sa bulle, car il se moque du monde entier sauf de Dieu et de Bruce Lee. Mais si on titille son passé, il se laisse convaincre de raconter toute sa vie avec une expression rusée d'immigré.

— Combien tu la louais, papi ?

— Mais non ! Je prenais les autres ouvriers dans la voiture pour partager l'essence et on partait ensemble à Lyon construire le tunnel du Mont-Blanc.

Lui aussi s'aventure en arrière et cherche encore quelques ombres qui flottent dans ses souvenirs.

— Et la perceuse, *haja* !

Mamie ne situe pas tout de suite l'outil, alors papi mime d'avoir une mitrailleuse entre ses deux mains qui fait trembler ses deux bras.

— Vous partagiez une perceuse ?

— Bah oui.

Selon eux, une perceuse coûte cher, pèse lourd, prend la poussière et ne s'utilise que neuf minutes dans toute une vie. Elle aussi a eu droit à ces annonces collées sur les arbres pour en faire profiter à moindre prix tous les villageois. Tous, sauf les

Gitans, dont ils se sont toujours méfiés : ils pouvaient « décaper leurs enfants avec ». Chez mes grands-parents, l'absurdité est une passion, la plus drôle de toute après la religion. Ma grand-mère creuse encore d'autres souvenirs, cette fois, à l'abri de mon grand-père et de moi, dans des petits sourires dont nous sommes exclus. Il est évident que ces activités l'éloignaient de sa cuisine où elle est restée seule trop longtemps.

J'ai très envie de leur raconter *mon* collaboratif. De raconter le couple d'octogénaires chiliens, qui lui aussi a économisé toute une vie pour un voyage et une tour Eiffel illuminée. Je suis sûre que ça les ferait sourire. Mais soudain, ils sont épuisés et ne savent plus ni leurs souvenirs, ni leur âge, ni où ils sont. Il leur faut quelques minutes pour sortir de cette apathie qui les a avalés. Ma grand-mère retire un noyau de datte de sa bouche et l'enferme dans un plastique. Puis, tous les deux s'allongent sur mon clic-clac.

— Ouvre la fenêtre, on veut pas mourir étouffés.

Ils cherchent leur position sur l'oreiller et chaque respiration les emmène dans l'odeur de la nuit.

Ce soir-là, j'ai dormi pour la première fois depuis très longtemps dans mon ex-chambre. Au petit matin, ma grand-mère me réveille pour me dire qu'elle va faire pousser un dattier. Elle ne retrouve pas mes noyaux, et il les lui faut.

— J'en sais rien, je te les donnerai plus tard.

— On part maintenant.

Je n'avais pas remarqué qu'elle était habillée pour le départ. J'en ai eu la certitude grâce à la broche ovale qui agrafe son châle et au Rimmel sur ses yeux qui ne tiendra pas si j'en crois la pluie violente qui s'abat dehors. Je ne veux pas les laisser. Je ne peux pas rester ici seule sans eux. Et cette pluie dehors m'enfermerait ici en se conjuguant avec leur départ.

— Je viens avec vous.

— Debout alors. Le chien, il reste ici.

Je regarde la pluie qui m'indiffère joyeusement. Je prépare les affaires d'Oslo pour le déposer chez son dog-sitter. En le caressant, je comprends qu'il n'aurait pas voulu venir chez papi et mamie. Non pas qu'il ait conscience que son espèce éloigne les anges dans la religion musulmane, mais autre chose le soulage de ce départ. Il voudrait aboyer, mais un instinct secret l'avertit de garder le silence.

Nous sommes dans le train nous conduisant dans la deuxième ville la plus sinistrée de France. Un superbe chien-loup, peut-être un berger finnois, allongé sur la rangée de gauche aux pieds d'une vieille dame en jogging, flaire bruyamment quelque chose vers notre banquette en pointant son museau de plus en plus haut. Sa truffe devenue humide, il rentre sa langue et se rue entre les jambes de ma grand-mère. Autant lui glisser un cobra sous la djellaba. La voilà raide morte comme un bâton et les yeux sortis de leurs orbites. Elle étouffe ses cris et respire en apnée. Mon grand-père essaye d'éloigner le chien en tapant des mains et des pieds comme il le fait avec les volailles de sa basse-cour. Ma grand-mère reprend sa respiration, elle aimerait hurler son indignation sauf qu'elle s'est toujours tenue dignement en public. Surtout devant des Français. Je m'approche de la gueule de l'animal qui se redresse pour flairer et lécher mes doigts. Finalement, la dame en jogging surprend son chien, et l'index braqué sur lui, l'appelle d'une voix calme qui suffit à modérer ses ardeurs. Elle le récupère sans difficulté, et s'excuse d'un grand sourire en le maintenant par la poitrine.

— Désolée madame, elle a dû renifler une odeur qui l'excite chez vous.

Ma grand-mère lui fait un sourire hypocrite et m'ordonne quelque chose en arabe que je ne comprends pas. Alors elle s'énerve, vide la moitié d'une bouteille d'eau sur mes mains en les frottant énergiquement. Ensuite, elle retire le fameux sachet de ses pieds qu'elle pose sur ses genoux. La chienne tourne sa tête et flaire de plus belle. Je regarde et constate que le sachet est rempli d'une dizaine de morceaux de sucre. Un sachet semblable à celui qu'elle avait posé sous le siège de ma première voiture. Depuis ma plus tendre enfance, j'ai vu mamie se protéger avec du sucre, du sel ou des graines de nigelle qu'il fallait mettre dans le soutien-gorge.

— Tu t'étonnes de tenter un chien avec autant de sucre ?

Offensé, mon grand-père me fixe et porte son doigt sous sa paupière gauche en la tirant au maximum vers le bas. Geste arabe dont je n'ai jamais compris le sens exact, si ce n'est qu'il y a menace sur ma tête. Le train démarre lentement et j'entends dans un murmure solennel, l'indispensable invocation *Bismillah*, chuchotée par mes grands-parents redevenus paisibles. Car le sucre et *Bismillah* fusionnés, combattront les entités diaboliques qui ne pourront plus jeter aucun sort sur ce TGV.

Mon grand-père a maintenant quitté son air absent. Sa femme le regarde pour devancer ses besoins. Elle lui sert à manger, l'invite à retirer ses chaussures, se compresse sur son espace pour qu'il en ait le plus possible. Inlassable, elle enlève les miettes sur ses genoux, nettoie le jaune d'œuf collé aux poils de sa moustache. À chacune de ces intentions, mon grand-père fait sentir son agacement avec une sorte de supériorité polie.

Papi a toujours été un roi, ça n'a jamais fait de mamie une reine.

Rechaussé, il arpente les wagons en espérant croiser un ancien collègue ouvrier. Par-delà la vitre, une pluie moribonde arrose le périphérique de Saint-Denis et ses ruines d'immeubles qui moisissent sur un passé déjà oublié. Entre deux ruines, une grue soumise aux rafales bascule de gauche à droite sur le point de se renverser. Toute la rangée de droite se plaque aux vitres comme des pantins obéissant à la même ficelle. Ça prend même le contrôleur. Mais ça n'intéresse pas ma grand-mère, seule la silhouette de son mari mobilise sa vigilance. Quand elle est certaine de sa disparition, elle se replace sur son siège et s'y voûte lamentablement.

— Tu sais, grâce à ce voyage, ton papi est devenu gentil.

Elle frissonne à cause de la ventilation juste au-dessus de sa tête. Je scrute son visage et je ne reconnais plus ses yeux qui nagent dans le vide.

— Comment il était avant le pèlerinage ?

— Différent.

Je ne veux pas la laisser dans cet état, mais c'est inévitable. D'ailleurs, elle fait déjà comme si elle ne m'avait rien dit. Elle rentrera chez elle, nettoiera sa maison et son jardin, versera trois cafés au cours de la journée à papi, qu'elle regardera, tiraillée. Elle récitera par cœur des versets et accomplira d'instinct tous ces gestes sans qu'il n'y ait rien à interpréter.

CHAPITRE 13

En rentrant à Paris quatre jours plus tard, je fais une perturbante découverte. Dans mon entrée, mes pas résonnent trop. Je dépose ma valise, j'entends nettement le bruit de gouttes d'eau qui tombent d'un lavabo. J'avance jusqu'au salon qui m'inspire un malaise incontrôlable. Mes meubles, mon frigidaire, mon clic-clac, mes lampes, mon ordinateur, mon appareil photo, mon tapis, mes rideaux : disparus. Il ne reste que mes livres rangés par couleur dans les cases de la bibliothèque. Des tasses de café et de cigarette emplissent le lavabo de la cuisine. Je bouge comme une hallucinée au milieu de ce silence lourd mêlé à des ombres, au point d'avoir l'impression que quelqu'un se cache entre les murs et va me sauter au visage. Je file dans la chambre avec un pic de fièvre.

Même le lit des touristes n'est plus là. Est-ce une armée d'huissiers ou Emmaüs qui sont venus se ravitailler ? Mon armoire, ce grand ventre chaud, vidée. Elle contenait ces souvenirs, ces bijoux... ces lettres, qu'on garde, car on les aime et qu'ils nous protègent. Les femmes ont une capacité d'oubli inexistante pour ces choses-là. Ma respiration est déréglée, j'éprouve une fatigue dans les jambes comme si on m'arrêtait en pleine course. Je baisse la tête, je la relève. Je guette nerveusement le miroir de l'armoire, c'est un visage brouillé au pastel qu'elle me rend.

C'est le moment d'appeler mon assurance pour dire que je viens d'être cambriolée, alors que ma porte n'a pas été forcée, que mon double de clé est sur moi. Mais je n'y arrive pas, je me sens sans ressources et inadaptée. Pourquoi me voler des assiettes et des chaises ? Qui que tu sois, j'aurais pu te les offrir. Pourquoi ma grand-mère n'a-t-elle pas parsemé du sucre ici ? J'ai promis de l'appeler une fois rentrée, mais si elle m'entend maintenant, elle n'aura pas la musique de ma voix. À présent, où ranger le kilo d'agneau qu'elle m'a donné ? En regardant cette viande beurrée et persillée, une étonnante association d'images, de plaisir, de patience et de soin, me renvoie à mon travail. On m'a dépouillée aussi de tous mes scénarios. De mes bribes de romans, mes voyages, mes missions humanitaires, mes histoires d'amour. Une décennie de souvenirs en tout genre coincée dans la mémoire de mon ordinateur. Celui qui est venu ici est un voleur sécateur qui a eu la main lourde. J'en avais de la terre et des gens à raconter. Ils sont le passé et vont y rester, alors qu'ils ont encore du sens pour moi.

La victime d'un cambriolage récent vit dans un autre monde qui n'est ni ici ni là. Mais elle sait que le monde continue. La menace qu'un ou plusieurs inconnus puissent pénétrer mon appartement à leur guise, m'a donné toute cette nuit des accès de frayeurs et de délires. Je suis restée assise à califourchon sur une caisse à pommes face à la porte d'entrée. J'ai dû beaucoup me gratter les cheveux, car il y avait une large couche de pellicules sur mes épaules. Quand j'avais mal aux fesses, j'y plaçais un oreiller. J'ai veillé, avec une sorte de fulgurance, en prévoyant de réécrire les mêmes histoires et de refaire les mêmes voyages. Je me suis épuisée comme la nuit, et puis le matin est arrivé sans rien changer.

Je quitte cet appartement comme on quitte un bain de vapeur. Je dégage une sueur qui pourrait arroser Central Park. Je descends l'avenue en direction du métro. Je reconnais certains habitants dans leur QG du bar PMU. Ils font partie du décor immuable et continuel qui habite les trottoirs et les murs du quartier. Vu leur position, ils sont les témoins parfaits de la fuite d'un appartement entier. Je m'approche d'eux pour les questionner, mais j'ai encore trop de rancœur à l'intérieur. Trop tard, le cercle des joueurs me regarde avec une membrane poreuse sur les yeux. Leur vin a beau avoir l'air douteux, ils cognent leur verre. La seule femme du cercle m'invite à m'asseoir. Elle se tient en bout de terrasse, juste en dessous du A de Stella Artois. Devant mon hésitation, elle me tend un éventail de cigarettes de sa main gauche, tandis que la droite balaie les cendres qui recouvrent la table, se fichant qu'elles lui retombent sur les genoux. Je trouve ce geste si beau d'abnégation que je m'installe en silence.

— Vous, vous n'êtes pas d'ici.

— Je viens d'emménager il y a six ans.

À n'en pas douter, ce cercle se révèlera incapable de rendre compte des allées et venues de cambrioleurs. Je passe en revue les magazines étalés sur les tables, tous sur le tiercé. Alors une sensation électrique court dans mes veines et vient se blottir dans mon cerveau.

— Je vais jouer et gagner.

Cette phrase semble leur procurer la vision d'un jackpot imminent. Ils dilatent leurs narines comme le font les étalons du cinéma, et chacun y va de son pur-sang ; Princesse d'Anjou,

Éclipse Totale, Docteur Jivago, Black Bird, She Loves You. Je les écoute tous, ils s'en mettent plein la vue sur des sommes qu'ils ne gagneront pas, grugés par la vie quotidienne qui les a laissés ramollis. Je me conduis comme eux, je mise huit fois un 2 sur 4 en pariant sur les deux outsiders.

En attendant, ce sont une nouvelle serrure et de nouvelles clés avec carte de propriété qui me désinhibent un peu. Mon angoisse n'est pas distillée, mais l'heure est à l'enquête et mon humeur misérable ne m'empêche pas de cogiter rapidement. Une seule possibilité : mes anciennes clés se copient en huit secondes chez n'importe quel cordonnier, un tas de personnes est venu ici : l'un d'eux a fait un double pour revenir et se servir. Farah, Freddy, Ed, Apryl, Philippe, Shaiar, Yann, Kyrien, Kenneth, Carlos, Adrian, Jason, Dan, Pimmie, You kie, Thomas, Nelson, Chris, Andrea, Mahmoud, Neil, Po Shan, Ludovic, Marie, Mo, Albert, Taro, Elliot, Lucy, Thomas, Abdullah, Camilla, Paul, Malika, Massimo, Marco, Valérie, Tiphaine, Bernard, Liz, Paul, Arsène... Ceux-là datent de l'année dernière.

Ma porte d'entrée n'ayant pas été fracturée, et même, refermée à double tour, il est inutile de faire une déclaration à mon assurance habitation. J'informe plutôt Airbnb et fais un passage obligé au commissariat. Toujours sur le banc d'attente, je reçois un appel avec l'indicatif de Californie : c'est le siège de l'entreprise. Une voix d'Américaine me parle dans un français excité qui semble traduire une incommodité.

— Hey Nafissa, je suis Megan d'Airbnb ! Je me joins à l'équipe pour vous soutenir dans votre mésaventure, mais je suis heureuse que rien de mal ne vous soit arrivé.

— D'accord Megan.

— Excellent ! Hummm... Avez-vous prêté vos clés à un

voisin par le passé ?

— Vous voulez me faire accuser un voisin alors que je confie mes clés à des inconnus par Airbnb ?

— Hummm... oui je comprends. Avez-vous fait la déclaration aux autorités compétentes ?

— J'y suis.

— Excellent ! Dans ce cas, envoyez-nous la plainte et les factures des objets volés, un dossier sera ouvert pour votre litige, ok pour vous ?

— Ok pour moi. Serais-je remboursée, Megan ?

— Avez-vous lu les conditions assurances et garanties ?

— Sept fois. J'entre dans toutes les cases de la victime endommagée.

— Super ! Excellent !!!

Elle me prie de l'excuser un instant. Dans l'open space d'où me parle Megan, j'entends des voix exubérantes qui parlent différentes langues pour résoudre différents problèmes. Longtemps après, Megan revient à son oreillette avec une voix changée qui défierait le Bon Dieu.

— Nafissa...?

— Oui Megan ?

— L'hôte fait partie de notre famille, et nous protégeons notre famille.

Je raccroche, apaisée. Mon esprit venait de recevoir les douces harmoniques de cette confession. Je me réconforte un peu plus en découvrant le plafond fantastique à six chiffres des assurances Airbnb. Ça couvrira largement le montant des larcins. Un geste merveilleux et plein de bon sens pour mes finances. Les soucis d'argent ne se répètent jamais de la même manière, c'est une variation sur le même thème.

Au pillage simple et net de mon appartement, à la discrétion des cambrioleurs, et surtout à l'absence de témoins, la policière soupçonne, et pense bon de m'informer, que ce cambriolage s'est déroulé entre 3 heures et 5 heures du matin, par deux ou trois déménageurs professionnels.

En sortant du commissariat, j'envoie mon dossier complet à Airbnb. En retour, elle a suspendu mon annonce, car « pour raisons exceptionnelles, vous n'êtes pas en mesure de recevoir des voyageurs dans de bonnes conditions, bla bla bla… Nous vous soutenons dans cette épreuve, et avons hâte de vous revoir très bientôt », bla bla bla. J'ai envie de blaguer sur le *Less is more*, nouvelle philosophie des friqués qui se convertissent au minimalisme, puis je me rappelle qu'aucun des employés d'Airbnb ne serait assez exalté pour déconner avec une hôtesse dépouillée.

Je n'ai soufflé mot de ce cambriolage à personne. Évitant de répondre au téléphone, aux emails, à l'interphone. Obsédée, je plonge nuit et jour dans mes souvenirs perdus, pour raviver le passé. Tous ces voyages et ces personnages qui m'ont empourpré le teint et le sein. Ils ne me lâchent pas. Ils ôtent en moi tout complexe de femme recluse, me détournant du monde réel au point d'avoir des rapports plus physiques avec eux qu'avec mon entourage.

Une fois le disque de mes souvenirs enrayés, je me cloître, par désœuvrement cette fois. Mais c'est compliqué d'éconduire les gens, fût-ce avec les meilleurs prétextes. Quand vous êtes dans un état louche, les gens veulent savoir pourquoi. Leur curiosité se glisse par une porte dérobée. Ils ne peuvent ni ne veulent vous aider, mais ils veulent savoir. Ce que j'ai tu à mon assurance, je l'ai finalement dévoilé à Linda, à ma tante, à mon frère, à ma productrice. Tous m'ont jugée seule responsable de ce cambriolage. C'était dit avec des mots si gentils et une compassion si sincère, que ça a suffi à faire de moi une hystérique deux fois cambriolée.

Encore une fois, mais une dernière fois, je renifle tout ce qu'il y a de traces ou d'indices dans mon appartement. Je décide ensuite de le récurer dans tous ses recoins. Sans les meubles, la tâche est plus facile, les amas de poussière ne se cachent pas. Je fais briller le plancher du salon, je redonne de l'éclat aux fenêtres, au carrelage de la salle de bain, aux lavabos. J'hydrate mes mains et imagine un nouvel intérieur. Ça va mieux. Je bois une gorgée de lait. Au goût, comme ça, on dirait une mousse amère. Il a tourné, car il n'est pas au frigidaire. Pas grave. Je finis de boire mon lait Ribot à la fenêtre. En face, des voisins me regardent avec une curiosité sinistre avant de vite se remettre à l'abri dans leur appartement plein comme un œuf.

J'ai trouvé l'endroit qu'il me faut pour aujourd'hui. Je marche un peu plus d'une heure sur de l'asphalte récent, mes pas sont insonores. Les silhouettes humaines s'estompent. Je marche silencieuse dans un village sans bruit. Il devient fantôme quand je descends un virage serré qui m'amène sur un terrain en friche. Les vestiges d'arbustes ralentissent mon pas, mon ombre s'est dissipée. Le soleil matinal disparaît ; à la place, des nuages menaçants, mais éphémères. Des vapeurs qu'un souffle pourrait emporter. Enfin, je lève la tête vers lui, même si je l'ai aperçu depuis un moment déjà. C'est mon château d'eau abandonné. Je le regarde, et ses deux lucarnes lui donnent encore cette expression étonnée, la même que j'observais quatorze ans plus tôt. La première fois que je suis venue à mon château d'eau, il avait son allure de soucoupe volante et ça collait bien avec mon souhait de me barrer. Depuis, l'invisible révolution de la nature l'a recouvert d'une large grappe de végétation. La soucoupe est devenue jungle et ça me va aussi.

Je m'avance au pied de l'édifice, mais je n'ai pas envie de monter dans la tour. Je ne me sens pas princesse aujourd'hui. Je m'allonge sur l'herbe, j'arrache une touffe de bulbes en espérant sentir la terre chaude. Ça y est, je sens les pulsations qui s'animent. Mon château d'eau me répète notre mot de passe, et je sors du couvercle des nuages du cambriolage. Et si j'éprouve ses reliquats pénibles, je me rappelle l'île de Luçon en 2009. L'ouragan Ketsana qui a fait de centaines de Philippins, des ombres cramponnées aux débris de leur existence. Alors je me calme pour de vrai et j'admets que si mon appartement est vide, il tient encore debout.

Il est temps de récupérer Oslo chez André. André est un gentil veuf qui s'improvise dog-sitter, en échange de quoi, je lui fais la lecture. Il aime les romans sombres, limite apocalyptique, même s'il conserve toujours un petit sourire en m'écoutant. Je l'ai rencontré au square des Batignolles, il sortait son chien, je promenais le mien, nos laisses se sont entrelacées. Quand il m'ouvre la porte, je déguste la poussière de ses antiquités qui se dépose au fil du temps sur les immenses rideaux de velours noir qui entourent son salon. Oslo vient me saluer en dormant debout.

— Bonjour André, ça s'est bien passé ?

J'entre dans son salon dont les deux fauteuils sont déjà orientés pour le face-à-face. Devant l'expression hagarde de mon visage, André s'approche d'un pas et remarque mon sourire bien forcé sur mes lèvres.

— Quel est donc ce visage de martyre, mon enfant ?

— Un voyageur m'a fait un cadeau magnifique : il m'a cambriolée.

— Ça c'est moche. Vous avez beaucoup perdu ?

— Oui.

Je remarque que le couffin de mon chien a été aspiré de ses poils, sa robe brossée et ses ongles coupés. Sa gamelle est luisante. Un livre et un verre d'eau sont posés près du fauteuil où je m'installe d'ordinaire pour lui faire la lecture. Ils sont recouverts d'un peu de poussière, je sais ce que ça signifie.

— André ?

— Dites-moi.

Plus il espère sa lecture, plus je pense à mon écriture disparue. Je le regarde le plus gentiment possible et je finis par avoir une démangeaison sous les paupières.

— On pourrait reporter la séance ?

Il flotte dans son pantalon en velours matelassé, celui qu'il porte pour la lecture et qui lui arrive aux genoux, car c'est un monsieur très grand, pas toujours à l'aise avec sa taille qui plie toujours ses jambes pour pouvoir vous regarder droit dans les yeux.

— Nafissa, laissez-moi vous donner du mobilier et de l'argent aussi.

J'ai envie de... Oh André ! Si tendre, si débonnaire. Comment fais-tu pour être aussi bon ?

— Non merci.

— Mais pourquoi ? Vous en avez plus besoin que moi, et moi j'ai toute ma vie derrière moi.

Moi aussi. Il coupe court à toute nouvelle proposition. Comme s'il m'avait entendue. Pour cacher sa peine, il s'agenouille devant Oslo et le caresse une dernière fois. J'ai l'intention de me jeter dans ses bras, mais ça m'effraye. Je le quitte précipitamment en ressentant un truc très onctueux au fond des yeux. Ça ne dure que quelques secondes, mais c'est très fort.

Seule en pleine nuit, l'impulsion d'écrire s'est ramenée, et avec elle la contrainte de ne pouvoir le faire. Patience. Je sais le prix élevé d'un ordinateur et mes droits d'auteurs ne me permettent pas d'en acheter un cash. Idem pour un frigidaire. J'imagine le déménageur, donc, tirer la prise et traîner mon frigo jusqu'à la porte. Comment allais-je nourrir mon génie sans lui ? Patience.

Un numéro inconnu m'appelle. D'habitude, je prie pour que ce soit une boîte de production. Là, j'espère que c'est un responsable Airbnb.

— Nafissa à l'appareil !

— Nafissa ?

— Oui, qui est-ce ?

— C'est Hélène.

Hélène est la grande sœur de Céline. Elle a toujours veillé avec soin sur sa cadette.

— Ah… bonjour Hélène.

— Tu as l'air déçue.

— J'attends un appel important. Comment vas-tu ?

— Tu manques à ma sœur qui ne va pas bien du tout.

Un brusque battement de cœur vibre sous ma poitrine. Mais je parviens à donner une expression neutre dans ma voix.

— Ah d'accord…

Puis saisie par une peur irrationnelle, je raccroche dans l'inconfort de cette nouvelle. Oslo monte sur mes genoux et ensemble, nous regardons le plafond. Alors l'ombre de Céline diminue petit à petit, et en ouvrant ma main, je la sens sur ma paume.

Sur mon Vélib en direction de Gambetta, je me retrouve engloutie sous le flot des voitures et salie par leurs pots d'échappement. Je n'avais pas vu que c'était déjà l'heure de pointe. Les conducteurs sont tous coincés et saturés dans leurs carrosseries comme dans une cellule d'isolement.

Je mets pied à terre au 135 rue des Pyrénées et m'arme dans le hall d'immeuble de Céline de cet objectif : tu ne craqueras pas. Je sonne deux fois avant qu'elle ne réponde. « Oui ? » « Bonjour, c'est Nafissa. »

Quand j'entre dans le studio, soupçon de malaise. Tout au bout, sur son lit, je découvre une jeune femme marquée par la fragilité. Elle a fait de son mieux pour cacher le désordre du studio en vitesse. Mais la scène est choquante. Le sol, le lit et les meubles sont couverts de boules de Kleenex sales et dispersées au hasard. Sur le plan de travail, des restes de nourriture en putréfaction, les stores sont baissés, les vitres grasses de saleté, les plantes mortes dans leurs pots et des mouches volent sur place autour de Céline. Il faudrait carrément exorciser les lieux.

— Tu veux bien me dire ce qu'il se passe ?

Ses doigts mouillés tentent d'allumer une bougie, mais les allumettes ont pris l'humidité. Les ongles de ses deux pouces sont déformés et bizarrement incarnés, jusqu'à avoir une couleur marron que du sang aurait amassée sous le tissu de la peau. À la troisième tentative, une flamme jaillit, lui donnant une lueur de cadavre. Mes soupçons se défoulent. Je pense à un cancer qui ferait le drame de sa courte vie. Je lève les stores et ouvre les fenêtres. De l'air, de l'air ! Doucement, Céline se relève du lit. La fébrilité de ses gestes est toujours là, mais elle dissipe un peu mieux son état. Après un long silence et d'une voix basse : « Je suis au Ceproc depuis huit mois. » Qu'est-ce que c'est que ce truc ? Sûrement du théâtre subventionné. C'est le genre de nom inconnu pour des individus en dehors des circuits théâtreux, mais très représentatif pour des gens comme Céline. Puis je me trouve bête. Ça n'est pas le théâtre qui l'aurait vidée de toute sa volonté ni qui lui aurait donné ce dos rond et voûté.

— Qu'est-ce que le séproque ?

— Centre des professions culinaires...

Je mets en image sa phrase devant mes yeux pour voir chaque initiale, avant de comprendre. À sa façon de regarder le ciel, je sais qu'elle va maintenant se justifier.

— Avec un métier stable, je n'aurais plus de contentieux tous les mois.

Le mot contentieux l'assombrit. D'interminables minutes filent dans le silence du studio, pendant lesquelles je baisse la tête. Quand je la relève vers Céline, je nous revois dans sa chambre seize ans en arrière, lorsqu'elle s'entraînait à répondre avec gouaille aux questions d'Ardisson que j'imitais pour qu'elle soit prête quand son jour viendrait sur le plateau de *Tout le monde en parle*.

Je pourrais ouvrir la discussion et tenir un moment sur le débat métier contre vocation artistique. Évidemment, la même chose me pend au nez. Céline et moi avons déjà donné dans des boulots qu'on appelle petits et qui vous donnent de grandes douleurs ; manutentionnaire, ramasseuse d'asperges, magasinière. Faire ce que nous aimons nous confronte aux mêmes difficultés avec un petit bonus ; des implications désespérées malgré des risques sérieux de fiasco. Cette souffrance, le monde s'en moque. Elle est partout et nulle part à la fois. Dans l'indifférence générale, Céline maudira son échec qui fera de son quotidien, un crève-cœur.

« C'est comme ça », me dit-elle pour se redonner un peu de contenance. Elle repère d'autres boules de mouchoir à l'autre bout de la pièce. Elle se baisse pour les ramasser, lourde comme un pommier sous le poids de ses fruits.

— Je ne me fais pas une vision simpliste du métier. J'ai gratté son vernis, j'ai découvert une brigade en cuisine, l'humiliation, le stress, la pression insidieuse, le surrégime, les contusions.

Cortège de vices. Aussi je me tais. La même langueur que Céline me saisit. Soudain, je repère une cicatrice encore rouge au niveau de sa main et de son poignet. Tout autour, des cloques où la chair est partie. Autrefois, un endroit lisse et délicat. Ses bracelets de cuivre s'y cognaient les uns contre les autres comme pour laisser glisser un esprit enchanteur. Maintenant, l'endroit est rugueux, creux et desséché. Dans quelque temps, sa brûlure ressemblera à une tache de vin couleur pourpre. Je peux l'affirmer, ma mère s'est fait une large cicatrice sur tout l'avant-bras avec le fer à repasser de l'hôtel. Céline remarque mon navrant regard.

— Je dois me coucher, repasse dans la semaine si tu veux.

— Voudrais-tu que je dorme ici ?

Je crains que cette proposition revienne à dire : t'es si déprimée que je dois surveiller que tu ne te gaves pas d'antalgiques. Heureusement, Céline sourit.

Elle règle son réveil pour 6h40 et s'endort si rapidement que j'en viens à penser qu'elle a réellement pris des antalgiques. Je la regarde respirer. Les tendons de son cou trop maigre font des cordes, son menton se balade devant elle, son corps donne un sentiment de feintise : là sans être là. J'enlève mon jean et m'allonge sur le canapé, cette parcelle de l'univers de la literie m'étant définitivement attribuée. Je pense à Oslo qui devra attendre demain matin pour uriner et manger.

Finalement, je me détends, par degré, sans fermer les yeux. J'ai envie d'aller frapper à la porte d'Angèle, des autres producteurs ou directeurs d'écriture, leur demander, comme ça, franco, ai-je des chances d'y arriver ? Angèle, ne suis-je vraiment qu'un « poulain de plus dans ton écurie » ? Allez, dites la vérité ! Aucun ne répond. Alors je la sens en moi, ma sève, enfouie sous des couches de ma personnalité, œuvrant en sous-main, elle se déploie avec autant de vigueur que de souplesse, mais bien qu'elle soit une alliée, je la repousse, je la pulvérise et elle meurt sous mes doigts. Ce n'est qu'au moment où le réveil de Céline sonne que j'arrive à m'endormir.

Il est 11 heures, le soleil du matin envoie ses rayons sur la pergola de la terrasse. Une à une, j'y dépose toutes les plantes pitoyables que j'arrose. J'espère que le basilic va repartir. Quand je finis de nettoyer, je reviens au salon pour échapper au soleil de plus en plus chaud. Sur le plan de travail, Céline a déposé un sachet de viennoiseries. La boulangerie au 244 rue des Pyrénées est excellente. À côté du paquet, une feuille pliée et debout grâce à deux bordures. En finissant le premier croissant, je réalise que c'est mon premier réflexe avant de lire Céline. J'ai honte. J'ouvre la feuille : « L'idée de te perdre, c'est plus dur que la brigade des cuisines. » Oh merde, merde… Céline ! Mon menton tremble, mon front se plisse. Des larmes se libèrent de mes yeux. Or, matin et soir, depuis l'accident, je dois me verser du sérum physiologique pour hydrater mes yeux. C'est comme si je pleurais. Je ne m'en suis pas versé ce matin. Le médecin de l'hôpital avait envisagé que cette séquelle pouvait être transitoire, j'étais trop mal pour l'entendre. Je respire un grand coup sans essuyer mes larmes. Je me sens pleine et lasse. J'ai un stylo à la main pour composer une jolie phrase à Céline, sans que rien ne vienne.

En traversant le 20e arrondissement, je décide de faire un rapide détour rue de Buzenval. Je quitte la selle du Vélib et apprécie pas à pas un des quartiers les plus fleuris de Paris. Ici, l'abondance de verdure brille sous le soleil auquel le scintillement est voué. Autour de moi, une gaieté des jours de fête gagne les gens. Le genre de journée où rien ne serait vu comme un affront, à moins de bien savoir les digérer.

Un texto m'annonce qu'un responsable communication Airbnb m'a envoyé le retour tant attendu. Soit onze jours après le cambriolage. C'est le temps qu'il a fallu avant que la société au fondateur milliardaire ne se mette d'accord pour un verdict. Une sentence. Latine. *Contentus suis rebus esse maximae sunt divitiae* (se satisfaire de son sort, voilà la plus grande richesse). Dans un email, je lis qu'Airbnb ne remboursera pas un seul centime. Puisque je n'accuse personne véritablement, ils ne peuvent se retourner contre un coupable. Le souffle court, je m'écarte de mon téléphone. Mon visage défait déconcerte ceux qui me regardent. En un mot, je ne suis plus ni de cette famille qui protège ses hôtes, ni dans le même univers qu'elle. Entre parenthèses, nulle part il n'est écrit que j'aurais un motif d'être insatisfaite de cette décision.

En rentrant chez moi, je contacte Airbnb. Prête à de violentes explications comme on pourrait en avoir avec un détracteur. Sept minutes plus tard, aucun conseiller en langue française n'est disponible. Une voix me propose d'appuyer sur la touche 2 pour parler en anglais. Ça me claque les nerfs, mais je continue de patienter, assise en équilibre précaire sur mon caisson à pommes. J'ai l'impression que tous les pontes d'Airbnb sont ici réunis, quelque part au-dessous de moi. Une voix forte me réveille, celle qu'on réserve aux héros dans les opéras.

— *Hellooooo, i'm Balthus from Airbnb. Pleaaaaase give me your name, your address, your emaiiiiiil, and the last digit of your account number !*

Consciente de quelque chose de poisseux, je raccroche. Mais je sens encore la présence des caïds. Brian et ses subalternes me surplombent, ils se laissent balancer par le mouvement immobile des nuages de dollars. Pauvre morpionne, qu'ils se disent avec un sourire de circonstance. Oh non, pire que ça, je me réponds. Demain à la une, un fait divers sinistre sur une hôtesse revancharde lourdement armée au siège d'Airbnb. Un fait divers qui secouera le monde autant que toutes ses autres tragédies. Je démontrerai comment les communautés les plus populaires et les plus friendly, engendrent les plus folles déviances. Je me lève d'un bond, stoppée net par ma jambe qui s'est endormie. Je n'arrive pas à bouger. Je clopine dans l'appartement dépouillé.

En m'imaginant assassiner les fondateurs d'Airbnb, une sensation enivrante me parcourt l'échine. Ces pulsions assouvies balaient ma colère pour me rétablir un peu.

Alors je repense à elle. Bien qu'elle m'ait sûrement oubliée, je dois la réveiller : Yolanda ! Mon corps frénétique se met à la recherche de sa ligne directe, qu'elle m'avait confiée. L'émotion fait chanceler mes deux jambes. Mais lorsqu'à l'autre bout du monde, Yolanda me répond, mes doutes tombent au contact de sa voix extatique.

— Nafissa ! Est-ce bien vous ?

Je raconte tout. Sa voix change. « Inacceptable », dit-elle

sobrement. Pourtant, le nombre de cambriolages et saccages causés par des voyageurs Airbnb, explose littéralement. Et ça n'est pas fini. Aucun hôte ne pourra être à l'abri de ces incidents, et Airbnb a bien compris que seules les plaintes déposées au tribunal auront des chances de donner une issue heureuse. Pour cela, l'hôte doit être le propriétaire du logement. Logique. « C'est dire si j'suis mal barrée… », j'ose répondre avec un désir d'apitoyer.

— Nafissa, je vous demande de ne pas boycotter l'entreprise, mais je désapprouve ce qui vous arrive. Renvoyez-moi le dossier, je vais tenter quelque chose.

On entend souvent parler de conscience ou morale professionnelle, bien moins de solidarité professionnelle. L'engagement de Yolanda m'émeut. Bien sûr, c'est une spontanéité qui peut être périlleuse et je n'oublie pas qu'Airbnb, par l'intermédiaire de Megan, a manqué une fois encore à ses promesses. Mais Yolanda n'est pas un marin. « Je reviendrai vers vous, Nafissa. »

Après ça, bonjour l'espoir. T'es petit, mais tu me soulèves. Pas moyen d'échapper à la voix de Yolanda. Toute la journée, elle tempère ma tristesse. Et le jour d'après, Yolanda m'informe dans un email, le remboursement des clés, de mon ordinateur, du clic-clac, du frigidaire et du lit des touristes. Le virement arrivera d'ici trois à cinq jours. Sa *note* comme elle l'appelle, n'a pas pu aller plus loin. Elle s'excuse du « strict minimum dans lequel vous serez contrainte à vivre pour l'instant », sans se douter que toute ma vie, je lui serais reconnaissante.

Ensuite, je vérifie mon portrait dans tous les reflets que Paris me donne. Rétroviseurs des voitures, des camions, vitres des magasins, portes du métro. Il s'agit là de reconquérir un je-ne-sais-quoi. De savoir si au fil des rues de ma ville, je pourrais — en douceur — redevenir une hôtesse pour le grand patrimoine humain.

Comment continuer à suivre l'idéologie d'un système, quand il surpasse toutes les déceptions que ses adeptes n'avaient pas envisagées ? Airbnb a entraîné l'esprit de ses membres à s'exposer aux plus beaux moments et aux pires périls, s'accommodant de mille déboires qu'ils finissent par tolérer. Elle s'est rendue indispensable au maintien financier et moral de beaucoup d'hôtes, et cela, sans orgueil. Parfois, son esprit fondateur persiste. Il garde son pouvoir de créer un moment de suspension entre des humains. Et là, la trêve est délicieuse. Depuis que je suis enfant, c'est ainsi que je vois mon univers. La peine que j'éprouve à le voir s'écrouler pourrait diminuer si j'acceptais de le rebâtir... Mais pourquoi ? Faire ma révolution et m'immortaliser ? À d'autres.

C'est tout décidé. Cette épreuve est la dernière que j'endosserai. Je ne veux plus rien avoir avec la planète et ses drapeaux. C'est exactement ce que je me dis quand je reviens à l'appartement, et là, quelque chose ne va pas. Désert et dénué comme il l'est, il ne peut plus me consoler et voilà que je le prends en grippe. Voilà que toute la délectation morose que j'y éprouvais ces derniers jours, se mue en indifférence. J'ai du mal à le croire, mais c'est bien ça : sans les voyageurs, je ne suis plus certaine de sa réalité. Ça ne veut pas dire que mon cœur en est libéré. D'ailleurs ça n'existe pas un cœur libéré, comment peut-on inventer de telles tournures ? Du reste, suis-je capable d'être libérée de quoi que ce soit ?

Toute relation qui se termine est une histoire d'amour. Celle-ci en fut une. On me l'a mise à disposition sur une plateforme et elle m'a bouleversée en même temps qu'une autre actrice de ma société, l'économie. Elle, elle essaiera bien sûr de maintenir son cap pour s'orienter et adopter la dynamique du monde. Moi, j'accepte la fin de ma relation. Faut dire qu'on ne l'a pas vécue pareil. Je ne gémis pas qu'elle se termine mal. Ce qui me navre, c'est qu'elle fut unique.

Épilogue

Quelques mois après, je déménageai. J'inaugurai mon ordinateur nouveau en écrivant mes histoires d'hôtesse pour les proposer aux maisons d'édition. En novembre 2016, je passais le mois entier en Indonésie. J'écrivis à Ouria et Bayu qui m'invitèrent dans leur maison familiale sur l'île de Komodo. Ce souhait qu'ils ont eu en quittant Paris, ne les avait jamais quittés. Je pouvais rester autant que je souhaitais. Entre-temps, ils ont eu des jumelles : Aicha et Fatima, restées sur Java avec la nourrice. J'eus très envie de les voir en photo. Au lieu de ça, Ouria m'invita à palper son ventre et ses fesses devenues molles. Je touchais à peine, c'était étrange. Mes relations avec les autres membres de la famille furent parfaites. Lorsque j'essayais de m'échapper de la demeure pour découvrir les alentours, un neveu, un oncle ou une cousine, me rattrapait en scooter pour m'emmener où je le désirais : le littoral. D'une beauté sans pareille sur l'île. Dès qu'un de mes T-shirts avait la couleur de la sueur, je le retrouvais frais et propre. Dès que mon estomac gargouillait, une assiette de riz frit ou d'œufs caramélisés se pointait comme par enchantement. Tous me demandèrent de parler de Paris, et je compris que Bayu et Ouria étaient perçus comme des gens importants du fait de leur passage dans la capitale. Jamais, ils n'osaient se caresser comme ils le faisaient chez moi.

J'ai vécu onze jours dans leur famille. La grand-mère maternelle de Bayu venait de décéder quelques jours plus tôt. Il y eut une procession funéraire et l'entourage de la famille était invité à venir toutes les heures lire les prières récitées en sa faveur. Je savais Bayu géologue de formation, mais il m'avoua qu'il était surtout, faute d'emploi, guide touristique. Dans sa joie de me retrouver, Ouria m'annonça que Jakarta allait construire son métro dans un an ou deux. Le métro de Paris les avait fascinés par sa clarté et a facilité. C'est une réaction normale quand on vient d'une ville engloutie par elle-même comme Jakarta. Ses aubes qui n'existent pas, ses midis fumants, le tumulte violent des concentrations urbaines qui s'entrechoquent sur le béton. Je rappelais à Ouria et Bayu leur réaction enfantine, quand ils comprirent qu'il suffisait d'enjamber un pont pour passer du Louvre au musée d'Orsay, et comme cela intensifiait leur désir de savourer ce pour quoi ils avaient fait 11500 kilomètres. Pour ma mère et mamie, Ouria et ses tantes m'ont confectionné trois grands châles ornés de symboles destinés à porter chance. Pour Céline, Linda et André, je trouvais des produits de beauté, des paniers et du café.

Bayu m'emmena en excursion, et je découvris dans les îles de la Sonde, un paradis oublié du reste du monde. Mon guide le parcourrait d'une allure fanatique. Il était Bayu, géologue, voyageur, hôte, ami. Avec moi, ici comme à Paris. Il semblait suspendu, mais je le suivais dans ce décor que j'investissais avec ardeur, caressais, et nommais plusieurs fois. Une vérité précieuse. J'eus envie de m'y agenouiller.

FIN

Ce livre a été bercé une longue nuit d'avril 2021
par les enveloppantes presses de Floch (53) après
avoir reçu les soins hospitaliers de Dolet fabrication.